戦争と図書館

War and Libraries

英国近代
日本語コレクションの歴史

The History of Japanese Modern Collections in Britain

小山 騰［著］
Noboru Koyama

勉誠出版

目次

終　章　スカーブラ交付金による大発展　253

戦争と図書館——英国近代日本語コレクションの歴史

〝戦争と図書館〟の接点を通して近代日本語コレクションの成立を見る

本書は日本語の書籍を所蔵している英国の図書館の物語である。日本語の蔵書を作り上げた大学図書館の歴史をたどる話である。本書の主要なテーマは、〝戦争と図書館〟の接点を通して、英国の図書館が所蔵する近代日本語コレクションの成り立ちをさぐることである。

英国には四大日本語コレクションと呼ばれる日本語出版物の蔵書がある。英国図書館、ロンドン大学東洋アフリカ学院図書館、ケンブリッジ大学図書館そしてオックスフォード大学ボードリアン日本研究図書館が所蔵する日本語コレクションである。そのうちの二大コレクションに当たるのが、ケンブリッジ大学図書館とロンドン大学東洋アフリカ学院図書館である。本書は、その二つの図書館が日本との戦争を契機に近代日本語コレクションを確立した経緯を明らかにしようとする試みである。英国の近代日本語コレクションの設立には戦争の問題がからみ付いていたのである。

太平洋戦争（第二次世界大戦）により日本と英国は戦火を交えるが、英国などにあった日本語書籍などは敵国財産として没収され、戦後まず英国の近代日本語コレクションの中に取り込まれた。接収された日本語の書籍や資料などはおもにロンドン大学東洋アフリカ学院などに収蔵されたが、そこから他の大学図書館などにも寄贈された。一番興味深いものはダラム大学図書館に納まった。

また、戦時中敵国語として日本語がロンドン大学東洋アフリカ学院やベッドフォード日本語学校で教育された。戦時下の日本語教育の遺産を引き継ぎながら、戦後ロンドン大学東洋アフリカ学院やケンブリッジ大学はスカーブラ報告により日本研究を本格的に発展させた。それらの日本研究を支えるため、大量の日本語の書籍が両大学の図書館で購入された。これが英国における近代の日本語コレクションの設立であった。

本書では、以上のような来歴をもつ英国の近代日本語コレクションを、〝戦争と図書館〟のかかわりの中で照らし出してみたい。英国の日本語資料がいかに戦争の余韻をひきずっているのかを、ケンブリッジ、ロンドン、ダラムの各大学図書館が所蔵している資料などを例にして紹介してみたい。戦争に巻き込まれた資料を通じて図書館と戦争の接点に言及する予定である。

日本国内では通常図書といえば日本語の書籍を意味するが、海外ではもちろん事情が異なる。日本語を学ばないと日本語の図書は読めないのである。海外では当然日本語書籍の問題は、アメリカなどに移民した日系一世などを別にすれば日本語教育と密接に関係している。日本研究のための日本語教育が始まらないと、外国の大学図書館などでは日本語の書籍を収集しようとする事態にはいたらない。言語と書籍との関係は、自国語（英語）が世界語のような存在になった英国と、自国語が原則として自国でしか話されていない日本ではかなり相違する。

英国などの場合、第二次世界大戦（太平洋戦争）以前には戦時中を含めて日本語教育は戦争とのかかわりで発展した。建前からいえば、日本文化を研究するために日本語を学習するというのが本来のあり方であると思われる。もちろん、戦前でもそのために日本語を学んだ英国人たちもいたが、全体の流れとしては必ずしもその通りには進まなかった。うがった見方であるかもしれないが、日本との戦争またはその戦争に備えるために日本語が教えられたような側面があった。

そこで、英国における日本語コレクション（図書館の蔵書）を歴史的にながめてみると、想像以上に戦争の問題が関係している。外国の図書館で所蔵されている日本語書籍には何か平和的なイメージがふさわしいように考えられるが、意外とそこから戦争の余韻を聞くことができる。その戦争と日本語書籍という接点が、本書の中では繰り返し現れる主題曲のような役割を果たす。また、その主題曲を取り出そうとするのが本書の目的であると見なすこともできる。

英国の日本語コレクションと戦後の大発展

現在英国ではそれなりの数の図書館が日本語の図書や雑誌などを所蔵している。マンガやコミックなどを所蔵しているところも多い。さらにインターネットを使った電子資料も利用されている。しかし、ある程度の規模の日本語コレクションを維持してる図書館となるとその数が限定される。さらに、英国の国立図書館や大学図書館の蔵書で、実際の日本研究などに貢献する実体のある日本語コレクションを持っている図書館を数え上げるとすれば、残念ながら数館ぐらいに限られるであろう。

英国でそのような日本語コレクションを所蔵している図書館（研究図書館）は、既述したように四大コレクションである英国図書館、ロンドン大学東洋アフリカ学院図書館、ケンブリッジ大学図書館、オックスフォード大学ボードリアン日本研究図書館である。しいてもう一つ加えて五大コレクションにするとすれば、シェフィールド大学図書館が加わるであろう。英国図書館は国立図書館であるが、残りは全部大学図書館である。

日本語コレクションもそうであるが、研究図書館などの蔵書はある意味では歴史の産物と見なすことができるであろう。長年にわたる集書の累積などが現在の蔵書を形作っている。そのため、一般的にいって歴史が古いコレクションほど規模が大きくなる傾向がある。研究図書館の蔵書も同じように古さがものをいうといえる。そこで、英国の日本語コレクションを概説する際にも、時間的な経過にそって歴史的に紹介するとわかりやすい。

第二次世界大戦以前に英国で日本語の古書（和漢古書、近代以前の日本語書籍）を多数所蔵していたのは、大英博物館図書館（現在の英国図書館）やケンブリッジ大学図書館であった。もちろん他の図書館でも少数の日本語の古書を所蔵していたが、量や質の面である一定水準に達していた和漢古書のコレクションはこの二館であると考えられる。

本書の中で詳しく叙述するように、近代以降の日本語書籍（日本語出版物）を組織的に収集するようになるのは、英国の場合、実は第二次世界大戦以降のことになる。比較的新しいことであった。日本と英国の間の戦争が終わった後であった。

一九四七（昭和二十二）年に出されたスカーブラ報告により、英国の大学補助金委員会（University Grants Committee, U.G.C.）から大量の資金がロンドン大学東洋アフリカ学院図書館やケンブリッジ大学図書館に提供され、両図書館は一九四八（昭和二十三）年から一九五〇（昭和二十五）年までの二、三年間に大量の近・現代の日本語書籍を購入した。これが英国における本格的な近代の日本語コレクションの開始であった。スカーブラ報告およびその後に出されたヘイター報告やパーカー報告などについては、後章で詳しく説明する予定である。

一方、ロンドン大学東洋アフリカ学院図書館やケンブリッジ大学図書館よりも少し遅れて一九五〇年代後半以降に、オックスフォード大学ボードリアン図書館（現在のボードリアン日本研究図書館）と大英博物館図書館（現在の英国図書館）が近・現代の日本語コレクション（日本語出版物）の収集を開始した。これで四大日本語コレクションが出揃ったのである。ただし、ボードリアン図書館や大英博物館の近代日本語コレクションは、ロンドン大学東洋アフリカ学院図書館やケンブリッジ大学図書館の場合のように急速に拡大発展した訳でなかった。その歩みは比較的緩やかであった。

大英博物館図書館（現在の英国図書館）はすでに十九世紀末までに世界的にも屈指の和漢古書のコレクションを所蔵していた。しかし、日本語の書籍を担当する専門職員が一九〇五（明治三十八）年から一九五五（昭和三十）年までの五十年間不在であった。一九五五（昭和三十）年に半世紀ぶりに専門職員が就任し、それに併せて近代日本語コレクションの収集も開始されることになった。

一九一一（明治四十四）年から一九一三（大正二）年の三年間にアストン・サトウ・シーボルト・コレクションを収蔵したケンブリッジ大学図書館も、日本語書籍をめぐる状況は大英博物館図書館の場合とよく似ていた。上記の三年間に大量の和漢古書を受け入れたが、それらはほとんどそのままの状態で放置されていた。日本語の図書館資料は四十年近くほとんど手つかずの状態であった。戦前では、ケンブリッジ大学図書館は英国で最大の日本語書籍のコレクションを所蔵していた図書館であったが、第二次世界大戦後に近・現代の大量の日本語書籍を入手するまでは、その日本語コレクション（日本語出版物の蔵書）をきちんと発展させたとはいえない状況であった。

一九六一（昭和三十六）年にヘイター報告が出され、シェフィールド大学（日本研究のヘイター・センター）が社会科学などを中心とする日本語コレクションを一九六〇年代から収集するようになり、シェフィールド大学図書館が英国五大日本語コレクションの一角を占めることになった。これで五大コレクションが出揃ったのである。

後章で詳しく説明するように、ダラム大学は一九五二（昭和二十七）年に六〇〇〇冊の中国語と日本語の書籍を購入したり、またその翌年にはロンドン大学東洋アフリカ学院図書館からの寄贈として、ドイツなどで接収された興味深い日本語資料を受け取っていた。ただ、スカーブラ報告との関係でいえば、ダラム大学は中近東研究のためにスカーブラ報告による資金を受け取っただけである。ダラム大学は極東研究（中国研究と日本研究）にはスカーブラ報告による援助を受け取らなかったのである。

ダラム大学は別の資金により一九五〇年代に中国研究を開始するが、日本研究が始まるのは後年のことになる。そのため、ダラム大学図書館が日本研究のための本格的な日本語コレクションの収集に乗り出すのはかなり遅れることになった。その結果、ダラム大学図書館の日本語コレクションは英国五大日本語コレクションの中には入っていない。

また、オックスフォード大学における日本語コレクションについても、ここで簡単に触れておきたい。オックスフォード大学ボードリアン日本研究図書館の日本語コレクションは、英国四大日本語コレクションの一翼をにない、また和漢書などの古書も所蔵している。さらに同大学の日産研究所などとの関係で近・現代の書籍も積極的に収集している。英国四大日本語コレクションの中では、近年英国で一番多く日本語書籍を購入しているのはボードリアン日本研究図書館であろう。日本語書籍に関しては一番成長が早い日本語コレクションといえるであろう。

ただ、スカーブラ報告との関連では、オックスフォード大学もロンドン大学東洋アフリカ学院やケンブリッジ大学と同じように極東研究（中国研究と日本研究）のために図書資料の費用として多額の資金を受け取ったが、後章で説明するようにその資金は中国研究のために使われた。スカーブラ報告による交付金については、オックスフォード大学は日本研究を支える蔵書資金を受け取らなかった。

そのような事情により、オックスフォード大学ボードリアン図書館には、ロンドン大学東洋アフリカ学院図書館やケンブリッジ大学図書館が経験したスカーブラ報告の結果交付された多額の資金による日本語コレクションの〝大発展〟はなかった。

次章以下では、英国四大日本語コレクションの中の二大コレクション、ケンブリッジ大学図書館とロンドン大学東洋アフリカ学院図書館に焦点を合わせて〝図書館と戦争〟の問題を考えてみたい。

英国二大日本語コレクションに付け加えて、戦時中にドイツなどで接収された興味深い資料を所蔵しているダラム大学図書館にも言及してみたい。英国にある二つとか三つある日本語コレクション（いずれも大学図書館の蔵書）の歴史をたどる方法を通して、〝図書館と戦争〟の問題に取り組む予定である。それらの日本語コレクションに含まれる資料の〝因縁〟などを〝本の探偵〟になって調べることにする。

ケンブリッジ大学アジア・中東学部

ロンドン大学東洋アフリカ学院

『日英必戦論』と石丸藤太

ケンブリッジ大学図書館は石丸藤太著『日英必戦論』を所蔵している。昭和八年（一九三三年）九月十五日に春秋社から発行された書籍である。この書籍は英国で英訳され、一九三六（昭和十一）年に『Japan Must Fight Britain』という書名で刊行された。英語訳の題名は「日本は英国と戦争をするに違いない」ことを表示し、まさに日英必戦論である。英訳したのはガイ・ヴァーレイ・レイマント（Guy Varley Rayment）という英国人であった。

ケンブリッジ大学図書館所蔵の石丸藤太著『日英必戦論』は、そのレイマントが英訳の際に使用した日本語の原本であった。その本には彼の書込が多くあり、その残された書込などから判断すると、英訳者レイマントの日本語能力が非常に高かったことが判明する。そのレイマントの日本語学習については後述する。さらに、その本に貼られた書店のラベル（シール）から、翻訳者レイマントがどのようにしてその著書を入手したかもある程度推測することができる。

ところで、『日英必戦論』の著者石丸藤太は一体どのような人物であったのであろうか。また、その『日英必戦論』はどのような書物であったのであろうか。『日英必戦論』の序文の日付は一九三三（昭和八）年八月下旬で、その序文の最後に「シムラ会商を前にして」と記載されている。そのシムラ会商は当時日英経済戦争の関ヶ原と見なされていた。そのような日英経済戦争が心配された時期に執筆された石丸の著作は、どのような意図を持っていたのであろうか。

さらに、どうしてその石丸の書籍がこの時期（一九三六年頃）に英訳され、英国で出版されることになったのであろうか。英訳書の出版の時期は日英関係の状態を反映しているように想像される。それは、万が一にも日英開戦の可能性がありうると思われ始めた時期であったのであろう。『日英必戦論』の英訳書出版には、何か英国側の意図がありそうな印象を受ける。

石丸藤太は一八八一（明治十四）年に佐賀県で生まれた。彼は佐賀中学、海軍兵学校（二十九期）、海軍大学校（甲種、十二期）を卒業した海軍のエリート士官であった。連合艦隊司令長官、内閣総理大臣などを歴任した米内光政などとは海軍兵学校および海軍大学校では同期生であった。

図版１　『日英必戦論』の写真（ケンブリッジ大学図書館所蔵）

その後、石丸は海軍砲術学校教官などをへて、一九一五（大正四）年に早くも海軍少佐で予備役となった。海軍大学校を出てから一年たらず、年齢的にいえば三十代半ばの働き盛りで予備役になったことになる。おそらく、若くして予備役に編入されたことは、彼にとっては大変不本意な取り扱いであったと思われる。

予備役に編入され軍務を退いた後、石丸は軍事評論家として活躍することになった。筆で身を立てることになった。その結果、前海軍少佐の軍事評論家石丸藤太が誕生したのである。

軍事評論家としての石丸には数多くの著作がある。彼の著書の中には、ワシントン会議、ロンドン会議、ジュネーブ会議などの海軍の軍縮会議関係を扱ったもの、日米、日英などの戦争を想定した戦争論関係の書物、英米の著者などによる戦争論や外交官の自伝などを日本語に訳した翻訳書、蔣介石などの伝記などが含まれる。軍事評論家石丸の著作はかなり多様であったと見なすことができるであろう。

『日英必戦論』は石丸のいくつかある戦争論関係の書物の一つで、彼の代表作の一角を占める。石丸の戦争論関係の書籍としては、その他には『日米果して戦ふか』や『昭和十年頃に起る日本対世界戦争』などがある。

石丸の翻訳書は、太平洋戦争論で有名なヘクター・バイウォーター（Hector Bywater）の著作や英国の外相グレーの自伝などを日本語に訳したものであった。その中でも、バイウォーターの代表作である『太平洋大戦争』（The Great Pacific War）の翻訳は、軍事評論家である石丸にとっても重要な意味を持つであろう。

バイウォーターは英国のジャーナリストであり、一九二〇年代当時脚光を浴びた軍事関係の著述家であった。また、彼はドイツなどでは諜報活動にも携わったこともあった。彼は本物のスパイでもあった。

そのバイウォーターは一九二一（大正十）年に『太平洋における海権論』を出版し、日米の軍事衝突を予測した。さらに、バイウォーターは一九二五（大正十四）年には『太平洋大戦争』を刊行した。『太平洋大戦争』では、軍事情報を駆使して日米間で起きるかもしれない太平洋戦争の展開を、小説の形でシュミレーションして見せたのである。両書とも主題そのものは同じであったが、『太平洋における海権論』は軍事評論であり、『太平洋大戦争』はフィクションの形態を取っていた。

日本ではバイウォーターの原著英文『太平洋大戦争』もそれなりに読まれたようであるが、その英書は日本語に翻訳されたので、翻訳書（複数）のかたちでさらに多くの読者を獲得した。石丸藤太はそのバイウォーターの著作である『太平洋大戦争』の翻訳者の一人であった。

石丸はバイウォーターの『太平洋大戦争』を翻訳し、さらにバイウォーターの著作に対する自分の批評を付け加え、『太平洋戦争と其批判』という書名で出版した。石丸の著作はバイウォーターの原著が出版された年の翌年、すなわち大正十五（一九二六）年に出版された。

その『太平洋戦争と其批判』の「訳者序」の部分で、石丸はバイウォーターが『太平洋大戦争』を執筆する際に二つの日本語文献を参考にしたことに言及する。その二点の日本語文献とは、水野広徳の『次の一戦』と石丸藤太の『日米戦争日本は負けない』であるという。(1) 自分の著作が参考にされているので、石丸には余計にバイウォーターに対する対抗意識が生まれたのであろう。

『次の一戦』の著者水野広徳は、石丸よりも三期前の海軍兵学校の卒業生であった。石丸同様水野も海軍のエリート士官であった。日露戦争の日本海海戦を描いた著作『此一戦』がたまたまベストセラーになり、水野は著作に手を染めるようになった。次作である『次の一戦』では、日米戦争の未来戦を扱い、日本の敗北を描いた。

また、ヨーロッパにおける第一次世界大戦後の惨状を見た水野は、海軍大佐で予備役に入った後には、それまでの立場や考え方を変更・修正して、反戦・平和主義のジャーナリスト・軍事評論家として活躍することになる。

一方、水野と同じように海軍のエリート士官経験者として軍事評論家となった石丸は、日米間で起こると考えられた太平洋戦争の結果については、水野やバイウォーターとは異なる意見を持っていた。

水野や石丸は日米戦争が一大消耗戦になることについては同意見であったが、日米戦について「海軍力、その練度、精神力などの軍事的観点から分析した」石丸は、最終的には日本の勝利を予想し、一方、事態が「経済総力戦に陥り、国際的パワーポリティックスによる判断」から結論を出す水野は、石丸の結論とは逆に米国の勝利を導き出したのである。(2)

『日英必戦論』の改定版と石丸の軍機保護法違反

さて、ここでまた一九三三(昭和八)年に出版された石丸藤太著『日英必戦論』の話題に戻ることにしよう。この『日英必戦論』には、ほとんど同じ内容の書籍として改訂版にあたる『大英国民に与ふ』と、その改訂版の普及版にあたる『日英戦争論』がある。前者は一九三六(昭和十一)年、後者は一九三七（昭和十二）年に出版された。

『日英必戦論』の改定版およびその改定版の普及版が出版されたことは、後述するように『日英必戦論』の英訳書の刊行と関係していた。英訳書が出版されたので、その英訳書についての批評に反論するような意味で改訂版が刊行されたのである。そのような事情があるので、石丸はもちろん改訂版でG・V・レイマントによる英訳書の刊行について触れている。

では、ここでまずその石丸の『日英必戦論』の趣旨は何かという点を考えてみたい。石丸によると、まず日英間に横たわる外交・軍事などの問題を短い言葉で表現するとすれば、日本が「現在の膨張主義を中止するか、又は有り余る領土をもつ英国が、固く握つて離すまいとする現状維持主義を放棄せない限り」(3)、日本と英国の間には必然的に戦争が起るという見通しであった。石丸は狭い国土に多くの人口を抱える日本（新秩序派）と、すでに多大な領土を獲得した英国（現状維持派）の間には、必ず戦争が起きるであろうと見ているのである。

改定版にあたる『大英国民に与ふ』の「巻頭に」の中でも、石丸は「著者が『日英戦ふか?』〔『日英必戦論』〕より『大英国民に与ふ』に至るまで、終始一貫主張してきたところは何かといへば、次の一語に尽きる」と述べ(4)、以下のように日本と英国が戦争に至る理由を説明する。

イギリスは、有り余る領土と資源、広大なる市場をその版図内にもつ飽和の国であるのに、世界平和と人類幸福の為めに之を譲らふともせない。之に反して我が日本は、狭隘なる領土と貧弱なる資源をもつ上に、その人口は驚くべき率をもつて増加しつゝある。ゆへにその移民を海外に送らんとすれば、英米両国は高札を立てゝ之を阻止し、剰さへ公平なる商業は勿論、有り余る資源も之を頒とうともせない。日本は今や生死の岐路に立つてゐる。されば英米殊に前者にしてこゝに目醒めなければ、日本人は生きんか為めに剣をとつて起つを余儀なくされるかも知れない。[5]

石丸は以上のような日英必戦論の主要な理由を述べ、さらにもし日英の間で戦争が起きるとすれば、日英両国が共倒れになると説く。どちらが勝っても戦争による破滅を招く可能性があると説明を加える。

水野広徳と同じように海軍士官出身の軍事評論家であった石丸は、もともとは「国際協調を重視する立場の論客の一人」[6]であったという。海軍側の立場に立ってはいたが、最初から戦争をあおるような軍事評論家であった訳ではなかった。

しかし、一九三一（昭和六）年の満州事変以降、石丸は英米に対する姿勢をさらに硬化させ、『日英必戦論』刊行の六年後に出版された『英米の対日陰謀』では、「日本の東亜新秩序の建設が、天の命ずるところであること、日本はこの重大なる使命を遂行するに当たりては、何等怖るゝに足らざる」[7]と説くようになった。英国側では、石丸は汎アジア主義の代表者の一人と見なされていた。[8]

また、ワシントンやロンドンの海軍軍縮条約についても、一九三四（昭和九）年に刊行された

『覆面の軍縮会議』では、石丸は「何がゆゑにワシントン及びロンドン両条約を廃棄せねばならぬかを極めて率直に説明すると同時に、真に世界の平和を確立するため、我が国民をして、公平合理な軍縮法により、自ら進んで世界軍縮の指導役となるやう」(9)喚起したいとしている。

石丸は実際のワシントンやロンドンの海軍軍縮条約そのものには反対を唱えるが、軍縮という方法は推進すべきであるという立場を取っていたように考えられる。既述したように、石丸は一応国際協調を重視する立場に立っていたが、満州事変以降英米等に対してそのスタンスを右に旋回させ始めたかもしれない。

石丸は満州事変などを契機にして英国に対する姿勢を変えたが、同様に英国も満州事変後あたりから日本に対する態度を硬化させるようになった。一九三〇年代には、英国は深刻に日本との戦争を意識し始めていたといえる。そこで、英国は石丸の著書を英訳して、その英訳書の出版を通じて世論の日本に対する注意を喚起し、自国民を日本との戦争に備えるように誘導しようとしたのかもしれない。

『日英必戦論』の英訳版はいくつか版を重ねたが、たとえば一九三七（昭和十七）年十一月に出版された『Japan Must Fight Britain』などには、同書の概略が巻頭に付け加えられていた。その概略は以下のような文章で始まっていた。

三十年間以上、この国の人々〔英国民〕は日本を自分たちの最も友好な国の一つと見なして来た。しかし、極東における最近の出来事により、我々は日本の行動を何か差し迫った警告をもって見るようになったのである。(10)

以上の引用からもわかるように、『日英必戦論』の英訳には、英国民に日本が英国にとって警戒を要する国に変化しつつあることを喚起する目的が含まれていた。

そのあたりの英国側の意図についても、『日英必戦論』の原著者石丸ははっきりと自覚していたようである。また、石丸は英国側が自分の著作などを使って対日政策を変えようとする部分にも、それなりに気を使っていた。要するに、自分の著書が英国側に利用されることに反発していた。彼はそれは誤解・誤読であると主張する。

すでに石丸の『日英必戦論』の改訂版にあたる『大英国民に与ふ』と、その改訂版の普及版にあたる『日英戦争論』が、それぞれ一九三六(昭和十一)年、一九三七(昭和十二)年に出版されたことに言及した。両書とも『日英必戦論』の英訳書が刊行された後に出版された。両書(改訂版と改訂普及版)が刊行された理由の一端には、英国側が石丸の著作を利用して世論を誘導しようとする問題に対する反論があったのである。そこで、改訂版および改訂普及版の出版経過を含めて、まず石丸の説明を見てみよう。

たとえば、石丸は改訂版にあたる『大英国民に与ふ』の「巻頭に」で、次のように述べている。

拙著『日英戦ふか？』（『日英必戦論』）は、我が読書界に多大の歓迎を受け、忽ちにして数千部を売り尽した。偶まロンドンの有名なる国際出版業者 Hurst & Blackett 社からは、特に書をよせて該書の翻訳権を得んことを求めてきた。著者は英国及び英国民に対する我々日本人の偽らざる意見が、海外に紹介さるゝ機会を得たことを喜び、欣然之を快諾したのである。(11)

以上のように、石丸は自著の英訳出版という申し出をまず最初快く承諾したのである。続いて、石丸は改訂版の「巻頭に」で、その英訳書が刊行されるとたちまち英国をはじめとする各国の新聞紙に大きく取り上げられたことに言及する。しかし、石丸によると海外の新聞などは彼の著作の趣旨を誤解していると述べる。『大英国民に与ふ』の「巻頭に」の中で、石丸はその点を次のように説明する。

然るにこゝに著者が遺憾とするのは、就中イギリスの識者が該書の主旨をはき違へ、これを以て日本の野心を暴露したものゝように誤解してゐることである。(12)

石丸によると、英国の新聞などは石丸の著作の趣旨をはき違えて報道しているというのである。石丸はその英国側の誤解を示すために、『大英国民に与ふ』の「巻頭に」の中で、一九三六（昭和十一）年二月八日付の『時事新報』に掲載された、以下のようなロンドン特派員からの報告を引用するのである。

日本の軍事通石丸藤太氏の著書『日英戦ふか?』(『日英必戦論』)の英訳本は、六日ロンドンで英訳名『ジャパン、マスト、ファイト、ブリテン』と題して売り出されたが、果然大センセーションを捲起し、同書の内容はロンドンの各紙に掲載され、これを以て日本の野心を暴露したものとなし、イギリス政府の大軍備計画を拍車づけるものであると評してをり、イギリスの対日与論に重大変更を加ふべき形勢にある(二月八日時事新報夕刊参照)(13)

石丸は時事新報の記事を引用して、英国側は自著が日本の野心を暴露したものであると誤解していることを指摘しているのである。

石丸は『大英国民に与ふ』の「巻頭に」の中で、『日英必戦論』が英国側に利用された理由として、以下のように軍縮をめぐる英国の事情を上げ、そこで本来の石丸の著作の趣旨をより明確にするため、改定版(『大英国民に与ふ』)を出版することにしたという。

時恰かもイギリスに於ては、ロンドン軍縮会議の失敗に鑑み、厖大なる軍拡案が議会に提出されんとする直前であつたから、該書を利用悪用するに絶好の機会であつたことは、容易に之を看取することが出来た。併しながら該書をもつて、日本の野心を暴露するものと断ずるならば、それは実に心外千万であるから、著者は該書の主旨を尚一層明白ならしむる必要を痛感した。本書即ち『大英国民に与ふ』は、かゝる主旨の下に出来たもので、原著たる『日英戦ふか？』〔『日英必戦論』〕に必要なる改訂を加へたものである。(14)

以上のように、石丸は自著の英訳書が英国側によって日本の野心の表明であると誤解されることを危惧していた。そこで、おそらく石丸の意向を汲んだものであると思われるが、『日英必戦論』の改訂版の普及版にあたる『日英戦争論』の広告の部分（石丸藤太著『次の世界戦争』に掲載）には、『デーリー・テレグラフ』紙や『マンチェスター・ガーディアン』紙などの英国の著名な新聞の記事が引用されていた。そこには、石丸は平和主義者であるという文面も含まれていた。

さて、ここでまた石丸藤太著『日英必戦論』をめぐる状況を、その著作が日本で刊行された一九三三（昭和八）年当時に戻って検討してみたい。すでに『日英必戦論』が同年九月十五日に日本で出版される以前、英国、厳密にいえば駐日英国大使館は同書の出版についての情報を得ていた。『日英必戦論』の要約・大意が一九三三（昭和八）年八月には英国国防省に伝えられていたのである。(15)『日英必戦論』が出版されるという情報を得た英国大使館のスタッフが、気をきかして本国に連絡したのであろう。日本との戦争が起きるかもしれない状況を憂慮していた英国側は、日本で石丸の『日英必戦論』のような書籍が出版されたことに多大な注意を払っていたのである。

『日英必戦論』が出版された一九三三（昭和八）年の二年前にあたる一九三一（昭和六）年には、日本の近代史上の大きな転換点になった満州事変が起きていた。満州事変以降、日英関係も大きな分岐点を迎えることになった。満州事変以前には、日本は英国にとってはっきりしない将来にはもしかすると敵になるかもしれない国ぐらいに考えられていた。『日英必戦論』が出版された一九三三（昭和八）年頃になると、日本はもしかすると比較的に近い時期に英国を攻撃するかもしれない国と見なされ、英国にとって明らかに脅威になる国と認識されるようになったのである。(16)

そして、まさにそのような状態の中で一九三三（昭和八）年に日本で出版された『日英必戦論』が英語に翻訳され、一九三六（昭和十一）年に『Japan Must Fight Britain』という英語名で英国で刊行されることになった。その英訳本は、題名通り悪化する日英関係をいみじくも象徴することになったのである。

ケンブリッジ大学などで国際関係論などを教えていた研究者フィリップ・タウル（Philip Towle）は、二〇〇六（平成十八）年に『From Ally to Enemy: Anglo-Japanese Military Relations 1900-45』（『同盟から敵へ：英日軍事関係　一九〇〇―四五』）という著書を出版したが、彼はその著書の「紹介」の部分で、その当時『日英必戦論』の英訳書はまさに日英関係の縮図を表していたと主張する。(17) フィリップ・タウルが指摘するように、石丸の著書がレイマントの英訳本として出版されたという事実そのものが、一触即発で両国間に戦争状態が発生するかもしれない可能性を象徴的に表していたのである。

すでに石丸藤太の『大英国民に与ふ』（『日英必戦論』の改定版）に引用された一九三六（昭和十一）年二月八日付の『時事新報』の記事が指し示していたように、『日英必戦論』は英国の世論の動向に影響を与え、日本の位置付けを同盟国から仮想敵国に移すという、英国の目論見に寄与することとなった。石丸の著作は結論としては英国側の意図通り、自国の世論を日英対立の方向に導こうとする英国の意向に貢献したのであろう。

石丸は改訂版を出して自著『日英必戦論』がそのように利用されることを阻止しようとしたが、改訂版の出版などはそのためにはほとんど効果を発揮しなかったのである。改定版は日本向けであり、英国民に訴える訳ではなかったのである。石丸の主張が単なる言い訳に終わることは初めからわかっていたのである。

さて、ここでまた『日英必戦論』の著者石丸藤太自身の話題に戻ることにしよう。石丸は『英米の対日陰謀』（一九三九年二月）が出版される前のことであるが、一九三八（昭和十三）年の末に軍機保護法違反で、懲役一年六ヶ月の判決を受け、官位を剝奪されていた。[18] そして、そのおよそ四年後にあたる一九四二（昭和十七）年に六十一歳で死去した。[19] 時期的には、太平洋戦争の勃発により日英戦争が起きた後に死亡したことになる。『日英必戦論』が予想した具体的な展開の当否は別として、単純に結果だけに限定すれば、石丸は実際に自分が予見した事態になったことを知ってから死を迎えたということができる。

ここで、石丸の軍機保護法違反について少し説明してみたい。どうして石丸のような人物が軍機保護法に違反するような行為をしたのか、大いに疑問がわくところである。実は、そのあたりの事情や違反の内容を窺わせる資料があるのである。

一九四二（昭和十七）年に警察講習所から出版された『講話録・特輯（戦時法令解説）』に掲載されている「防諜関係法令解説」という記事（論文）に、「元海軍予備少佐西丸某といふ軍事評論家」の事例が報告されている。元海軍予備少佐西丸某というのは、もちろん石丸藤太のことであり、この事例が石丸の軍機保護法違反のことを明示している。

「防諜関係法令解説」という記事で石丸の事例を報告しているのは、井本台吉という当時らつ腕をふるった検察官であった。彼は人民戦線事件では美濃部達吉を取り調べ、ゾルゲ事件の担当主任なども務めた人物である。その井本は、戦後には検察官としては最高の役職にあたる検事総長に上り詰めることができた。

井本台吉は石丸の軍機保護法違反を『講話録・特輯（戦時法令解説）』の中で、以下のように解説している。井本は石丸（元海軍予備少佐西丸某）のことを次のように描写している。

> これ〔石丸〕はなか〳〵頭のいい男で海軍の甲種大学卒業まで行つたのでありますが、酒癖が悪い一面、自信もあり、文筆で立たうといふので、海軍は少佐でやめてしまひまして軍事評論をやつて居つたのであります。相当頭がいいので年中本を書いて居る。(20)

以上の井本の記述は、あくまで腕ききの公安検事である井本を通して見たものであるが、その井本の描写からも、一応石丸藤太のおおよその人となりを想像することができる。

井本は『講話録・特輯（戦時法令解説）』の中で、石丸の軍機保護法違反の過程を説明するが、所詮石丸の「逮捕理由はいいがかりに近いもので、みせしめの要素が強い」(21)ものであったという。

『日英必戦論』の英訳者G・V・レイマント

石丸の『日英必戦論』を英訳したガイ・ヴァーレイ・レイマント（Guy Varley Rayment）は、『Japan Must Fight Britain』が出版された一九三六（昭和十一）年の三年前までは、グリニッジにある英国海軍大学校の航海学の学部長・教授（大佐相当）を務めていた。ちょうど彼が英国海軍大学校の教授職を定年退職した頃、石丸の著書が日本で出版されたので、英国海軍で日本語を勉強したレイマントがその『日英必戦論』を英訳し、三年後（正確には二年半後）にその英訳本が刊行されたのであった。石丸の英訳本はレイマントにとっては退職後の仕事であった。

それでは、その英訳者ガイ・ヴァーレイ・レイマントはどのような人物で、また彼がどのようにして日本語を学習するようになったのであろうか。さらに、そのレイマントの日本語能力は一体どの程度のものであったのであろうか。また、彼が英訳に使用した『日英必戦論』はどのようにして彼の手に入ったのであろうか。次に、そのあたりの事情をさぐってみたい。

G・V・レイマント大佐（教官）の略歴は、インターネット上でコインやメダルなどのオークションを取り扱うDNW（Dix Noonan Webb）という専門業者のサイトに掲載されている。レイマント

図版２　『日英必戦論』を英訳したガイ・ヴァーレイ・レイマントの写真、右端の人物（F・S・G・ピゴット著『Broken Thread』）

が所有していたメダルなどがインターネットのオークションサイトから売りに出された際、それらのメダルの元の所有者がどのような人物であったのかを購入者などに知らせるために、オークションの専門業者のサイトがレイマントの人物情報を提供しているのである(22)。

おそらく、そのサイトの人物情報は、DNW（Dix Noonan Webb）のスタッフなどがレイマントの遺族などから提供された資料を調査して作成したものであろう。いずれにしても、そのサイトの情報は本書にとっては非常に有用である。そのサイトによると、レイマントの略歴は以下のようであった。

G・V・レイマントは一八七八（明治十）年にロンドンに生まれ、海軍の士官の子弟などが多く学ぶロイヤル・ネイヴァル・スクールに在籍した。その後、彼はケンブリッジ大学のトリニティ・カレッジに進み、ケンブリッジ大学からB.A.の学位を取得した。

以上のように、レイマントは相対的に非常に恵まれた教育を受けたことになる。海軍の軍人としても、彼はロイヤル・ネイヴァル・スクールをへて、ケンブリッジのトリニティ・カレッジに進むという王道をたどったことになる。

一九〇〇（明治三十三）年には、レイマントは英国海軍の教官に任命された。その結果、彼にとっては英国海軍が終生の職場になったのである。彼は定年退職するまで、三十数年間英国海軍のために働いたのである。

続いて、レイマントは一九〇五（明治三十八）年に日本に派遣され、日本語を学習した。それは、英国海軍で日本語の通訳として勤務する資格を得るためであった。二年後には日本語の通訳の試験に合格し、彼は英国海軍で通訳（士官）として勤務し始めた。

たとえば、レイマントは一九〇七（明治四十）年当時、英国海軍のドックがある南ウェールズのペンブルークという場所に勤務していた。日本の巡洋艦筑波が英国の南部にあるチャタム基地に滞在した同年六月から八月にかけては、レイマントはチャタム基地で日本語の通訳として勤務した。

その後、レイマントはグリニッジにある英国海軍大学校の教員になり、同校などで日本語などを教授することになった。

英国海軍大学校の教員であったレイマントは、第一次世界大戦中には英国海軍の情報部に移り、日本語の専門家として勤務した。彼は情報部門の経験も積んだのである。

第一次世界大戦後、軍事費の増大にともない日本を含む各国で国家の財政が悪化していた。財政悪化などを改善するため、列国は相互に協力して軍拡競争を押さえる方向に向かっていた。軍縮は主要国にとって緊急の課題になっていた。

各国における海軍の軍縮を協議するため、一九二一（大正十）年から一九二二（大正十一）年にかけて、アメリカの首都ワシントンDCで海軍軍縮会議が開かれた。その会議の結果、ワシントン海軍軍縮条約が一九二二（大正十一）年に結ばれた。

レイマントはそのワシントン海軍軍縮会議に英国海軍のスタッフ（中佐相当）として参加した。ワシントン会議の主要な参加国は米、英、日などの主要海軍国で、日本語がわかるレイマントは英国側における日本を担当するスタッフの一員であったのであろう。

後述するように、ワシントン海軍軍縮会議には英国の陸軍の軍人F・S・G・ピゴット（Francis Stewart Gilderoy Piggott）も、陸軍部日本専門委員として参加していた。

また、ピゴットは戦後のことであるが、後述するように日英関係の歴史を扱った『Broken Thread』（『断たれたきずな』）という自伝的な書物を出版するが、その書物に「序言」を寄せたのがモーリス・ハンキー卿で、彼も英国の代表団の事務総長として同会議に参加していた。[23] ハンキー卿については、後章で重光葵を扱う際にまた言及する。

F・S・G・ピゴットは日本では親日家の英国人としてよく知られている人物であった。日本では、彼はフランシス・ピゴットと記述される場合が多い。ただ、彼は友人の間ではフランシスではなくロイと呼ばれていたという。[24] フランシスは彼の父親の名前でもある。フランシス・ピゴットという名前は父親の方を意味する可能性がある。そこで、本書ではフランシス・ピゴットのかわりにロイ・ピゴットという名称を利用する。もちろん、必要に応じてフランシス・ピゴットという名前を使用する時もある。

ワシントン海軍軍縮会議に参加した後、ピゴットはワシントンＤＣから日本に向かい、来日後駐日英国大使館の陸軍武官に就任した。そのピゴットはロンドン大学東洋アフリカ学院などとの関係が深く、後章でそのあたりの事情について言及する予定である。

前述したように、レイマントは長年にわたり勤務した英国海軍を一九三三（昭和八）年に退職し、一九五一（昭和二十六）年に死亡した。享年七十三歳であった。彼は第二次世界大戦が終了してから数年後に死去したことになる。前述したように、彼の死後相当年月が過ぎた後、彼が受け取った勲章やメダルなどがインターネットを通じて売りに出された。

レイマントは自発的なのか、または英国海軍当局から依頼されたのか、そのあたりの事情はよくわからないが、いずれにしても退職後の仕事として石丸藤太著『日英必戦論』の英訳に取りかかることになった。おそらく、当局などからなんらかの要請があったものと思われる。

英訳本の原本について

いずれにしても、石丸の著作の英訳はＧ・Ｖ・レイマントが五十五歳を過ぎた後の翻訳作業であった。前述したように、ケンブリッジ大学図書館は現在レイマントが英訳の原本として使用した『日英必戦論』を所蔵している。

まず、ケンブリッジ大学図書館が所有している『日英必戦論』がどうしてレイマントの英訳の原本であることが判明するのか、そのあたりの事情を説明してみたい。その『日英必戦論』には書込が多い。実はこの『日英必戦論』の裏表紙に鉛筆によって"G.V. Rayment"(署名)と書かれている。これだけで、これが英訳本の原本であることが判明する。

ただ、その署名が少しわかりにくかったので、最初この書籍が翻訳者レイマントが使用した原本であるという考えが浮かばなかった。正直にいえば、筆者がその署名が翻訳者のものであることに気が付くのに少し時間がかかったのである。

また、石丸は『日英必戦論』の中でアメリカの外交官・ジャーナリストであったニコラス・ルーズベルト、フランスの学者・作家であったアンドレ・ジーグフリード、そして『太平洋大戦争』の著者ヘクター・バイウォーターなどの著作を多く引用していた。

ケンブリッジ大学図書館が所有している『日英必戦論』には、ルーズベルト、ジーグフリードそしてバイウォーターなどの著作が引用されている箇所に英文による書込がある。それは英訳者が石丸の著作を英訳する際に、鉛筆で書き入れたと推測することができる。また、レイマントの英訳書の巻頭でも、それらの欧米の著作からの引用に関する言及がある。レイマントが英訳する際、当然石丸の著書に引用された元の原文(英文)の掲載許可にも言及する必要があった。

いずれにしても、以上述べた英訳に関する諸点および英訳をめぐる諸事情を考慮に入れると、ケンブリッジ大学図書館が所有している『日英必戦論』は、英訳者レイマントが翻訳する際に使用した原本であることはほぼ確実であろう。一〇〇パーセント確実であるといえるであろう。

レイマントが英訳に使用したと思われる『日英必戦論』は、実は他の日本語書籍などと一緒にケンブリッジ大学東洋学部（現在のアジア・中東学部）に長い間保管されていた。もちろん、それは第二次世界大戦後の話である。

東洋学部に長い間保存されていた日本語書籍が何冊か一九九〇年代頃にケンブリッジ大学図書館に移管されたのである。その際東洋学部からケンブリッジ大学図書館に移管された書籍の一つが『日英必戦論』であった。

図版３　『日英必戦論』（ケンブリッジ大学図書館所蔵）の見返しにある英訳者レイマントの署名

要するに、戦時中敵国財産として接収され、日本語教育や暗号解読みたいな作業に利用された日本語書籍は、戦後ケンブリッジ大学図書館にも保存されていたが、同時に同大学の東洋学部（現在のアジア・中東学部）などにも何点か保管されていた。石丸藤太著『日英必戦論』も、そのような東洋学部に保管されていた書籍の一冊であろう。いずれにしても、その『日英必戦論』がケンブリッジ大学図書館に落ち着いたのは比較的最近のことであった。

そもそも、その『日英必戦論』が英訳者レイマントの母校であるケンブリッジ大学で所蔵することになった経緯については、明らかに戦時中ベッドフォード・スクール（ベッドフォード日本語学校）で日本語を学び、ケンブリッジ大学で最初の日本語・日本研究の教員になったエリック・バートランド・キーデル（Eric Bertrand Ceadel）が関与していたと考えられる。第二次世界大戦中日本語コースが設けられたベッドフォード・スクールについては次章で詳述する予定である。

おそらく、レイマントがケンブリッジ大学の卒業生であり、また同時に日本語を学んだという経歴から、彼とケンブリッジ大学で最初の日本学の教員になったキーデルとの間にはなんらかの接触があったのであろう。たとえレイマントの生前に直接の接触がなかったとしても、レイマントの死後などには、レイマントの遺族とケンブリッジ大学またはキーデルと間で接触が持たれたのではないかと想像する。いずれにしても、キーデルなどが関与して、レイマント旧蔵の『日英必戦論』がケンブリッジ大学で保管されることになったのであろう。

エリック・キーデルは既述したようにケンブリッジで最初の日本学の教員で、東洋学部の学部長などを歴任した。また後年ケンブリッジ大学図書館の図書館長に就任した。彼は戦時中日本語を学び、戦後ケンブリッジ大学に日本語教育・日本研究のコースが設置されると最初の講師に任命されたのである。以上の経歴からもわかるように、キーデルはケンブリッジにおける日本研究のパイオニアであった。

原本『日英必戦論』の来歴

さて、そのケンブリッジ大学図書館が所有している『日英必戦論』には、日本でその書籍を販売したと思われる書店のラベル（シール）が貼られている。そのラベルには、「中津市　野依書店　電話 本店一五番 支店一〇番　¥1.90 NO.8.9.22」と記載されていた。これはこの『日英必戦論』が中津市にあった野依書店《のよりしょてん》で昭和八（一九三三）年九月二十二日から販売されていたことを表す。その時の値段は一円九十銭であった。この値段は定価で、同じ値段が奥付にも記載されている。

野依書店は中津市の実業界において元老の地位を占めていた野依暦三《のよりれきぞう》が創業した書店で、中津市では有名な書店であったという。本店（電話番号十五番）と支店（電話番号十番）という二つの店舗があったようである。昭和の初期、野依書店が中津市周辺または大分県北部でどのような地位を占めていたのか、筆者はそのあたりの事情には不案内であるが、おそらくそれなりに重要なものであったと想像する。

図版４『日英必戦論』（ケンブリッジ大学図書館所蔵）にある書店（中津、野依書店）のシール

『日英必戦論』は一九三三（昭和八）年九月十五日に出版されていたので、その一週間後に大分県の書店に搬送されたのは、時間的にも妥当なところであろう。また、書籍の値段一円九十銭は既述したように定価通りであり、現在の価値でおそらく二〇〇〇円ぐらいであると推測することが

でき、これも納得できる金額である。いずれにしても、『日英必戦論』は古書ではなく、新刊本として売られたのである。新刊本として野依書店から販売された点が重要である。

もしかりに、ケンブリッジ大学図書館が所有する『日英必戦論』が大分県の中津市にあった野依書店から売られたとすると、その書籍がどのようにして最終的に英国、さらにケンブリッジにもたらされたのであろうかという疑問がわく。同書に貼られた書店のラベル以外には物的証拠はほとんどないが、状況証拠などから本書ではそれについて大胆な推測をしてみたい。

筆者は、最初この書籍は第二次世界大戦以前の最後の駐英大使を務めた重光葵が所蔵していたものであろうと考えた。というのは、後述するように、ケンブリッジ大学図書館は敵国財産として没収された重光葵旧蔵の日本語書籍をいくつか所蔵しているからである。もちろん、『日英必戦論』が重光旧蔵であったかもしれないという発想は、ケンブリッジ大学図書館の所蔵本が英訳の原本として使用されたことなどを思い付く前の話であった。

時間的な経過を考えれば、英訳本の原本が重光旧蔵であるはずはない。それは、あくまでもこの書籍が大分県の中津市の書店から売りに出されたという点にだけ注目した見方であった。要するに、それは単に重光旧蔵本がたまたまケンブリッジ大学図書館に収蔵されただろうという推測であった。

重光葵は駐ソ大使（駐ソビエト連邦大使）の時に吉田茂の後釜として駐英大使に任命され、モスクワから日本に戻らず直接ロンドンに赴任した。そこで、筆者は最初次のような状況を想定してみた。すなわち、重光は駐英大使としてどうしても石丸藤太の『日英必戦論』に目を通しておくことが必要であると考え、急遽家人とか親戚などを通じて、故郷大分県の書店から入手したのではないだろうか。さらに、日英が開戦すると、その書籍がロンドンの日本大使館で他の重光旧蔵本などと一緒に敵国財産として没収され、それがケンブリッジにもたらされたのであろう。これはそれなりに説得力がある考え方であると考えた。

ただ、実際のケンブリッジ大学図書館所蔵本である『日英必戦論』をよく調べると、すでに言及したように、鉛筆書きではあるがたしかに「G. V. Rayment」という署名があり、また書込に含まれる**"N. Roosevelt"**、**"Bywater"**、**"André Siegfried"**などの人名が英訳本にも含まれるので、既述したように、この書籍がレイマントが英訳の際に原本として使用した日本語書籍であったことが確実となる。そこで、重光葵旧蔵説はありえないのである。また、ケンブリッジ大学図書館所蔵本の『日英必戦論』が古書ではなく、新本として中津市の書店から販売された点も重光葵旧蔵説には適さない。というのは、『日英必戦論』は一九三三（昭和八）年に出版され、重光は一九三八（昭和十三）年にロンドンに赴任したからである。もし、重光が一九三八（昭和十三）年に『日英必戦論』を入手したとすると、古書であるはずである。

図版５　重光葵（『重光葵手記』）

筆者はケンブリッジ大学図書館所蔵本の『日英

必戦論』にあるレイマントの署名については、すぐには翻訳者の名前であることに気が付かなかったが、既述したように後でそのことを察知し、これが英訳本の原本であることの決定的な証拠となった。

いずれにしても、ケンブリッジ大学図書館所蔵本である『日英必戦論』と、大分県杵築市出身の重光葵とは直接関係はなかったと考えられる。筆者は大分県の中津市にあった書店と、同県杵築市を故郷とする駐英大使の接点に『日英必戦論』を想定したのであったが、この考えには無理があるようである。重光葵については、ケンブリッジ大学図書館所蔵の別の資料のところでまた言及する予定である。

話題をまた『日英必戦論』の英訳本に戻すことにする。『Japan Must Fight Britain』に掲載されている「訳者の注」で、翻訳者レイマントは英訳を手助けした人物として「タテノ・マモル」という人物に感謝の意を表している。

タテノ・マモルは興味を引く人物であるが、英訳本からわかる点は姓名の読み（カナ）だけである。この日本人の漢字の姓名がはっきりしないので、どのような人物であるのかを特定するのが困難である。しかし、ある程度推測することはできる。

タテノ・マモルは、おそらく剣道とか柔道などの武道を教授する人物として英国に渡った日本人であろう。どちらかといえば、タテノ・マモルが専門とするのは柔道ではなく剣道であろう。

一九三四（昭和九）年頃、タテノ・マモルという人物が英国で剣道を教えていたという記録も残っている。たとえば、英国で法廷弁護士や判事などとして活躍し、仏教徒としても有名であったクリスマス・ハンフリーは、柔道を後述する小泉軍治、剣道をタテノ・マモルから習ったという。英国といっても、それはおそらくロンドンのことかまたはその周辺地域の話であろう。

一九三一（昭和六）年度版の『日本人名録』（Japanese Directory）に記載されているタテノ・マモルのロンドンの住所は、"15 Lower Grosvenor Place S. W. 1."となっている。(25)『日本人名録』は英国を中心とした欧州在住の日本人の人名録で、ロンドンとロンドン近郊のレディング市に本拠を置く東洋出版会社から刊行されていた。印刷はレディングで行われていた。

そのタテノ・マモルの住所は、ロンドンにあった武道会（Budo Kwai）や同胞共済会の住所と同じで、おそらく彼は武道会の関係者で、その武道会で寝起きしていたのかもしれない。そこで、彼は同じ住所を自分の住所として『日本人名録』に届け出たのであろう。

実は、その武道会も同胞共済会もいずれも小泉軍治と関係が深い。実質的には彼が作った組織であったということもできるであろう。小泉軍治はロンドンで小泉商店を営みながら、武道会などを通じて戦前柔道などの日本の武道を英国に普及するのに大きく貢献した。一方、同胞共済会は在英同胞会などと称したこともあり、英国在住の日本人のための団体で、英国で死亡した日本人の墓地などの問題を取り扱った。創始者は小泉軍治であるという。在英同胞会については、敵国財産として接収された日本語書籍のところで、また触れる予定である。

もしかすると、タテノ・マモルはレイマントとの関係で、英国の海軍大学校などでも日本の武道、たとえば剣道を教えたことがあったかもしれない。一応、レイマントが英訳に使用した『日英必戦論』を入手する際、もしかするとこのタテノ・マモルが関係していたかもしれないという点も考えてみた。要するに、レイマントが『日英必戦論』をタテノ・マモルから入手したかもしれないと想像してみた。もちろん、その可能性を完全に否定することはできないが、おそらく『日英必戦論』の入手とタテノ・マモルは無関係であろう。

時間的な順序からいえば、レイマントがまず翻訳を始めた。その際、日本語表記で理解が困難な点などがあったので、ロンドン在住の知り合いの日本人であるタテノ・マモルに援助を仰いだのであろう。そこで、レイマントは『日英必戦論』の序文でタテノに感謝の意を表しただけであった。おそらく、『日英必戦論』の入手に関しては、タテノは直接には関係しなかったのであろう。

中津から英国へ

さて、またレイマントが英訳に使用した『日英必戦論』に中津市にあった野依書店のラベルが貼られていた点などを通じて、彼がその書籍をどのようにして入手したのかという疑問について考えをめぐらしてみよう。すでに述べたように、単に書店のラベルだけを手がかりにするのであるから、かなりの部分、筆者の推測に頼ることになる。

いずれにしても、筆者は次のような事情なり状況などを想定している。もちろん、現在の段階では、筆者の想定などを確実に裏付ける証拠のようなものがある話でない。あくまでも状況証拠などに基づく筆者の想像である。

まず、中津市が含まれる大分県であるが、〝戦犯県〟と自虐的にいわれたほど、太平洋戦争（第二次世界大戦）の指導者を多く輩出した県として知られている。実際、戦時中指導的な立場にいた陸海軍の軍人や外交官などの中に、多くの大分県出身者がいたのである。

日本の降伏文書の調印式が一九四五（昭和二十）年九月二日に東京湾に停泊していた戦艦ミズーリ号の甲板で行われた。その調印式に日本政府の全権団として調印したのが、政府代表としての重光葵（終戦時の外相、元駐英・駐ソ大使）と、大本営陸海軍代表としての梅津美治郎（陸軍大将）であった。重光と梅津は大分県出身であった。梅津は中津市で生まれた。

また、戦艦ミズーリ号での降伏文書調印式への参加を拒否した連合艦隊司令長官豊田副武（海軍大将）や、終戦時の陸軍大臣でポツダム宣言受諾直後の一九四五（昭和二十）年八月十五日に自決した阿南惟幾（陸軍大臣）、陸軍大将で陸軍大臣や朝鮮総督などを歴任した南次郎なども、みな大分県出身者であった。

さらに、海軍の逸材として将来海軍大臣などとして活躍することが期待されていた堀悌吉（海軍中将）も、大分県出身であった。堀悌吉、豊田副武そして重光葵はいずれも同じ大分県杵築市出身で、三人とも杵築中学の卒業生であった。

一九三〇（昭和五）年にロンドン海軍軍縮会議が開かれていた時の軍務局長は堀悌吉であった。

しかし、堀はそれからまもなくして一九三四（昭和九）年に予備役に編入された。

ワシントンやロンドンなどの軍縮会議が開かれていた当時、海軍は軍縮条約などに反対する〝艦隊派〟と賛成する〝条約派〟の二つに分かれていたといわれる。大角岑生が海軍大臣の時に、〝条約派〟を追い出す人事が行われた。いわゆる大角人事である。〝条約派〟に所属した堀は、大角人事で予備役に編入されたのである。

真珠湾攻撃当時の連合艦隊司令長官山本五十六にとっては、堀悌吉は海軍兵学校での同期生であり、最も信頼の厚い友人であった。山本五十六は堀の失墜を非常にくやしんだといわれる。

実は、その海軍の俊英堀悌吉と『日英必戦論』の英訳者G・V・レイマントとの間にはいろいろな接点があった。まず、巡洋戦艦筑波が一九〇七（明治四十）年に竣工し欧米訪問の遠洋航海に出発した。同艦は英国には同年六月から八月にかけて滞在したが、その時英国側で日本語の通訳として働いたのがレイマントであり、同艦に海軍少尉として乗り込んでいたのが堀悌吉であった。この時に両者の間には親しい交わりがあったのであろう。

また、堀は一九二一（大正十）年から一九二二（大正十一）年にかけてワシントン海軍軍縮会議に全権随員として参加した。レイマントも同会議に英国海軍のメンバーとして参加していた。同会議で両者はかなり緊密に接触したと思われる。

堀は一九二七（昭和二）年のジュネーブ海軍軍縮会議には全権随員として参加したが、一九三〇（昭和五）年のロンドン軍縮会議には、既述したように日本で軍務局長として条約が成立するように尽力した。堀はロンドンには出かけなかった。同会議に次席随員として参加したのは海軍の僚友山本五十六であった。

一方、日本語が堪能なレイマントも、日本が主要参加国の一角を占めたロンドン軍縮会議にもしかすると直接的または間接的に関与していたかもしれない。ロンドン軍縮会議（第一次）で、山本とレイマントとの間にはもしかすると何らかの接触があったかもしれない。

続いて、第二次ロンドン海軍軍縮会議の予備交渉が一九三四（昭和九）年十月からロンドンで始まった。その交渉の日本側の代表に選ばれたのが山本五十六であった。山本は一九三四（昭和九）年九月七日に任命され、同月二十日に日本を離れた。

その当時、鎮海要港部の司令長官代理に任命されていた堀悌吉は日本を離れていたと思われる。鎮海要港部は朝鮮半島の南端に位置した軍港にあった海軍の機関であった。

堀は山本の出発時に日本にいなかったが、山本が日本を離れる前に堀と山本の間にはなんらかの接触があったようである。というのは、「堀が遺した軍縮関係ファイルに、山本の堀宛極秘電報など〔第一次〕ロンドン会議関係資料を、昭和九年（一九三四）九月に山本から預かったものがある」[26]という。

また、堀悌吉は一九三四（昭和九）年前半、特に初頭などには、父の危篤などで故郷である大分県を訪れる機会があったと思われる。[27] そこで、一九三三（昭和八）年九月に出版され、同月にすでに中津市の野依書店から売りに出されていた石丸藤太の『日英必戦論』を、堀は帰郷した際などに家族などを通じて入手し、それを第二次ロンドン海軍軍縮会議の予備交渉のためにロンドンに出かける山本五十六に手渡したのではないだろうか。もしかすると、山本はアメリカ経由でロンドンに出かけたので、その石丸の著書を太平洋上とか大西洋上の航海で読んでいたかもしれない。

山本五十六がロンドンに持参したかもしれない『日英必戦論』が、英国側、最終的にはG・V・レイマントの手に渡り、レイマントはその『日英必戦論』を使って英訳を開始したのではないだろうか。

おそらく、レイマントは一九三四（昭和九）年の終わりとか、一九三五（昭和十）年の初頭頃から本格的に翻訳を始めたのであろう。レイマントの英訳書は一九三六（昭和十一）年二月に出版されているが、翻訳者の注の日付は一九三五（昭和十）年十月になっている。この時には英訳はほぼ完成していたのであろう。

『日英必戦論』の著者石丸藤太と、堀悌吉や山本五十六がどのような関係であったのかは不明であるが、同じ海軍兵学校および海軍大学校の出身者であった石丸のことを、堀や山本がまったく知らなかったとは到底考えられない。両者は石丸のこと、少なくとも石丸の著作のことはよく承知していたのではないかと思われる。堀は大分県出身、石丸は佐賀県出身なので、二人の故郷は同じ九州北部であった。

また、一九三四（昭和九）年の第二次ロンドン海軍軍縮会議の予備交渉に話を戻すと、山本五十六がロンドンでこの交渉に参加していた最中に、既述したように、海軍内のいわゆる〝艦隊派〟と

〝条約派〟の争いの結果、条約派の堀悌吉は余儀なく一九三四（昭和九）年末に予備役に編入されることになった。僚友の運命をロンドンで知った山本は、当時の日本海軍の現状に大変失望したという。

もう一点指摘したいことは、山本五十六がロンドンに滞在していた一九三四（昭和九）年十二月三日に、『太平洋大戦争』の著者ヘクター・バイウォーターが山本五十六と会見していたという点である。(28) 山本の真珠湾攻撃のアイデアがバイウォーターの著作からもたらされたのかどうかという問題は別にしても、山本が『太平洋大戦争』、『日米戦争日本は負けない』、『日英必戦論』などの戦争論の著述家であったバイウォーターや石丸藤太たちとまったく接触がなかった訳ではなかったのである。山本とバイウォーターの接触は『日英必戦論』の来歴とはまったく無関係であるかもしれないが、山本と『日英必戦論』との間には何か因縁がありそうな印象を受ける。

G・V・レイマントの日本語能力

さて、またここで話題を『日英必戦論』の英訳者であるG・V・レイマントに戻すことにしよう。ここでは、特に彼の日本語能力に焦点を合わせてみたい。次に、具体的にレイマントが『日英必戦論』の原文に記入した書込、さらには彼の翻訳により出来上がった英訳本の『Japan Must Fight Britain』の本文などを点検して、一体翻訳者G・V・レイマントの日本語能力がどの程度のものであったのか、そのあたりの事情をさぐってみたい。

すでに述べたように、レイマントの日本語能力はかなり高いものであった。少なくと想像以上に英訳者の語学力は高かったことがわかる。ここでは、具体的な材料で彼の日本語能力の水準を調べてみたい。

まず、レイマントはペンと鉛筆で原著（『日英必戦論』）の校正もれとか、間違いを訂正している。以下、主なものを列記する。まず、原著のページを記し、次に原著の表示、続いてレイマントの訂正を付け加えた。

十二頁：協識　↓　協議（きょうぎ）
一六一頁：目分　↓　自分（じぶん）
一九六頁：衝笑　↓　衝突（しょうとつ）
二二一頁：無暴　↓　無謀（むぼう）
二二三頁：潜水艦　↓　潜水隊（せんすいたい）
三六五頁：栽倍　↓　栽培（さいばい）
三七六頁：憲注　↓　憲法（けんぽう）
三九二頁：羈胖　↓　羈絆（きはん）
三九六頁：窃取　↓　竊取（せっしゅ）
四一一頁：烽起　↓　蜂起（ほうき）

四一六頁：羇胖　→　羇絆（きはん）
四四九頁：巧緻　→　巧遅（こうち）
四六四頁：臍　→　臍（ほぞ）
四六八頁：付加雷同→　付和雷同（ふわらいどう）
四七二頁：前者　→　前著（ぜんちょ）

以上は、原著の間違いを訂正した書込であるが、これだけ校正もれや著者本来の間違いを指摘することができる点から考えると、英訳者G・V・レイマントの日本語能力は、やはり相当高かったのではないかと想像する。

これらの訂正について、もしかすると、英訳本の「訳者の注」の部分で言及されているタテノ・マモルも関与した可能性も考慮することができるが、訂正の書込そのものからは、レイマントが自分自身で訂正しているように見受けられる。タテノ・マモルに相談したかもしれないが、訂正はレイマントが自分でしたのであろう。

たとえば、二二三ページの潜水艦から潜水隊への訂正については、前後の文章をよく読まないと思い付かない訂正である。潜水艦から潜水隊への訂正の前後には、次のような文章が記載されている。

適当の隻数よりなる潜水鑑を付して之〔英国の空軍〕と協同せしむる時は

この文章では、もしかすると元の潜水艦のままでもいいかもしれないが、潜水隊とした方が文意がはっきりする。英国の空軍と協同するのは潜水隊という組織の方が潜水艦よりもふさわしいと考えたのであろう。そこで、レイマントはペンで「隊?」と書き入れたのである。

石丸は英国の防衛力について議論しており、適当な隻数の潜水艦を持つ潜水隊（潜水艦の部隊）と優勢な英国空軍が協同すると、外国の軍隊は英国に侵攻できないというのである。「適当の隻数よりなる」という部分を考慮すると、レイマントがペンで「隊?」と書き入れた事情はよく理解できる。前の部分に合わせれば潜水艦の方が向いており、後ろの部分に合わせれば潜水隊の方がいいという状況であろう。

似たような例として、三九六ページの窃取から竊取への訂正がある。この場合、単に旧字と俗字の違いに過ぎないが、レイマントはそのページにペンでわざわざ難しい旧字を書き入れている。やはり、そのあたりの事情を考慮すると、校正もれや間違いなどの訂正は、レイマント自身が行ったと考えていいのであろう。

また、原著『日英必戦論』には、理解が困難な言葉や表現などにレイマント自身が鉛筆やペンで付けた印「X」などが付されている。たとえば、彼は蓊然《おうぜん》という言葉の意味がわからなかったようで、辞書などで調べて「蓊」という漢字の意味は「sakan naru」（さかんになる）という意味であると書き入れている。蓊然の意味は「盛ん」であるさまを表しているが、現代の日本人でもその意味を知っている人はそんなに多くはいないであろう。非常に少ないかもしれない。

また、レイマントにとって難解な表現、読み、単語などとして以下のようなものに鉛筆とかペンで「X」の印が付されていた。

素振り：そぶり
目論む：もくろむ
果せる哉：はたせるかな
何を小癪な：なにをこしゃくな
こと程さ様に：ことほどさように
頬冠りして：ほおかむりして
難詰：なんづめ
肚を定める：はらをさだめる
慫慂する：しょうようする
人を喰った仕打：ひとをくったしうち
背信：はいしん
翫味：がんみ
素破抜く：すっぱぬく
面当：つらあて

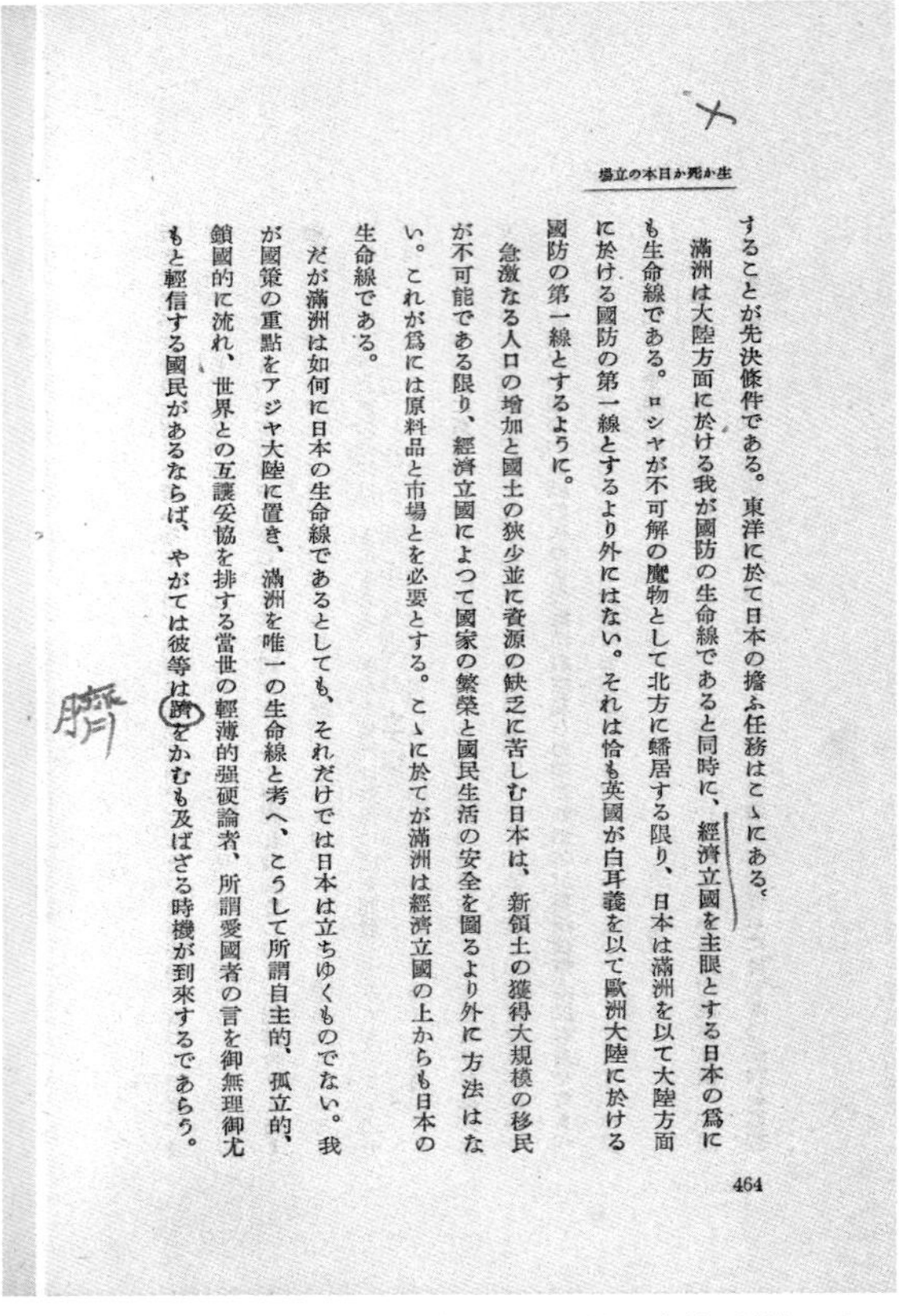

生か死か日本の立場

することが先決條件である。東洋に於て日本の擔ふ任務はこゝにある。

滿洲は大陸方面に於ける我が國防の生命線であると同時に、經濟立國を主眼とする日本の爲にも生命線である。ロシヤが不可解の魔物として北方に蟠居する限り、日本は滿洲を以て大陸方面に於ける國防の第一線とするより外にはない。それは恰も英國が白耳義を以て歐洲大陸に於ける國防の第一線とするやうに。

急激なる人口の增加と國土の狹少並に資源の缺乏に苦しむ日本は、新領土の獲得大規模の移民が不可能である限り、經濟立國によつて國家の繁榮と國民生活の安全を圖るより外に方法はない。これが爲には原料品と市場とを必要とする。こゝに於てが滿洲は經濟立國の上からも日本の生命線である。

だが滿洲は如何に日本の生命線であるとしても、それだけでは日本は立ちゆくものでない。我が國策の重點をアジヤ大陸に置き、滿洲を唯一の生命線と考へ、こうして所謂自主的、孤立的、鎖國的に流れ、世界との互讓妥協を排する當世の輕薄的强硬論者、所謂愛國者の言を御無理御尤もと輕信する國民があるならば、やがては彼等は臍をかむも及ばざる時機が到來するであらう。

464

図版6　『日英必戦論』（ケンブリッジ大学図書館所蔵）にある訂正（書込）。「臍をかむ」

首肯する：しゅこうする
あつと云はせる：あっといわせる
反古にする：ほごにする
気息奄々：きそくえんえん

戦慄：せんりつ
簇出：そうしゅつ
左様然らば：さようしからば
臍をかむ：ほぞをかむ

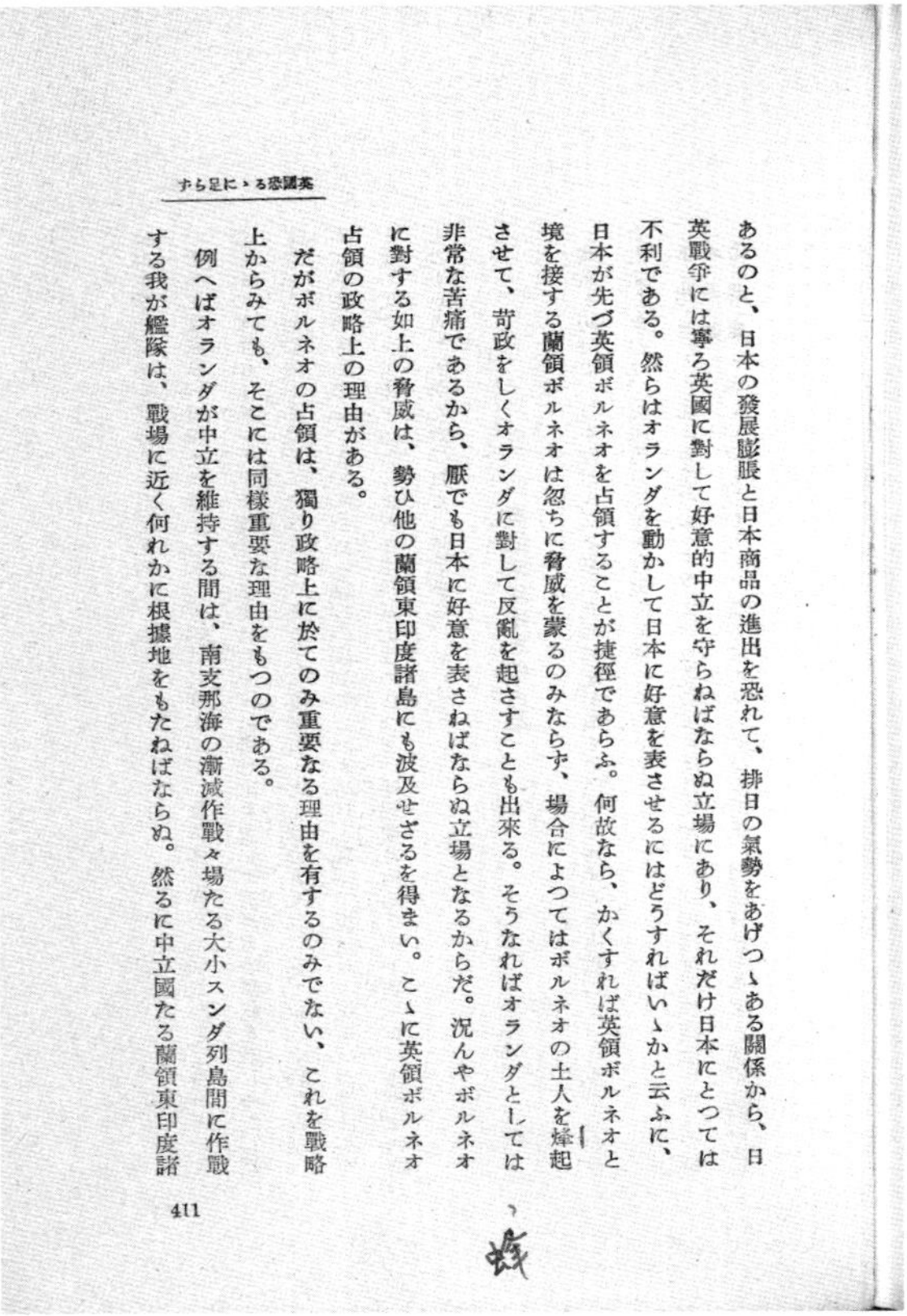
英國恐るゝに足らず

あるのと、日本の發展膨脹と日本商品の進出を恐れて、排日の氣勢をあげつゝある關係から、日英戰爭には寧ろ英國に對して好意的中立を守らねばならぬ立場にあり、それだけ日本にとつては不利である。然らはオランダを動かして日本に好意を表させるにはどうすればいゝかと云ふに、日本が先づ英領ボルネオを占領することが捷徑であらふ。何故なら、かくすれば英領ボルネオと境を接する蘭領ボルネオは忽ちに脅威を蒙るのみならず、場合によつてはボルネオの土人を烽起させて、苛政をしくオランダに對して反亂を起さすことも出來る。そうなればオランダとしては非常な苦痛であるから、厭でも日本に好意を表さねばならぬ立場となるからだ。況んやボルネオに對する如上の脅威は、勢ひ他の蘭領東印度諸島にも波及せざるを得まい。こゝに英領ボルネオ占領の政略上の理由がある。

だがボルネオの占領は、獨り政略上に於てのみ重要なる理由を有するのみでない、これを戰略上からみても、そこには同様重要な理由をもつのである。

例へばオランダが中立を維持する間は、南支那海の漸減作戰々場たる大小スンダ列島間に作戰する我が艦隊は、戰場に近く何れかに根據地をもたねばならぬ。然るに中立國たる蘭領東印度諸

411

図版7　『日英必戦論』（ケンブリッジ大学図書館所蔵）にある訂正（書込）。「烽起」と「蜂起」

願つたり叶つたり：ねがったりかなったり

もちろん、これらは「X」の印が付されたものの一部である。これらは日本人にとってはそれほど難解な表現ではないかもしれないが、日本語が母国語でない外国人にとっては、おそらく理解が容易なものではなかったのであろう。

レイマントにとって、漢字は読みを含めて確実にやっかいものであったに違いない。漢字を使用しない言語を母国語とする日本語学習者、特に欧米人にとって、日本語の漢字は日本語習得の関門であったのであろう。

たとえば、レイマントは「威圧」という言葉が出てきた部分の上欄に、「感 KAN」、「惑 WAKU」と書き入れている。これは「威圧」の「威」という漢字が出たので、よく似た漢字として「感」という字と「惑」という字を思い出したのであろう。「感」と「惑」という字を書く時にも、「咸」と「心」および「或」と「心」を離して書いている。そのことから、レイマントは漢字を学習するのに、漢字の成り立ちを分析するなど、それなりに努力をしたことが窺われる。

海軍士官の日本語学習

それでは、G・V・レイマントはなぜ日本語を学ぶようになったのであろうか。また、彼はどのようにして日本語を学習したのであろうか。海軍関係者の子弟などが在籍するロイヤル・ネイヴァル・スクール（寄宿制）をへてケンブリッジ大学を卒業したレイマントは、そのままでも英国海軍の中でそれなりの地位を得ることができたと思われるが、なぜあえて困難が予想される日本語の習得をめざすことになったのであろうか。

レイマントなどの英国陸海軍の士官たちが、日本語というなじみの薄い外国を学ぶようになったことは、日本の軍事力、特に海軍力が増大したと認識されたことと関係していた。もちろん、日本の陸軍について英国が別にそれを軽視していた訳ではなく、英国陸軍もやはり日露戦争あたりから、後述するように、実際にはもう少し早く一九〇二（明治三十五）年の日英同盟を契機に、日本語が理解できる語学将校（Language Officer）を養成することにした。それについては後述する。ここではレイマントの日本語学習に焦点を当てているので、まず英国海軍の動きを見てみよう。

英国の軍関係者にとって、一九〇五（明治三八）年に日露戦争で日本が勝利したことが、日本に注目する大きなきっかけとなった。日本海軍の連合艦隊が日本海海戦でロシアのバルティック艦隊を破ったことは、日本の海軍力の強さを世界に印象付けたのである。日英の軍事関係からいえば、それまで英国の〝生徒〟であった日本が、今度は〝パートナー〟の地位に格上げされたのである。

また、日露戦争以前の一九〇二（明治三十五）年にすでに日英同盟が調印されていた。そこで、英国にとっては日本は急速に台頭した同盟国であり、日本語はその同盟国の言語でもあった。

英国国立公文書館には英国海軍の外国語通訳養成に関する資料を集めたファイルがある。その中の外国語の一つが日本語であった。すなわち、それは、英国の海軍士官に日本語を学ばせ日本語の通訳および通訳代理として養成する規則や条件などを記載した書類のファイルである。[29] 英国国立公文書館におけるそのファイルの記号（請求記号）は"FO 371/85/1"である。その"FO 371/85/1"の中の主要な資料として、英国海軍省と駐日英国公使などとの間でやり取りされた書簡などが含まれている。

もちろん、"FO 371/85/1"に含まれる資料は日本語についての書簡だけに限定されている訳ではなく、それ以外の言語に関する参考資料も含まれている。しかし、そのファイルの中心の主題の一つは日本語である。そのファイルの最も早い資料の日付は一九〇四（明治三十七）年九月で、最後の資料の日付は一九〇六（明治三十九）年一月である。日付からいえば、ほぼ一年四ヶ月間にわたる資料がそのファイルに含まれている。

このファイル（"FO 371/85/1"）は、英国海軍士官が学ぶ外国語の一つとして日本語のことを取り扱っているが、すでに言及したように日本語のことだけではない。日本語は英国海軍が通訳養成を必要とする外国語の中の一つであり、当然海軍本部の外国語通訳養成の全体の規定や条件などに準じている。このファイルの中には、印刷された英国国防省の規則や海軍本部の回報なども含まれている。以下、このファイルに含まれる資料などにより、日本語通訳養成の事情を説明してみたい。

まず、英国海軍本部は海軍および海兵隊の士官で外国語を学び、通訳になるための規則などを一九〇四（明治三十七）年六月付で発表していた。この規定で興味深いのは、海軍士官が外国に在住して外国語を学ぶ期間とその間の謝金の金額については、言語（外国語）によって異なる点である。

この場合、当該国における在住期間というのは、実質的には留学期間といい換えることもできるであろう。在住期間中に支払われる謝金とは別に、もちろん本来の給料は通常通り支給されたのであろう。

また、通訳のための試験が二種類に分かれており、高い水準の試験が通訳、低い水準の試験が通訳代理に適用されていた。いずれにしても、試験により通訳および通訳代理が任命されたのである。また、英国海軍が対象とする外国語は日本語、ロシア語、ドイツ語、オランダ語、近代ギリシャ語、フランス語、スペイン語、ポルトガル語の八カ国語で、中国語などが含まれていないところが興味深い。日清戦争などに敗れた中国は、当時は英国にとって重要な海軍国とは見なされていなかったのであろうか。または、英国海軍には中国艦隊があったので、中国語は別扱いになっていたのかもしれない。

通訳養成の対象となる八つの言語の中には近代ギリシャ語が含まれるが、これは当時ギリシャが海洋国であったことを表しているのであろう。なお、東インド艦隊に所属するスワヒリ語、アラビア語、ヒンドスタニー語、ペルシャ語などについては、別の規定や規則などがあった。

一九〇四（明治三十七）年六月付で発表された、英国海軍本部の回報に記載されていた規則の一部を言語別に表示すると、次のようになる。なお、日本語などの通訳になる手順はまず最初予備試験を受け、通訳および通訳代理に適しているかどうかがチェックされる。続いて、日本語の場合、日本に半年間在住して日本語を学習し、通訳代理用の試験である〝低い水準の試験〟を受ける。それに合格し、次の段階に進みたい場合、一年間の日本在住が認められる。その後、通訳用の〝高い水準の試験〟を受け、合格すれば日本語の通訳の仕事ができることになるのである。

（1） 高い水準（通訳用）

在住（留学）期間

日本語：十二ヶ月

ロシア語：九ヶ月

ドイツ語・オランダ語・近代ギリシャ語：六ヶ月

フランス語・スペイン語・ポルトガル語：四ヶ月

謝金

日本語：二〇〇ポンド

ロシア語：一五〇ポンド

ドイツ語・オランダ語・近代ギリシャ語：七〇ポンド

フランス語・スペイン語・ポルトガル語：五〇ポンド

（2）低い水準（通訳代理用）

在住（留学）期間

日本語：六ヶ月

ロシア語：六ヶ月

ドイツ語・オランダ語・近代ギリシャ語：四ヶ月

フランス語・スペイン語・ポルトガル語：三ヶ月

謝金

日本語：一〇〇ポンド

ロシア語：七十五ポンド

ドイツ語・オランダ語・近代ギリシャ語：三十五ポンド

フランス語・スペイン語・ポルトガル語：二十五ポンド

以上の言語別の条件を調べると、英国海軍が外国語習得の難易度をどのように見ていたのかがわかり興味深い。英国海軍の士官が通訳の仕事として外国語を学習する場合、日本語は一番困難な言語と見なされていたことがわかる。海軍関係者にとっては、日本語は最もむずかしい外国語であった。そのことは、日本語学習に費やす在住期間や謝金などにも反映していた。日本語の場合は、英国人にとってヨーロッパ言語の中では最もむずかしいと見なされるロシア語の三割三分増しになっている。

ただし、通訳代理養成のための試験である〝低い水準の試験〟の場合、在住期間はロシア語も日本語も同じ六ヶ月である。もしかすると、後述するように日本語の場合でも、もし学習するのが口語のみの場合では、日本語の口語学習は、難易に関してはロシア語とあまり変わらないと見なされていたのかもしれない。日本語で難解なのは文語（書き言葉）であろう。おそらく現在でも、日本語の書き言葉は世界中の言語の中で最も複雑なものの一つであろう。

すでに言及したように、日本語の場合、通訳代理になるための試験である〝低い水準〟の試験の範囲はおもに口語を中心とし、通訳になるための〝高い水準〟の試験は、口語に加えてひらがなやカタカナおよび海軍の専門用語も含むことになっていた。〝高い水準〟の試験には文語の要素も含まれ、専門用語に含まれる漢字などもある程度習う必要があったのであろう。漢字を学習することなしに海軍関係の専門用語を理解することは困難であろう。

英国海軍の通訳は、仕事柄当然口語などが中心となると思われていたが、やはり海軍に関係した専門用語の分野まで踏み込むとなると、当然ある程度の読み書きの知識も必要になったのであろう。特に日本語の場合はそうであろう。

G・V・レイマントは一九〇一（明治三十四）年六月に英国海軍の教官に任命され、一九〇四（明治三十七）年十一月まで、同中国艦隊の甲装巡洋艦クレッシーに乗り込み、続いて翌一九〇五（明治三十八）年十一月まで、同グローリーおよび同サットレッジに乗船して教官として勤務した。

その間にレイマントは日本語の通訳勤務の仕事に応募し、一九〇五（明治三十八）年十二月から英国海軍の外国語通訳養成の規定にしたがって、日本語を学び（六ヶ月および十二ヶ月の日本在住を含む）、一九〇七（明治四十）年三月に通訳の試験に合格した。

レイマントの場合、通訳代理用（六ヶ月）および通訳用（十二ヶ月）の日本在住期間（留学期間）をまるまる使った後に最後の関門である通訳の試験を受けたとすると、最終試験は一九〇七（明治四十）年六月以降になるはずであったが、実際には、彼にとっての最終試験は一九〇七（明治四十）年三月に行われ、レイマントは三ヶ月ほど早く最後の試験を受けたことになった。いずれにしても、以上のような事情によりG・V・レイマントは日本語を学習したのであった。

オズワルド・タック

また、前述した英国国立公文書館が所蔵している"FO 371/85/1"というファイルに戻ると、このファイルの主題の一つがオズワルド・タック（Oswald Tuck）という海軍士官（教官）およびジョーンズ大佐のケースをどのように取り扱うかという問題であった。まず、オズワルド・タックの場合、次のような事情があった。

オズワルド・タックはもともと日本語を学習したいという意欲があり、すでに三年ほど前から個

図版8　Oswald Tuckの写真、1908年に日本で菊竹実蔵と一緒に撮った写真。Churchill College Archive Centre所蔵の写真。

人的に学び始めていた。さらに、一年間日本で本格的に日本語を学ぶため、日本に滞在する許可を職場から得て日本に在住していた。まさに、その時に英国海軍の日本語通訳養成の規定が出されたのである。そのことを知ったタックは、一九〇五（明治三十八）年一月に、自ら英国海軍本部に日本語学習の謝金百ポンドを受け取ることが可能であるのかという問い合わせをしたのであった。予備試験については、彼は同月にすでに好成績で済ませていた。その際、彼は三ヶ月のうちに通訳代理用の試験を受ける用意があることも伝えた。

ジョーンズ大佐の場合は、オズワルド・タックの場合と少し異なる事情があった。彼は日本に来る前にすでに朝鮮で六ヶ月間日本語を学んでいた。いずれにしても、英国海軍当局は日本語通訳養成について、オズワルド・タックとジョーンズ大佐の二つのケースは個別に考慮することになった。

オズワルド・タックの通訳試験に関する記録などは、英国国立公文書館などには残っていないので詳細はよくわからないが、実際の歴史的な事実を調べると、彼はすでに一九〇六（明治三十九）年一月から日本語通訳として働き始めていた。すなわち、その時までにはオズワルド・タックはすでに通訳代理用および通訳用の両試験に合格していたはずであった。

一方、G・V・レイマントが通訳用の試験にパスしたのが一九〇七（明治四十）年三月のことであったので、タックはレイマントよりも一年以上前にすでに日本語通訳の試験を通過していたことになる。

以上の英国海軍日本語通訳養成の記録などから、G・V・レイマントとオズワルド・タックは、ほぼ同じ時期（日露戦争後）に日本語を学習していたことになる。オズワルド・タックは一八七六（明治九）年、G・V・レイマントは一八七八（明治十一）年に生まれているので、両者とも年齢的には二十代後半に日本語を学習し始めたことになる。

G・V・レイマントは、既述したようにロイヤル・ネイヴァル・スクールで学び、ケンブリッジ大学で学位を取得し、海軍の教官を経てグリニッジの海軍大学校の教授になった。以上の彼の経歴からもわかるように、彼は比較的順調に英国海軍内でキャリアを積んできたように思われる。彼はグリニッジの海軍大学校の教官になる前に、日本語を学んでいたのである。日本語の習得はレイマントにとっては海軍大学校のポストを得るのに有利に働いたのであろう。日本語を学んだので、レイマントはグリニッジの海軍大学校の教授になることができたということも可能である。

一方、オズワルド・タックの履歴については次のような事情があった。彼は一八七六（明治九）年に出生し、十五歳でグリニッジにあった病院学校を出た後、同じグリニッジにあった王立天文台に勤務することになった。[30] その後に英国海軍に入り、レイマントと同じように海軍の教官になったのである。すでに述べたように、タックは英国海軍の教官として日本近辺に勤務していた一九〇一（明治三十四）年―一九〇二（明治三十五）年頃、すでに日本語を勉強し始めていた。

オズワルド・タックは日本語を学ぶ際に日本の若者などを使用人のようなかたちで雇ったこともあった。一九〇二（明治三十五）年頃には、タケゴ（漢字は不明）という青年が雇われていた。[31] タケゴの場合、英語と日本語の交換教授という意味合いもあった。

第二章でも後述するように、タックは一九〇七（明治四十）年秋に来日し、一九〇八（明治四十一）年には東京駐在の海軍武官補佐官に任命され、翌年に英国に帰国するまで日本に滞在した。その際、タックは自分の家の書生として〝苦学生〟である十九歳の菊竹実蔵を雇い入れた。その二十五年後には、タックはロンドン日本協会の機関誌に「実蔵――一学生の研究」という記事（論文）を書き、菊竹実蔵の履歴や彼との交遊関係を詳しく記述した。[32]

オズワルド・タックに関する資料（文書など）は、現在ケンブリッジ大学内にあるチャーチル・カレッジの文書館（"Archival Centre"）に保管されている。その文書館が所蔵する資料には、タックが東京滞在中に付けていた一九〇八（明治四十八）年の日記がある。その日記には菊竹実蔵の写真や手紙なども挿入されている。また、菊竹が英国に住むオズワルド・タック宛に送ったほとんど裸体に近い自画像の写真もそのチャーチル・カレッジの資料の中に含まれている。

菊竹実蔵はタックの書生をしていた当時（一九〇八年頃）早稲田大学の学生であったが、事件を起こして放校されてしまった。タックが日本を離れた時には、早稲田大学をしくじった菊竹は慶応大学の定員が空くのを待っている状態であった。実際には、菊竹はその後別方面に進むことになった。彼は東京外国語学校に入り、同校の蒙古語学科の一回生として卒業した。その後菊竹は中国大陸に渡り、蒙古方面を遍歴して蒙古研究の第一人者になった。満鉄鄭家屯公所長などをへて、一九三一（昭和六）年の満州事件後に建設された満州国では、菊竹実蔵は興安局次長などとして満蒙問題に深く関わった。オズワルド・タックは菊竹の動向をある程度つかんでいたかもしれないが、もしかすると満州国以後の菊竹実蔵の活躍などについてはあまり知らなかったかもしれない。オズワルド・タックと菊竹実蔵の交遊という横道にそれてしまったが、タックやレイマントなどの海軍士官は同世代の日本人との交際などを通じて日本語を学び、さらに上達させていったのであろう。

オズワルド・タックのその後の活躍については、次章で詳しく言及する予定である。この章と次章をつなぐのが、実は英国海軍の士官として日本語を学んだオズワルド・タックという人物であった。

陸軍の語学将校

最後に、英国海軍で日本語を学んだG・V・レイマントやオズワルド・タックのことについて詳しく記述したので、英国陸軍から日本に派遣されて日本語を学んだ英国の士官たちのことにも言及してみたい。海軍の場合に対する陸軍の日本語が理解できる士官養成の話である。英国は陸・海軍の両方で日本語ができる士官を養成していた。

まず日英同盟に続いて日露戦争などを考慮して、英国陸軍は日本語を学習させるため、士官を一九〇三（明治三十六）年から日本に派遣した。最初は四人、日露戦争の勃発後にさらに四人が加わり、一九四〇（昭和十五）年頃まで合計一〇〇人以上が派遣されたという(33)。

日本語を学びに日本にやって来た英国陸軍士官は、語学将校（Language Officer）などと呼ばれていた。日本語の語学将校のことである。資料によっては日本語通訳と呼ばれることもある。すでにレイマントやタックのところで言及した英国海軍の日本語の通訳とほとんど同じような役職である。どちらかといえば、英国海軍では日本語通訳という言葉が多く使われ、英国陸軍では日本語の語学将校という用語が多用されたようである。いずれも日本語を学んだ士官を意味した。

日本語を習得させるため士官を日本に派遣する制度に関しては、英国陸軍と英国海軍の両方の場合それぞれ類似していたが、一つだけ大きな違いがあったという。英国の陸軍と海軍などの両方の部門をカバーする雑誌として『The United Services Magazine』（『陸海軍連合雑誌』）という刊行物が出版されていた。この雑誌に「日本における語学将校」（The "Language Officer" in Japan）という記事が掲載されたことがあった(34)。

その記事によると、両者の大きな違いは英国士官の日本の陸・海軍への帰属の仕方であるという。陸軍の場合、英国の士官は日本の実際の部隊などの一員になったが、海軍の場合は日本の組織に帰属しなかったようである。おそらくその違いが原因であったかもしれないが、英国陸軍から派遣された英国士官と日本の士官との関係が、海軍の場合に比べてより親密になった場合があったようである。

なお、前述の「日本における語学将校」という記事を書いた著者は、雑誌ではジェイムズ・ウェイマス（James Weymouth）と記されているが、実はこれはJ・W・マースデンのことであった。J・W・マースデン（James Weymouth Marsden）は後章でも登場するが、もちろん彼自身も日本語を学んだ語学将校であった。

最初期に日本に派遣された語学将校の中で大きな業績を上げたのは、エヴェラード・キャルスロップ（Everard Calthrop）であった。一九〇四（明治三十七）年に来日し、一九〇八（明治四十一）年に英国の陸軍大学校の教官に就任するまで日本に滞在した。(35) その間、一九〇六（明治三十九）年からは日本の陸軍大学校で教官として貴重な経験を積んでいた。

その後、キャルスロップはまた日本に戻り、一九一四（大正三）年七月から翌年三月まで駐日英国大使館で陸軍武官として勤務した。(36) その時に彼を補佐したのがJ・W・マースデンであった。キャルスロップは不幸にも第一次世界大戦中の一九一五（大正四年）年十二月に西部戦線で戦死した。(37) 享年三十九歳で、惜しまれる死であった。

キャルスロップの業績としては『孫子』（『Art of War』）の英訳を上げることができる。キャルスロップの英訳書は日本語からの英訳であり、また英訳書の題名は『Book of War』であった。後述するように、彼が収集した日本の古書や浮世絵版画などは、ロンドン大学東洋アフリカ学院図書館に寄贈された。

キャルスロップが日本語を習得して英国の陸軍大学校の教官を務めた点は、同じように日本語を習得して英国の海軍大学校の教官に就任したレイマントの履歴と多少類似しているところがある。キャルスロップの海軍版がレイマントであるが、履歴からいえばキャルスロップの方が多彩である。両者とも英訳書がある点も似ている。

陸軍の日本語語学将校としても、また駐日英国大使館における陸軍武官としても、ある意味でそのキャルスロップの後継者にあたるのがF・S・G・ピゴット（ロイ・ピゴット）であったということもできる。ただ年齢的にいえば、ピゴットはキャルスロップよりも七歳ほど年下であった。

ピゴットは英国陸軍の日本語の語学将校として一九〇四（明治三十七）年四月から日本に滞在した。最初の滞在予定期間は十五ヶ月であったが、さらに六ヶ月間延長し、一九〇六（明治三十九）年の早い時期に日本語の試験を受けて合格した。[38] それまでに日本語の語学将校の試験を受けた陸軍士官の中では、キャルスロップが最高の成績を上げたが、ピゴットの成績はキャルスロップの成績とほとんど同格であったという。[39] ピゴットの試験の成績はキャルスロップの成績に並ぶものであったという。

F・S・G・ピゴットは一九一〇（明治四十三）年に日本陸軍の工学関係の調査および日本語学習のために、陸軍武官補佐官として日本に滞在した。[40] 彼はその時には一九〇四（明治三十七）年から一九〇八（明治四十一）年まで日本に滞在したキャルスロップの後釜のような役割を担っていた。

さらに、ピゴットは駐日英国大使館付の陸軍武官として二回東京に勤務した。第一回目は一九二一（大正十）年十月から一九二六（大正十五）年一月まで、第二回目は一九三六（昭和十一）年五月から一九三九（昭和十四）年十月までである。駐日英国大使館の陸軍武官は、キャルスロップが一九一五（大正四年）年に離任した後、J・A・C・サマーヴィルとC・R・ウッドロッフェ（C. R. Woodroffe）などをへて、一九二二（大正十一）年にピゴットに引き継がれたのである。

ピゴットが陸軍武官補佐官として日本に滞在していた時、当然彼は当時日本語の語学将校として日本に派遣されていた英国の陸軍士官などとも親交を持った。ピゴットの後輩にあたるかもしれないが、ピゴットは比較的若くして語学将校になったので、それらの士官は年齢的にはほぼ同僚に相当するかもしれない。また、ピゴットによると、日本語の語学将校の日本滞在年数は一九一一（明治四十四）年から三年間に延長され、またその人数も二人に減少されたという。[41] ちょうど延長される前の世代がピゴットの陸軍武官補佐官時代の同僚または後輩などにあたる。

図版9　F・S・G・ピゴットの写真（F・S・G・ピゴット著『Broken Thread』）

ピゴットには日英関係の歴史を扱った著作がある。それは同時に彼自身の回想録でもあった。ピゴットが自分の著作である『断たれたきずな』（『Broken Thread』）を執筆している頃、すなわち一九四九（昭和二十四）年頃、彼は昔の同僚や後輩のことを回顧していた。そのことが彼の著作『断たれたきずな』に記述されている。

その回顧の記述によると、ピゴットが陸軍武官補佐官として日本に滞在した頃、または彼が陸軍武官補佐官の任務を終了した頃、七名の英国陸軍の士官が語学将校などとして日本で日本語を学んでいたという。ピゴット自身を含めれば、全部で八名になる。時期としては一九一一（明治四十四）年およびそれらから二、三年後の話である。明治末期とか大正初期の頃である。

その七名とは、一九一一（明治四十四）年頃に語学将校であったガイ・オリヴァー（Gay Oliver）、ジョージ・パーキンス（George Perkins）、一九一一（明治四十四）年に滞在期間が延長されてから赴任したレズリー・ヒル（Leslie Hill）、J・L・ミッチェル（J. L. Mitchell）、J・W・マースデン（J. W. Marsden）、ヒュー・シンプソン（Hugh Simpson）、アーサー・ジェームズ（Arthur James）、ハーバート・カーター（Herbert Carter）である。このうち、シンプソンとジェームズは日本駐在の陸軍武官を歴任した。この七名の中で一九四九（昭和二十四）年当時存命であったのはジョージ・パーキンス、レズリー・ヒル、J・W・マースデンの三人であったという。(42) 最後のマースデンはまた後章で登場する。

いずれにしても、ピゴットの著作である『断たれたきずな』から明治末期とか大正初期の頃、上記したピゴットを含めた八名が英国陸軍武官補佐官や陸軍の語学将校などとして日本に滞在していたことがわかる。

英国の海軍や陸軍は日本語を習得することにそれなりに努力していたということができる。数は少なかったかもしれないが、日露戦争以降一応英国陸海軍の士官たちも日本語を学んでいたのであった。

注

（1）バイウォーター著、石丸藤太訳並評『太平洋戦争と其批判』（文明協会事務所、一九二六年）訳者序一、二頁。
（2）前坂俊之「『日米戦えば日本は必ず敗れる』――水野広徳の反戦平和思想」（『兵は凶器なり』（二十四）十五年戦争と新聞メディア　一九二六〜一九三五」）、http://maechan.sakura.ne.jp/war/data/hhkn/25.pdf（二〇一七年十二月二十三日）。
（3）石丸藤太『日英必戦論』（春秋社、一九三三年）「巻頭に」一頁。
（4）石丸藤太『大英国民に与ふ』（春秋社、一九三六年）「巻頭に」三頁。
（5）石丸藤太『大英国民に与ふ』（春秋社、一九三六年）「巻頭に」三頁。
（6）北村賢志『戦前日本の「戦争論」を読む』（潮書房光人社、二〇一七年）「はじめに」六頁。
（7）石丸藤太『英米の対日陰謀』（非凡閣、一九三九年）「凡ての人に」一頁。
（8）J. Gunnar Andersson, *China Fights for the World*, Keagan Paul, Trench, Trubner., 1939. p.242.
（9）石丸藤太『覆面の軍縮会議』（松柏館書店、一九三四年）「巻頭に」一頁。
（10）'Japan Must Fight Britain', Tōta Ishimaru, translated by G. V. Rayment, *Japan Must Fight Britain*, Paternoster Library, 1937.
（11）石丸藤太『大英国民に与ふ』（春秋社、一九三六年）「巻頭に」一頁。
（12）石丸藤太『大英国民に与ふ』（春秋社、一九三六年）「巻頭に」一頁。
（13）石丸藤太『大英国民に与ふ』（春秋社、一九三六年）「巻頭に」二頁。

（14）石丸藤太『大英国民に与ふ』（春秋社、一九三六年）「巻頭に」二頁。
（15）TNA WO 106/5526.
（16）Joseph Moretz, *The Royal Navy and the Capital Ship in the Interwar Period: An Operational Perspective*, Frank Cass, 2002. pp. 168-169.
（17）Philip Towle, *From Ally to Enemy: Anglo-Japanese Military Relations 1900-45*, Global Oriental, 2006, 'Introduction', p. vii.
（18）山中恒『少国民ノート』第三（辺境社、一九九三年）五十四頁。
（19）山中恒『少国民ノート』第三（辺境社、一九九三年）六十七頁。
（20）井本台吉「防諜関係法解説」（『講話録・特輯（戦時法令解説）』警察講習所、一九四二年）十、十一頁。
（21）猪瀬直樹『黒船の世紀』（角川書店、二〇一七年）四六一頁。
（22）https://www.dnw.co.uk/auction-archive/lot-archive/lot.php?department=Medals&lot_id=252760（二〇一七年八月十四日）; https://www.dnw.co.uk/auction-archive/lot-archive/lot.php?department=Medals&lot_id=252039（二〇一七年八月十四日）
（23）フランシス・ピゴット著、長谷川才次訳『断たれたきずな』上（時事通信社、一九五九年）序言、五頁。
（24）Antony Best, 'Major-General F.S.G. Piggott (1883-1966)', *Britain & Japan: Biographical Portraits*, Volume 8, Global Oriental, 2013. p.102.
（25）『日本人名録』（昭和六年度用、東洋出版会社、一九三一年）七十八頁。
（26）芳賀徹他著『堀悌吉』（大分県教育委員会、二〇〇九年）一一六頁。
（27）『堀悌吉資料集』第二巻（大分県教育委員会、二〇〇七年）二四六、二四七頁。
（28）William H. Honan, *Bywater: The Man who Invented the Pacific War*, Macdonald, 1990. p.216.

（29）TNA FO 371/85/1.

（30）Sue Jarvis, 'Captain Oswald Tuck RN（1876-1950）and the Bedford Japanese School', *Britain & Japan Biographical Portraits*, Volume 5, Global Oriental, 2005. p.196.

（31）Sue Jarvis, Captain Oswald Tuck R. N. and the Bedford Japanese School, Bletchley Park Trust, 2003. pp.6-7.

（32）Oswald Tuck, 'Jitsuzo: a Study of Student', Transactions and Proceedings of the Japan Society, London, Vol. 29 (1931-32). pp.2-14.

（33）フランシス・ピゴット著、長谷川才次訳『断たれたきずな』上（時事通信社、一九五九年、四十一、四十二頁）、Sebastian Dobson, 'Lieutenant-Colonel Everard Ferguson Calthrop（1876-1915）', *Britain & Japan: Biographical Portraits*, Volume 8, Global Oriental, 2013. p.85.

（34）James Weymouth, 'The "Language Officer" in Japan', *The United Services Magazine*, September 1914. pp.646-650.

（35）Sebastian Dobson, 'Lieutenant-Colonel Everard Ferguson Calthrop（1876-1915）', *Britain & Japan: Biographical Portraits*, Volume 8, Global Oriental, 2013. pp.89-94.

（36）桑田優『近代における駐日英国外交官』（敏馬書房、二〇〇三年）一〇七頁。

（37）Sebastian Dobson, 'Lieutenant-Colonel Everard Ferguson Calthrop（1876-1915）', *Britain & Japan: Biographical Portraits*, Volume 8, Global Oriental, 2013. pp.97-98.; H. G. de Watterville, 'Liet-Colonel E. F. Calthrop, R.F.A., and Japan', *Journal of the Royal Artillery*, Vo.73 No.4, 1946. p. 323.

（38）フランシス・ピゴット著、長谷川才次訳『断たれたきずな』上（時事通信社、一九五九年）七十三頁。

（39）フランシス・ピゴット著、長谷川才次訳『断たれたきずな』上（時事通信社、一九五九年）七十三、七十四頁。

(40) フランシス・ピゴット著、長谷川才次訳『断たれたきずな』上(時事通信社、一九五九年)九十四頁。
(41) フランシス・ピゴット著、長谷川才次訳『断たれたきずな』上(時事通信社、一九五九年)一二六頁。
(42) フランシス・ピゴット著、長谷川才次訳『断たれたきずな』上(時事通信社、一九五九年)一二七頁。

日本語要員が不足している

一九四一（昭和十六）年十二月八日未明、日本海軍連合艦隊はハワイの真珠湾に集結していたアメリカ太平洋艦隊を奇襲攻撃した。この真珠湾攻撃により、日本はアメリカのみならず英国と戦争状態に入った。日本がアメリカ、英国などの連合国と戦った太平洋戦争の開始である。

真珠湾攻撃とほぼ同時に、厳密にいえば一時間早く、日本軍はマレー半島に奇襲上陸し、翌一九四二（昭和十七）年二月には英国の東南アジアにおける拠点シンガポールを陥落させた。また、日本軍のマレー半島上陸直後にマレー沖で戦われた海戦では、日本海軍航空部隊は英国の新型戦艦二隻（プリンス・オブ・ウェールズとレパルス）を撃沈した。

以上のように、日本と英国の間ではまず東南アジアで戦端が開かれた。太平洋戦争が始まった後、すなわち日本との戦争開始後、英国側で切実に求められたのが日本語がわかる英国の人員であった。敵国日本と戦うのには、敵国の言葉である日本語が理解できる英国の軍人などが緊急に必要であり、英国側ではその日本語の人員が極端に不足していた。日本語がわかる要員の養成は、英国にとって切迫した課題であった。

もちろん、英国は日本と実際に戦火を交える以前から、日本との交戦になった状況を考慮して、日本語が理解できる英国人などをリストアップしていた。日本語通訳の面で、日本と戦争になることも想定し準備をしていたのである。日本との戦争に備えて、英国側もそれなりに日本語に対する対策は用意していた。

たとえば、英国外務省が一九三八（昭和十三）年に作成した日本語通訳に関する書類は次のような点を含んでいた。[1]すなわち、その書類は戦時に日本語通訳を提供する手段として、通訳として働くことができる日本在住の英国民をリストアップし、また同時に戦時の際に英国民が日本から撤退する可能性についても言及していた。日本との戦争で日本に在住していた英国人が日本から撤退した場合、その撤退した英国国民の何人かは、日本語の通訳として働くことができるかもしれないと考えられたのである。

また、英国外務省は同じように翌一九三九（昭和十四）年にも、戦時における日本語通訳の提供に関する書類を作成し、[2]さらに同様に翌々年の一九四一（昭和十六）年にも、日本語の通訳に関する書類を作っていた。[3]すなわち、一九三八（昭和十三）年から三年間にわたり、日本語通訳などのリストを作っていたのである。一応、英国側も日本語要員についてある程度は準備をしていたのである。以上は海外、すなわち英国の国外の状況であった。

一方、英国本国における日本語教育に目を向けると、相対的にお粗末な状態であった。太平洋戦争開始以前に大学のような高等教育機関で日本語が教えられていたのは、唯一ロンドン大学東洋アフリカ学院（School of Oriental and African Studies、略称ＳＯＡＳ）だけであった。ＳＯＡＳは一九一六（大正五）年に創設され、もともと“School of Oriental Studies”（東洋学院）と呼称されていたが、一九三八（昭和十三）年に現在の名称である東洋アフリカ学院（ＳＯＡＳ）に変わった。すなわち、同校の教育・研究の対象は、最初は東洋語・東洋研究だけであったが、一九三八（昭和十三）年以降さらにアフリカの言語や文化の研究が付け加わったのである。

ロンドン大学東洋アフリカ学院は、本来アジア・アフリカ地域に広がる英国の植民地支配などを支援する機関として設立されたと思われるが、英国の植民地ではないが、アジアに位置する日本もその対象地域に含まれていた。英国の植民地であったかどうかは別として、日本語および日本研究は英国における東洋言語および東洋研究の中の一つであった。

SOASでの日本語の教育は、創設の翌年一九一七（大正六）年から始まり、一九四一（昭和十六）年まで毎年日本語を学ぶ学生があり、その数が途切れることはなかった。

日本語を学ぶ学生の数については、最初の年は七人であったが、次年から次の五年間は年平均二十七人、一九二三（大正十二）年から一九四一（昭和十六）年までの年平均は十一人であった。(4) ただし、日本語でロンドン大学の学位を取得したのは戦前ではわずか二名だけであった。(5) 一人は一九三八（昭和十三）年にB.A. Hons.（学士―高等学位）、もう一人は一九三九（昭和十四）年にM.A.（修士）の学位を得たのであった。(6)

以上のような状況なので、一九三七（昭和十二）年からロンドン大学東洋アフリカ学院（SOAS）の学長（Director）を務めていたラルフ・ターナーは、英国の国防省に対して、太平洋戦争が始まる以前にすでに次のような勧告をしていた。(7) すなわち、英国では日本語をしゃべることができる人員が極端に不足しており、東洋で日本との戦争を戦うのには、日本語およびその他の東洋地域の言語を集中的に養成する課程が必要であり、軍関係当局にそのような課程を東洋アフリカ学院などに作るように促していたのである。しかし、ラルフ・ターナーからの警告に対して、英国政府の反応はにぶかったという。(8) 英国政府または軍関係当局は、ターナーの警告にすばやく対応しなかったという。

しかし、実際に日本と戦端が開かれると、英国側も日本語要員が極端に不足している問題にすばやく対応することにした。その一例がロンドン大学東洋アフリカ学院の日本語特別コースであった。ロンドン大学東洋アフリカ学院は、真珠湾攻撃の翌年に戦時における日本語コース（複数）を開設した。それらのコースは一九四二（昭和十七）年五月から開始され、一九四七（昭和二十二）年までおよそ五年間続き、平均の期間は十五ヶ月にわたり、のべ二〇〇人以上の学生がそれらのコースで日本語を学んだ。(9) 以上がロンドン大学東洋アフリカ学院（ＳＯＡＳ）における戦時日本語特別コースの概略である。

現在の英国の諜報機関は英国国内を担当するＭＩ５と国外を担当するＭＩ６と、そして衛星や電子機器を通じての情報収集や暗号解読などを担当するＧＣＨＱ（Government Communications Headquarters）である。ＧＣＨＱは日本語では政府通信本部と呼ばれる。そのＧＣＨＱの前身が一九一九（大正八）年に設立されたＧＣ＆ＣＳ（Government Code and Cipher School）である。日本語ではＧＣ＆ＣＳは政府暗号学校と呼ばれる。

ＧＣ＆ＣＳ（政府暗号学校）は創立時よりロンドンに置かれていたが、一九三九（昭和十四）年にブレッチリー・パーク（Bletchley Park）に移動した。ブレッチリー・パークはロンドンから一六一キロほど北西に位置する場所で、そこで戦時中ドイツ軍の暗号エニグマなどが解読された。エニグマの解読でブレッチリー・パークは一躍有名になった。

ブレッチリー・パークにおけるGC&CS（政府暗号学校）の暗号解読などの仕事は、ドイツの敗戦を二年ほど早めるような貢献をしたといわれる。いずれにしても、ブレッチリー・パークに設置されたGC&CSは英国にとっては重要な機関であり、ドイツだけに限らず同じ敵国であった日本やイタリアの暗号なども解読した。

GC&CSがまだロンドンにあった時には、旧英国大使館員や領事官などを務めた経験があるアーネスト・ホバート・ハンプデンと[10]ハロルド・パーレットの二人が、[11]GC&CSで日本の外交関係の暗号解読に携わっていた。両者はアーネスト・サトウが石橋政方の協力を得て編集した『英日口語辞典』（『An English-Japanese Dictionary of the Spoken Language』）の改訂版を編集したことなどでよく知られている。サトウなどと同じように、二人とも日本に日本語通訳生として派遣され、日本で日本語を学び、後には外交官・領事官などとして活躍した。後述するように、パーレットはロンドン大学東洋アフリカ学院とも関係があった。

さらに、GC&CSの初代所長であるアリステア・デニストン（Alistair Denniston）は一九三五（昭和十）年に日本語の専門家として、J・W・マースデン、N・K・ロスコー、マルコム・ケネディを雇った。[12]J・W・マースデン（James Weymouth Marsden）とマルコム・ケネディ（Malcom Duncan Kenndy）は、前章で言及した英国陸軍から日本に派遣されて日本語を学んだ語学将校であった。また、J・W・マースデンは第一次世界大戦後、英国大使館付の陸軍武官補佐官として東京に滞在した経験もあった。

N・K・ロスコー（Norman Keith Roscoe）は日本語通訳生として日本で日本語を学び、短期間補佐官として東京の英国大使館などに勤務した。マルコム・ケネディは英国陸軍の語学将校として日本に出かけた。英国陸軍を離れた後、ケネディはライジング・サン石油会社やロイター通信社などに勤務した。一九二五（大正十四）年から一九三四（昭和九）年までロイターの東京特派員であった。

一九四一（昭和十六）年十二月の真珠湾攻撃により、日本と英国が戦争状態に入ると、GC&CSの軍事部門を率いていたジョン・ティルトマン（John Tiltman）は、敵国日本の暗号を解読するのに、日本語を学んだ人員が多数緊急に必要であることを悟った。ティルトマン自身はすでに一九三三（昭和八）年に日本の暗号解読に成功した経験を持っていた。

そこで、ティルトマンはすでに日本語を教育した実績があるロンドン大学東洋アフリカ学院（SOAS）に出かけ、日本語要員を六ヶ月で養成するコースを希望していることを伝えた。しかし、SOASの日本語の専門家は日本語要員を養成するのには五年、最低でも二年かかるとティルトマンに告げた。SOASは半年では日本語要員を養成することができないと彼に連絡したのであった。ティルトマンは五年とか二年というのはあまりに長すぎると考え、SOASでGC&CSのための日本語の専門家を養成することは断念することにした。(13)

オズワルド・タックとベッドフォード日本語学校

GC&CSで日本語の暗号解読をするための専門家を養成したいと考えていたティルトマンは、日本語要員をロンドン大学東洋アフリカ学院で養成することは断念したが、どこか別の場所で養成できるかもしれないかという期待は持っていた。

その時、オズワルド・タックという人物が一九四一（昭和十六）年十二月二十二日に情報省の仕事を終了するという情報が、英国外務省からティルトマンにもたらされた。オズワルド・タックはすでに前章で登場した海軍の教官・通訳で、ガイ・ヴァーレイ・レイマントと同じように英国海軍を通じて日本語を習得した英国人であった。

ティルトマンは、もしかするとそのオズワルド・タックが短期間で日本語要員を養成するコースを運営することができるかもしれないと考えた。そこで、ティルトマンは早速オズワルド・タックに面接して、ごく短期間たとえば六ヶ月で日本語の要員を養成するようなコースが可能であるのかどうかを尋ねた。タックは困難であるが可能であるとティルトマンに返事をした。

そこで、早速ティルトマンはGC&CSの上部組織である英国外務省に働きかけた。英国外務省は一九四一（昭和十六）年十二月二十七日付で、オズワルド・タックに日本語要員養成コースを運営する仕事を与えたのであった。(14) しかし、たった六ヶ月という短期間で日本語をまったく知らない英国人（学生）に日本語を習得させるのはけっして容易なことではなく、当時六十五歳であったタックは自分の日記に「不可能に思われるが、やる価値はある」と記していたという。[15] 以上が、第二次世界大戦中ロンドン大学東洋アフリカ学院と共に日本語要員を養成したベッドフォード・スクール誕生の秘話であった。

ベッドフォード・スクールの主役となるオズワルド・タックは、前章ですでに述べたように一八七六（明治九）年に出生し、十五歳でグリニッジにあった病院学校を終えた後、同じグリニッジにあった王立天文台に勤務した。[16] そのような経歴のタックは、その後英国海軍に入り海軍の教官として勤務していた。タックはさらに日本語を学び、英国海軍で日本語の通訳として働き始めた。彼は英国海軍における数少ない日本語の専門家になったのである。

既述したように、タックは一九〇八（明治四十一）年には日本駐在の海軍武官補佐官に任命された。彼はすでにその前年から日英同盟のよしみで日本政府から英国側に提供された日露戦争日本海軍秘史を英訳し始めていた。[17] タックは海軍武官補佐官に任命された後も翻訳作業を続け、さらに一九〇九（明治四十二）年にロンドンに戻った後もその英訳作業は継続されたという。そのようなタックの努力の成果はジュリアン・コーベットの『日露戦争における海洋作戦　1904-1905』（『Maritime Operations in the Russo-Japanese War, 1904-1905』）に利用されたという。[18]

タックは第一次世界大戦中（一九一四―一九一八）は英国海軍情報部で働き、第一次世界大戦後には、英国海軍本部の文書部にアーキビストとして勤務した。一九三七（昭和十二）年に海軍を定年で退職した時には、海軍本部文書部の歴史課長に就任していた。[19] 結局、オズワルド・タックの英国海軍における役割は教官、日本語通訳、大使館武官補佐官、情報部勤務、アーキビスト、文書部の歴史課長などであったことがわかる。

オズワルド・タックの英国海軍退職後の活動として多少注目すべきことは、真珠湾攻撃の前であるが日英関係がすでに相当険悪化していた一九三九（昭和十四）年から一九四一（昭和十六）年まで、英国情報省で日本語の検閲官（Press Censor）として働いていたことである。[20] 当然、それはタックの日本語能力が買われた任務であった。その当時日本語の検閲官は二人いて、もう一人は源氏物語の英訳で有名なアーサー・ウェイリーであったという。

そして、真珠湾攻撃による太平洋戦争の開始後、既述したように、ティルトマンの要請によりオズワルド・タックは英国のベッドフォードという町で六ヶ月間の日本語コースを運営することになったのである。ベッドフォードに設置された短期間（半年）の日本語コースはベッドフォード日本語学校と呼ばれる。

ベッドフォードはロンドンの北方にあたる場所にある。オックスフォードとケンブリッジの間を少し北側に向けて弧を描いて線を結ぶと、ベッドフォードはちょうどその線上に位置している。オックスフォードとケンブリッジの二つの大学町からの距離からいえば、どちらかといえばケンブリッジにより近い。この地理上の位置加減は、ベッドフォード日本語学校とオックスフォードとケンブリッジの両大学との関係を表しているようところがある。ベッドフォード日本語学校の関係者や卒業生などの歴史的な役割を考えると、同学校は地理上の位置と同じように、オックスフォード

図版10　ベッドフォード日本語学校のコース参加者の写真

大学よりも微妙にケンブリッジ大学に近いという印象が残る。

ベッドフォードの位置を説明する際、ロンドンの北側を弧を描いてオックスフォードとケンブリッジを結ぶ線を利用したが、同じような線の中間点にあるのが、前述したブレッチリー・パークがあるブレッチリーという町である。現在では、ブレッチリーはミルトン・キーンズという町の一部になっている。ベッドフォードもブレッチリーも、ロンドン、オックスフォード、ケンブリッジから比較的近い場所に位置している。

さて、ベッドフォード日本語学校は速成の学校であった。英国の情報関係者が長期にわたる計画を立て、それを基礎にして時間をかけて創設したものではなかった。また、大学の専門家などの援助があって作られたものでもなかった。それはちょうど英国のヨーロッパにおける戦争や日本に対する戦争の準備と同じように、戦争を知らせるスタートの合図の後に間に合わせで作られたものであったという。[21] ベッドフォード日本語学校はいわば泥縄式で作られたものであった。

ベッドフォード日本語学校には既述したような設置をめぐるいろいろな状況があったので、設立後の動きは比較的速かった。[22] オズワルド・タックが責任者に任命されてから約一カ月後にあたる一九四二（昭和十七）年一月二十五日と二十六日に、すでに日本語のコースに参加する学生を選ぶための面接が行われた。その結果、二十二名の男子と一名の女子が採用された。そのうちの三名はオックスフォード大学とケンブリッジ大学で古典学を勉強していた学生であった。ベッドフォード日本語学校の最初の授業は一九四二（昭和十七）年二月二日に始まった。以上のように、設立時の唯一の教師であるオズワルド・タックが任命されてからの動きは大変速かったのである。

ベッドフォード日本語学校は日本語を学ぶ学生を選ぶ場合、古典学を専攻する学生を多く採用した。そのことからもわかるように、古典は日本語を学ぶ学生にとっても重要な科目であると見なされた。現在ではそれほどではないかもしれないが、伝統的には英国を含む西欧の大学では、古典学は大学教育の中では中核を占める科目であった。その中核にあたる古典で勝れた成績を上げる学生はまったく未知の日本語を学ぶにも適していると考えられた。

そこで、ベッドフォード日本語学校を企画したジョン・ティルトマンは、日本語コースの生徒にはオックスフォード大学とケンブリッジ大学で古典を勉強している十八歳から二十歳までの学生を募集するように勧められたという。[23] 実際にベッドフォード日本語学校は古典を学ぶ学生を多く採用した。一九四三（昭和十八）年八月末から始まった六ヶ月のコースを受けたアラン・ストリップ（Alan Stripp）によると、そのコースの学生の数は女子二人を含む三十五人で、大部分は大学で古典を学ぶ学生であったという。(24)

アラン・ストリップ自身もケンブリッジのトリニティ・カレッジで古典を学ぶ学生で、彼によると、ベッドフォード日本語学校は日本語コースにふさわしい学生を三つの〝C〟で選んだという。(25)三つの〝C〟とは、古典（Classics）、チェス（Chess）、クロスワード・パズル（Crossword Puzzle）のことである。すなわち、古典を勉強をしている学生で、同時にチェスのようなゲームが好きで、さらにクロスワード・パズルに興味を持つ若者をさがしていたのである。ベッドフォード日本語学校は三つの〝C〟に関心があるような学生を募集したのである。

以上のエピソードは、当時の日本語教育とか、暗号解読にとってどのようなことが重要であると考えられていたのかをよく示している。日本語をまったく知らない英国人に暗号解読のために短期間で日本語を習得させるためには、古典学の要素に加え、チェスに強くなる考え方やクロスワード・パズルを解く思考方法などが役に立つと思われたのであろう。

チェスやクロスワード・パズルについてはあえて説明する必要はないと思われるが、日本人になじみが薄い古典（西洋古典）については多少解説を付け加えた方がいいかもしれない。当時、大学などで古典を勉強する訓練は何をするのにも役に立つ方法であると考えられていた。そこで、古典学は未知の言語である日本語の習得にも非常に有用であると認識されたのであろう。

ベッドフォード日本語学校とその成果など

さて、それでは実際にベッドフォード日本語学校の授業はどのように行われたのであろうか。まず、その授業はベッドフォード市内にあったガス会社のショー・ルームで始まり、その後授業が行われた教室は同じ市内の別の場所に二回移動したという。(26) 日本語コースは六ヶ月間のみの短期間であり、日本語の読み書きのみを教えた。日本語を聞いたり、話したりすることは教育されなかった。

ベッドフォード日本語学校のコースは単線的ではなく複線的であった。すなわち、同じようなコースが平行して実施されていた時もあった。複数のコースが時期的に重複している場合があった。結局、一番最後にあたる第十一回目のコースが終了したのは一九四五（昭和二十）年の十一月であった。(27) 要約すると、ベッドフォード日本語学校のコースは一九四二（昭和十七）年二月から始まり、一九四五（昭和二十）年の十一月に終了したのである。

ベッドフォード日本語学校同様、ロンドン大学東洋アフリカ学院（SOAS）でも戦時中日本語を教授したが、SOASの場合、日本語の読み、書き、聞く、話すという四つの能力を教育するコースが中心であった。もちろん、ベッドフォード日本語学校同様、東洋アフリカ学院でも教える内容を日本語の読み書きに限定し、それだけに集中するコースもあった。SOASでは捕虜などを尋問する要員も養成していたので、日本語の聞く、話すという能力も学生に教える必要があった。

いずれにしても、ベッドフォードでは暗号解読などのために半年という短い期間で日本語の読解能力のみを教えた。一方、ＳＯＡＳの場合は、読み、書き、聞く、話すことなどを教えるコースは一年半、捕虜尋問などの会話能力の特訓などに集中したコースは十三カ月など、また翻訳官などを養成するコースなどの場合は約十五ヶ月という期間に及ぶ場合もあり、コースの内容や期間も多様であった。(28)

また、話題をベッドフォード日本語学校のコースに戻すと、前述したアラン・ストリップが一九四三（昭和十八）年八月末から始まったコースに参加した時には、同コースの日本語講師はたった二人だけであった。(29)その二人の教員のうち、一人はもちろんベッドフォード日本語学校の主任であるオズワルド・タックであり、もう一人はエリック・キーデルであった。後にはその二人に加えてデイビット・ホークス（David Hawkes）が加わったという。結局、アラン・ストリップがコースを終了した時点では、教員は三人になっていたのである。

そこで、次にベッドフォード日本語学校の二人目の教員であったエリック・バートランド・キーデル（Eric Bertrand Ceadel）のことを紹介してみたい。(30)エリック・キーデルは一九四一（昭和十六）年に古典学（第一等学位）でケンブリッジ大学を卒業し、翌一九四二（昭和十七）年二月から始まったベッドフォード日本語学校のコースで、第一回目の学生として日本語を学習した。同年十月にはすでに述べたように同校の第二番目の講師に採用され、同校で一九四五（昭和二十）年十月まで日本語を教授した。また、彼はケンブリッジ大学で最初に任命された日本学の教員であり、また後年ケンブリッジ大学図書館の図書館長も務めた。

ベッドフォード日本語を学んだ学生は、第二次世界大戦後エリック・キーデルのように日本学者になる人物もいたが、中国学者になるものも多くいた。エリック・キーデル同様、ベッドフォード日本語学校の教員（第三番目）に採用されたデイビット・ホークスなどはその典型である。その他には、ケンブリッジ大学で長年にわたり中国学を教授したマイケル・ローウィや、またシドニー大学の中国学の教授を務めたA・R・デイヴィスなどもベッドフォード日本語学校出身の中国学者である。

ベッドフォード日本語学校で第三番目の教員であったデイビット・ホークスは、戦後オックスフォード大学で中国語と日本語を学んだ後、北京大学に留学し、中国学でオックスフォード大学から**Ph. D**を取得した。後にはオックスフォード大学の中国学の教授に就任した。

すでに紹介済みのアラン・ストリップによると、ベッドフォード日本語学校の教え方は自在で、以下のようであったという。[31] まず、教科書などはなく、日本語学習用の書籍については、二十三名の学生に対して全部で五冊しかなく、一つはバジル・ホール・チェンバレンの文法書、もう一つはN・E・アイズマンガーの日本語の漢字（書法）についての本であり、それに付け加えて、三つの異なった和英辞典があっただけである。それらを合計すると全部五冊になった。いずれもオズワルド・タックの個人の蔵書であったという。

ベッドフォード日本語学校の最初のコースが始まり、半年ほどが経過した一九四二（昭和十七）年七月の半ばに、ベッドフォード日本語学校に付け加えて、さらに他に日本語コースを追加するかどうかを決めるための会議が、ロンドン大学東洋アフリカ学院（SOAS）で開かれた。[32] 後から振り返って見ると、この会議での出来事はベッドフォード日本語学校にとっては大きな意味を持った。

オズワルド・タックは自分のコースに参加している二人の学生ロビン・ギブソンとエリック・キーデルを連れてその会議に参加した。二人はベッドフォード日本語学校の最初のコースに参加していた学生である。最初のコースは一九四二（昭和十七）年二月に始まったばかりであり、半年のコースなのでまだ終了していなかった。また、ベッドフォード日本語学校の創設を提唱したGC&CS（政府暗号学校）のジョン・ティルトマンもその会議に参加していた。

ティルトマンによると、SOASからは学長ラルフ・ターナー、極東部の主任であるイヴ・エドワーズ教授（中国学）、F・S・G・ピゴット少将、吉武三郎などがその会議に参加していたという。おそらくSOASの日本語コースの中心人物であるフランク・ダニエルズ（Frank James Daniels）も参加していたのであろう。

この会議というか集まりで、ギブソンとキーデルの二人のベッドフォードの学生は、突然東洋アフリカ学院の教員（SOASの日本語コースの担当教師）からテストを受けることになった。SOAS側はベッドフォードの学生を少し低く見ていて、その日本語能力を試そうとしたのであろう。一方、そのテストを受けるベッドフォードの学生はまだ半年のコースを終了していなかった。まだ一ヶ月ほど残っていた。

二人の学生はSOASの教員（吉武三郎）から日本の新聞のニュース記事を英語に翻訳するよう

に指示された。そこで、二人はまず別室で十五分間辞書を使って学習した後、戻って来て最初のページを翻訳した。ギブソンは会議の参加者が見ている目の前でさらに翻訳を続けた。二人の学生はこのテストに合格したのである。以上の出来事があった翌月から、ベッドフォード日本語学校の名声は一気に広がったという。

また、この出来事でティルトマンは大いに溜飲を下げたという。というのは、ティルトマンは短期間で日本語を教えるコースを設置する案を最初東洋アフリカ学院に持ち込んで断られていたからである。SOASでは半年という短期間では日本語を教えることはできないと拒絶していたからである。それに対して、ベッドフォードの短期間のコースは、一応期待された成果を上げているような印象をSOAS側に与えることができた。

もちろん、英国で唯一大学のコースとして第二次世界大戦以前から日本語を教育していたのは、ロンドン大学東洋アフリカ学院(SOAS)であり、SOASは一九四二(昭和十七)年五月からすでに日本語要員を養成する〝特別日本語コース〟を開始していた。それは、ベッドフォード日本語学校が日本語コースを開始した一九四二(昭和十七)年二月よりも三ヶ月ほど後のことであった。

まったく何もない状態から出発したベッドフォード日本語学校に比べて、SOASにはロンドン大学という既存の高等教育機関が背後にあったのである。そこで、当然SOASの関係者にとっては、ベッドフォード・スクールの状況なり成果が気になったところであった。ただ、ベッドフォード日本語学校の学生の成果が想像以上にいいので、SOAS側はびっくりしたのであった。

ロンドン大学東洋アフリカ学院の日本語教育

繰り返しになるかもしれないが、ベッドフォード日本語学校に比べると、戦時中のロンドン大学東洋アフリカ学院の方が一般的な条件などは比較的恵まれていたといえる。もちろん、それはあくまでもベッドフォードと比べての話である。実際にはそれほど恵まれていた訳ではなかった。そのSOASの日本語教育および教員の状況は次のようであった。

戦後SOASの初代日本学の教授に就任するフランク・ダニエルズが、一九四一（昭和十六）年に上級講師として加わる前は、SOASの日本語教員は吉武三郎とN・E・アイズマンガーの二人だけであった。一九四一（昭和十六）年にフランク・ダニエルズが加わったので全部で三人になった。上級講師であるダニエルズはその後助教授（Reader）をへて、教授に昇格した。

ダニエルズがSOASに入ると、まもなくしてアイズマンガーが検閲官の仕事に出向した。そこで、SOASの日本語の教員は結局また二人に戻った。前述したように、オズワルド・タックは英国情報省で日本語の検閲官の仕事を一九四一（昭和十六）年に終了していたので、アイズマンガーはタックの後釜として日本語の検閲官になったのかもしれない。いずれにしても、SOASの日本語の教員はダニエルズと吉武の二人になった。ただ、この二人以外にも松川梅賢なども臨時講師として日本語を教えていたという。

SOASの正式の日本語教員である二人のうちの一人にあたる吉武三郎は、フランク・ダニエルズが東洋アフリカ学院に採用された年の翌年にあたる一九四二（昭和一七）年に死亡した。

ＳＯＡＳの戦時中の日本語コースなどの中心的な教員はもちろんフランク・ダニエルズであった。ダニエルズに付け加えて、Ｆ・Ｓ・Ｇ・ピゴット（Francis Stewart Gilderoy Piggott）、簗田銓次、松川梅賢、Ｊ・Ｋ・ライデアウトなどが付け加わった。さらに日本語を教える人員が増えたので、結局、戦時中の日本語コースがあった全期間を通じては、合計で三十九名にのぼる多彩な人員であったという。(33)

ロイ・ピゴット少将は日本に滞在した期間も長く、日本語にも堪能な知日派の英国軍人であった。日本人の間でもすでに戦前からよく知られた人物であった。ピゴットの存在はＳＯＡＳの日本語教育・日本研究にいろいろな影響を残した。

ピゴットの著作としては、豊富な自己の経験などを中心にして日英関係の歴史を扱った『断たれたきずな』（『Broken Thread』）や日本語の草書体についての英書『The Elements of Sosho』などがある。『断たれたきずな』についてはすでに前章で言及した。駐日英国大使館付の陸軍武官を二度も経験したピゴットにとっては、東洋アフリカ学院で日本語を教えるという仕事は、英国陸軍を引退した後の仕事であった。

ライデアウトはロンドン大学東洋アフリカ学院で最初中国語を勉強し、その後に日本語を学んだ。彼はＳＯＡＳの戦時コースでは最初翻訳コースの主任教官となったが、すぐに音声・言語学に移籍させられたという。(34) 戦後は中国学者として英国やオーストラリアで活躍した。

松川梅賢は、戦時中の日本語コースが始まる前からすでに臨時講師などとして東洋アフリカ学院で日本語を教えていたようである。松川梅賢について興味深いのは、前章で言及したレイマントによる石丸藤太著『日英必戦論』の英訳書出版との関連である。松川は一九三六（昭和十一）年に出版された石丸藤太著『次の世界戦争』という書籍を英訳し、原題の意味の通り『The Next World War』という書名で、翌年ロンドンで刊行した。

ある面では、二冊目の石丸の英訳本（翻訳者は松川梅賢）は、最初の英訳本（『日英必戦論』）がよく売れたので、柳の下の二匹目のどじょうをねらった企画であったかもしれない。いずれも、ある意味では松川の英訳本も日本との戦争の可能性を真剣に考慮し始めた英国側の意図にそった出版であったと思われる。

松川は英訳本『The Next World War』に掲載した翻訳者の序文で、すでにこの書籍を英訳している時、すなわち一九三六（昭和十一）年には編集者および講師の仕事をしていたと記述している。[35]これは一九三六（昭和十一）年当時、松川がロンドンで発行されていた日本語新聞『日英新誌』の編集・刊行およびロンドン大学東洋アフリカ学院の臨時講師（パート・タイム）をしていたことを表している。

その松川梅賢の略歴については、彼が一九四八（昭和二十三）年に申請し、翌年に許可された英国への帰化に関する資料が詳細である。[36]以下、それらの資料により、彼の履歴を簡単に紹介してみたい。

松川梅賢は一八九〇（明治二十三）年に大阪に生まれ、京都の中学校（英語ではグラマー・スクールと表現されている）を出た後、京都帝国大学の書記の仕事をしていた。英国に出かけたのは一九一五（大正四）年のことであった。ロンドンの学校に二、三ヶ月通った後、ロンドン市内で事務の仕事などに就いた。その一年後には日本の軽業一座の事務の仕事に移り、一九一九（大正八）年まで続けたという。その後、松川は隣国フランスのパリに出かけ、短期間同地の日本大使館の事務職として働いた。そして一九二〇（昭和九）年十二月に再び英国に戻った。

松川梅賢は英国に戻った後、日本との貿易の仕事に一年ほど従事したが、その後英国で印刷や出版などの事業をしていた東洋出版という会社に入った。東洋出版は中川治平（中川筑軒）が作った会社で、ロンドンとレディングに事務所や印刷所を持っていた。

松川は日本語新聞『日英新誌』の編集に従事した。中川治平の下で、編集長に近いような地位にいたのであろう。編集の仕事をしながら、既述したようには、松川は一九三六（昭和十一）年からロンドン大学東洋アフリカ学院でも臨時日本語講師（パート・タイム）として働いていた。

一九三八（昭和十三）には東洋出版は同盟通信に吸収合併された。その結果、国策通信社である同盟通信では、松川は通信員とか特派員として働いていたと思われる。松川の同盟通信での勤務は日本と英国が戦争状態に入った一九四一（昭和十六）年十二月九日まで続いた。

松川は日本の真珠湾攻撃の翌日から敵国民としてマン島に抑留されたが、一年後には釈放され、イングランド（英国）に戻り、再びロンドン大学東洋アフリカ学院で日本語講師として働くことになった。もうその時には東洋アフリカ学院では日本語の〝特別コース〟などが開始されていた。

松川梅賢と同じように、戦時中ロンドン大学東洋アフリカ学院で日本語を教育した簗田銈次の境遇も、松川の場合と似通っていた。二人は共にジャーナリスト出身であった。松川梅賢は同盟通信、簗田は読売新聞の特派員であった。二人とも英国人と結婚していた。二人とも日英両国が戦争状態に入るとマン島に抑留されたが、日本語教育などのために釈放された。

真珠湾攻撃により日本と英国が戦争状態に入った当時、英国情報省に登録していた日本人のジャーナリスト（新聞社の特派員など）は全部で五人であった。[37] その五人とは、長谷川才次（同盟通信）、松川梅賢（同盟通信）、福井文雄（朝日新聞）、工藤信一（毎日新聞）、簗田銈次（読売新聞）であった。[38] 結局、この五人のうち二人、松川梅賢と簗田銈次が英国に残り、ロンドン大学東洋アフリカ学院で日本語教員として働いたのである。

また、簗田銈次はＢＢＣ（英国放送協会）の日本語放送にも関係したことがあった。実際にはそのＢＢＣの日本語放送は実現しなかったので、簗田の関与は準備段階までであった。日本と英国が戦争状態に入る前、英国がすでにドイツと戦っていた第二次世界大戦の早期にあたる一九四一（昭和十六）年四月頃、ＢＢＣは短波による日本語放送を企画したが、その時に簗田の起用が検討された。[39] ただし、その時の日本語放送は実現しなかった。ＢＢＣが実際に日本語放送を開始したのは一九四三（昭和十八）年のことで、その時には簗田は関与しなかった。

ロンドン大学東洋アフリカ学院で戦時中の日本語教育に携わった松川梅賢と簗田銈次の二人は、戦後英国への帰化を申請し、国籍を日本国籍から英国国籍に移した。戦後両者は英国人になったのである。

ただし、同じ英国人になった両者の間でも、状況は微妙に異なるようである。というのは、英国国立公文書館での英国への帰化に関する文書の扱いが異なるのである。松川の場合、帰化に関連した文書が一般に公開されているのに、簗田の場合未公開である。もしかすると、これは戦時中における両者の英国政府に対する協力の違いを表しているのかもしれない。

筆者は英国国立公文書館で松川梅賢の資料は閲覧することができたが、簗田銓次の資料は閲覧することができなかった。

ベッドフォード日本語学校の場合、教員不足を改善する手段として、すでに言及したように第一回生のエリック・キーデルをすぐに講師にし、また続いてデイビット・ホークスなども教員に採用した。第二次世界大戦後、そのエリック・キーデルが中心となってケンブリッジ大学における日本研究が推進されることになる。

キーデルは戦後ベッドフォード日本語学校が終了したので、ケンブリッジ大学に戻り、同大学で日本語教育・日本研究が始まった時には最初の日本学の教員に就任した。一九四七(昭和二十二)年のことであった。ケンブリッジ大学などで第二次世界大戦後本格的に日本研究が始まるのには、後述するスカーブラ報告の財政援助などがあったからである。

ベッドフォード・スクールでは第一回生のエリック・キーデルを教員にして教員不足を補ったが、ロンドン大学東洋アフリカ学院でも同じようにコース出身者を教員にした。その中の一人がダグラス・ミルズ（Douglas Mills）で、彼は後年エリック・キーデルと同じようにケンブリッジ大学の教員に就任することになる。ケンブリッジ大学における最初の日本学の教員であったキーデルが同じケンブリッジ大学の図書館長に移った時、同大学東洋学部のキーデルの後釜にアメリカのスタンフォード大学から迎えられたのが、実はダグラス・ミルズであった。

本書では、一応第二次世界大戦中の日本語教育に関しては、ロンドン大学東洋アフリカ学院とベッドフォード日本語学校に焦点を当てて来たが、なぜこの二つに注目したかといえば、もちろんこの二校の場合、コースへの参加者の数も多く、また二校の日本語教育が与えた影響が大きかったことが主な理由である。

しかし、もう一点見のがすことができない理由がある。それは第二次世界大戦後英国の大学で急速に発展する日本語教育・日本研究との関係である。ロンドン大学東洋アフリカ学院とベッドフォード日本語学校には、戦後の英国の大学における日本語教育・日本研究の隆盛に継続する接点があったからである。

実は、第二次世界大戦中英国で軍隊関係者に日本語を教育した組織はロンドン大学東洋アフリカ学院とベッドフォード日本語学校以外にも、第三番目の日本語コースが存在したのである。

第三番目の日本語コースは〝ロイド氏の六ヶ月の日本語コース〟と呼ばれたコースである。ロイド氏のコースには一ヶ月と六ヶ月のコースの二つがあり、長い方が六ヶ月のコースであった。〝ロイド氏の六ヶ月の日本語コース〟は、暗号解読などを行うＧＣ＆ＣＳ（政府暗号学校）の海軍部門のためにに日本語要員を養成するコースであった。英国の国立公文書館には、ロイド氏が作成したこのコースに関するファイルがある。(40) ここではそのファイルを利用して、〝ロイド氏の六ヶ月の日本語コース〟について簡単に紹介してみたい。

まず、ロイド氏というのは、英国の領事館員・外交官として活躍したジョン・オーウェン・ロイド（John Owen Lloyd）のことである。彼は日本語通訳生として日本に派遣され、日本で日本語を学んだ。日本との戦争（太平洋戦争）が始まると、ロイドは英国外務省からGC&CS（政府暗号学校）に移籍した。

ロイド氏の日本語コース（長期間、六ヶ月）は期間が半年であり、また日本語の読み書きのみを教える点でベッドフォード日本語学校の日本語コースとよく似ていた。ベッドフォード日本語学校はオズワルド・タックが中心となって運営されていたが、ロイド氏の日本語コースもほとんどジョン・オーウェン・ロイドのみによって日本語が教授された。

ロイド氏の日本語コースは一九四三（昭和十八）年八月から始まり、二年間継続した。二年間の間に半年のコースが四回行われ、全部で五十三人が終了した。

ジョン・オーウェン・ロイドが開催した日本語コースの話題から、また戦時中の日本語教育の中心を担ったロンドン大学東洋アフリカ学院やベッドフォード日本語学校のトピックに戻すことにする。これらの日本語コースと第二次世界大戦後に本格的に開始された英国の大学における日本研究のことに話題を移すことにする。

英国の大学で東洋研究が地域研究の一環として第二次世界大戦後に飛躍的に進展した原因の一つが、一九四七年に出されたスカーブラ報告であった。東洋研究の中にはもちろん日本研究が含まれていた。そのスカーブラ報告については終章で詳しく触れる予定であるが、同報告の勧告により、第二次世界大戦後東洋研究に対して英国政府から大学に大量の資金が投入された。

スカーブラ報告は実は東洋研究だけではなく、アフリカや東ヨーロッパなどの地域研究も網羅していた。もちろん、本書で焦点を合わせているのは日本研究であり、その日本研究は中国研究と合わせて極東研究を形成しており、極東研究はもちろん東洋研究の中で重要な部分を占めていた。

スカーブラ報告に基づく日本研究の拠点になったのが、ロンドン大学東洋アフリカ学院（SOAS）とケンブリッジ大学であった。この両大学はある意味で戦時中の日本語コースの遺産を引き継いでいたのである。その点について、ロンドン大学東洋アフリカ学院の場合はもちろん明らかであるが、ケンブリッジ大学の場合は、同大学の最初の教員であったエリック・キーデルがベッドフォード日本語学校のコースの第一回生であり、戦後すぐに同大学の教員に採用されたという経緯による間接的なものである。いずれにしても、間接的ではあるかもしれないが、ベッドフォード日本語学校の遺産を戦後受け継いだのはケンブリッジ大学であったということができる。

注

(1) TNA FO 371/22192/3926.

(2) TNA FO 371/23571/2580.

(3) TNA FO 371/27953.

(4) F. J. Daniels, *Japanese Studies in the University of London and Elsewhere: An Inaugural Lecture Delivered on 7 November 1962*, School of Oriental and African Studies, University of London, 1963. p.16.

(5) F. J. Daniels, *Japanese Studies in the University of London and Elsewhere: An Inaugural Lecture Delivered on 7 November 1962*, School of Oriental and African Studies, University of London, 1963. p.16.

(6) F. J. Daniels, *Japanese Studies in the University of London and Elsewhere: An Inaugural Lecture Delivered on 7 November 1962*, School of Oriental and African Studies, University of London, 1963. p.16.

(7) Ian Brown, *The School of Oriental and African Studies: Imperial Training and the Expansion of Learning*, Cambridge University Press, 2016. p.85.

(8) Ian Brown, *The School of Oriental and African Studies: Imperial Training and the Expansion of Learning*, Cambridge University Press, 2016. p.85.

(9) F. J. Daniels, *Japanese Studies in the University of London and Elsewhere: An Inaugural Lecture Delivered on 7 November 1962*, School of Oriental and African Studies, University of London, 1963. p.19.

(10) Michael Smith, *The Emperor's Codes: Bletchley Park and the Breaking of Japan's Secret Ciphers*, Bantam Press, 2000. pp.17-18.

(11) Michael Smith, *The Emperor's Codes: Bletchley Park and the Breaking of Japan's Secret Ciphers*, Bantam Press, 2000. p.27.

(12) Michael Smith, *The Emperor's Codes: Bletchley Park and the Breaking of Japan's Secret Ciphers*, Bantam Press, 2000. pp.42-43.

(13) Alan Stripp, *Codebreaker in the Far East*, Frank Cass, 1989. p.139. ; Michael Smith, *The Emperor's Codes: Bletchley Park and the Breaking of Japan's Secret Ciphers*, Bantam Press, 2000. pp.119-120.

(14) Sue Jarvis, 'Captain Oswald Tuck RN (1876-1950) and the Bedford Japanese School', *Britain & Japan Biographical Portraits*, Volume 5, Global Oriental, 2005. p.203.

(15) Sue Jarvis, *Captain Oswald Tuck R. N. and the Bedford Japanese School*, Bletchley Park, 2003. p.12.

(16) Sue Jarvis, 'Captain Oswald Tuck RN (1876-1950) and the Bedford Japanese School', *Britain & Japan Biographical Portraits*, Volume 5, Global Oriental, 2005. p.196.

(17) Sue Jarvis, *Captain Oswald Tuck R. N. and the Bedford Japanese School*, Bletchley Park Trust, 2003. p.9.

(18) Sue Jarvis, *Captain Oswald Tuck R. N. and the Bedford Japanese School*, Bletchley Park Trust, 2003. p.9.

(19) Alan Stripp, *Codebreaker in the Far East*, Frank Cass, 1989. pp.139-140; Sue Jarvis, *Captain Oswald Tuck R. N. and the Bedford Japanese School*, Bletchley Park Trust, 2003. p.10.

(20) Alan Stripp, *Codebreaker in the Far East*, Frank Cass, 1989. pp.139-140. ; Sue Jarvis, *Captain Oswald Tuck R. N. and the Bedford Japanese School*, Bletchley Park Trust, 2003. p.10.

(21) Alan Stripp, *Codebreaker in the Far East*, Frank Cass, 1989. p.139.

(22) Alan Stripp, *Codebreaker in the Far East*, Frank Cass, 1989. p.140.; Sue Jarvis, *Captain Oswald Tuck R. N. and the Bedford Japanese School*, Bletchley Park Trust, 2003. pp.12-13.

(23) Michael Smith, *The Emperor's Codes: Bletchley Park and the Breaking of Japan's Secret Ciphers*, Bantam Press, 2000. p.120.

(24) Alan Stripp, *Codebreaker in the Far East*, Frank Cass, 1989. p.5.

(25) Alan Stripp, *Codebreaker in the Far East*, Frank Cass, 1989. p.4.

(26) Sue Jarvis, *Captain Oswald Tuck R. N. and the Bedford Japanese School*, Bletchley Park Trust, 2003. pp.12-13.

（27） Sue Jarvis, *Captain Oswald Tuck R. N. and the Bedford Japanese School*, Bletchley Park Trust, 2003. p.14: Alan Stripp, *Codebreaker in the Far East*, Frank Cass, 1989. p.142.
（28） 大庭定男『戦中ロンドン日本語学校』（中央公論社、一九八八年）二十〜二十四頁。
（29） Alan Stripp, *Codebreaker in the Far East*, Frank Cass, 1989. p.5.
（30） Peter Kornicki, 'Eric Bertrand Ceadel, 1921-79: Japanese Studies at Cambridge', *Britain & Japan Biographical Portraits*, Volume 5, Global Oriental, 2005. p.338.
（31） Alan Stripp, *Codebreaker in the Far East*, Frank Cass, 1989. p.140.
（32） Sue Jarvis, *Captain Oswald Tuck R. N. and the Bedford Japanese School*, Bletchley Park Trust, 2003. p.13; Alan Stripp, *Codebreaker in the Far East*, Frank Cass, 1989. p.141.
（33） 大庭定男『戦中ロンドン日本語学校』（中央公論社、一九八八年）三十、三十一頁。
（34） 大庭定男『戦中ロンドン日本語学校』（中央公論社、一九八八年）三十頁。
（35） Tota Ishimaru, translated by B. Matsukawa, *The Next World War*, Hurst & Blackett, 1937. 'Translator's Foreword'.
（36） TNA HO 405/38309
（37） 大蔵雄之助『こちらロンドンＢＢＣ――ＢＢＣ日本語部の歩み』（サイマル出版会、一九八三年）一一七頁。
（38） 大庭定男『戦中ロンドン日本語学校』（中央公論社、一九八八年）三十九頁。
（39） 大蔵雄之助『こちらロンドンＢＢＣ――ＢＢＣ日本語部の歩み』（サイマル出版会、一九八三年）一一四、一一五頁。
（40） TNA HW 8/62

後章で詳しく説明するように、第二次世界大戦後東洋研究はスカーブラ報告により大発展を遂げるのである。そのスカーブラ報告は一九四七（昭和二十二）年に公表されたが、その報告のための調査委員会の設置や、また実際の調査・問い合わせの作業は、ドイツや日本が降伏する前から始まっていた。

東洋研究に含まれる日本研究に限っていえば、戦時中にすでに敵国語としての日本語教育は、前章で紹介したようにロンドン大学東洋アフリカ学院やベッドフォード日本語学校などで実施されていた。戦時中の日本研究関連事業としては、もちろん日本語教育に限定されていた。日本語がわかる要員を養成するのが当時の緊急の課題であった。日本研究にまで手が回らなかったといえる。

そこで、戦時中の時点では、まだ日本研究を支える日本語書籍収集のことはあまり問題にならなかったと思われる。ただ、戦後に予想される日本研究の発展のために、どのようにして日本研究のための図書館資料を入手し、日本研究のために図書館の日本語コレクションを充実させるべきかというようなことも、すでに第二次世界大戦末期とか戦後直後には多少英国の大学関係者の頭の中をよぎったかもしれない。

さて、この章では話を一九四六（昭和二十一）年の初頭頃から始めることにする。一九四五（昭和二十）年五月にはドイツが敗北し、同年八月には日本が降伏し、太平洋戦争は終結した。数年にわたる第二次世界大戦は終了したのである。英国が第二次世界大戦に勝利した年の翌年、すなわち一九四六（昭和二十一）年二月八日付で、ケンブリッジ大学の中国学の教授グスタフ・ハラウン（Gustav Haloun）は、ロンドンのノーフォーク・ハウスにある英国外務省所属のＣ・Ｈ・ノートン博士に手紙を出していた。

その手紙の差出人であるハラウン教授（中国学）については後述する。また、ハラウン教授の宛先人であるノートン博士についても後で説明を加える。そのＣ・Ｈ・ノートン博士はハラウン教授の手紙ではDr. H. O. Notonになっていたが、これは単にハラウン教授が綴りを間違えただけである。正しくはDr. C. H. Notonである。

このハラウン教授の書簡は、実はケンブリッジ大学図書館のアーカイブに所蔵されている。そのことからもわかるように、ハラウン教授はケンブリッジ大学図書館の図書館長などと十分協議した後に、ノートン博士宛の書簡を書いたのだろう。そのハラウン教授の書簡の内容は以下のようであった。その手紙を日本語に翻訳する際には、多少口語体に近づけて訳することにした。

図版11　グスタフ・ハラウンの写真（『Zeitschrift der Deutschen Morgenländischen Gesellschaft』Vol.102 No.1）

以下の事項について、私はマッコンビー博士（Dr. McCombie）からあなたの助言をいただくように勧められました。最近ベルリンを訪問した『大公報』の代表である蕭乾（しょう・けん）氏が私に告げたところによると、ベルリンにある日本大使館のすばらしい図書館は、まだそのままになっているとのことであります。その日本大使館の建物は英国管轄地区に置かれています。ケンブリッジ大学がその日本大使館の図書館の書籍を入手することは可能でしょうか。ケンブリッジ大学東洋言語学部の学部委員会は、すでに二年前に日本学科を創設するように勧告しております。さらに、近い将来日本研究の講師が任命される予定になっております。一方、ケンブリッジ大学図書館はおそらくこの国では一番大きな日本語書籍のコレクションを所蔵しております。しかしながら、特別の事情により、ケンブリッジ大学図書館の日本語コレクションは、購入された時の状態のままになっております〔古書だけがある状態であります〕。ケンブリッジ大学図書館の日本語コレクションには、現代〔近・現代〕の書籍がほとんど欠けております。さらに、現在の状況では、現代の書籍を日本から直接購入することは、実質的にはほとんど不可能であると考えられます。そのような状況なので、ベルリンにある日本大使館の図書館は、ケンブリッジが必要としているものにまさにぴったりであります。またそれと同時に、もしケンブリッジ大学図書館がベルリン日本大使館の図書館を入手することができれば、それはベルリン日本大使館図書館の有効な活用にもなるでしょう[1]。

以上がハラウン教授の書簡であるが、次にこの書簡について背景を含めて詳細な説明を加えてみたい。

最初に、このハラウンの書簡に直接関係する四人の人物を紹介してみたい。その四人とは、手紙の発信人であるグスタフ・ハラウン、受取人であるC・H・ノートン、手紙で触れられているハミルトン・マッコンビーと中国人ジャーナリスト・作家である蕭乾である。

まず、発信人グスタフ・ハラウン（Gustav Haloun）であるが、彼は一九三八（昭和十三）年からケンブリッジ大学で中国学の教授職を務めていた。第二次世界大戦後のことであるが、不幸にも一九五一（昭和二十六）年末に急死した。享年五十三歳であった。また、ハラウンは、ケンブリッジではキングス・カレッジのフェローにも選ばれていた。

グスタフ・ハラウンは一八九八（明治三十一）年にチェコの一部であるモラヴィアで生まれた。彼が生まれた当時、モラヴィアはオーストリア・ハンガリー帝国の領内であった。ハラウンは最初ウィーン大学で中国学を学び始めた。続いてライプツィッヒ大学のアウグスト・コンラディ教授の下で、さらに中国学の研究を発展させた。そのような経

図版12　ベルリン日本大使館

歴から、ハラウンは本来ライプツィッヒ派の中国学者であったと見なすことができるであろう。私講師などとして、ドイツのハレ大学やゲッティンゲン大学で教えた後、彼は一九三八（昭和十三）年にケンブリッジ大学の中国学の教授に就任した。ナチス・ドイツを離れた事情などから、ハラウン自身はドイツからの難民であったと思われる。

そのハラウン教授は、次のような点でケンブリッジ大学の中国学に貢献した。まず、図書館および図書館資料の充実に力を注いだことである。また、彼は中国研究における日本語文献の重要さを強調した。これはもちろんケンブリッジ大学における日本語教育の開始と関係していた。また、中国研究のために図書館資料を発展させることは、当然中国研究に必要な日本語文献を豊かにすることにも関係していた。日本語文献なしには、本格的な中国研究を推進することは困難であった。おそらく、これらの点は英国よりはるかに進んでいたヨーロッパ大陸の中国学を英国に導入する際に大切なポイントとなったのであろう。図書館資料の充実などは、ハラウンはすでに前の職場であるゲッティンゲン大学などで着手していた。

次に、ハラウンの手紙の受取人であるC・H・ノートンであるが、彼がどのような人物かといえば、Enemy Wartime Publications (Requirements) Committee（ＥＰＣＯＭ）の議長であった。ＥＰＣＯＭをあえて日本語に翻訳するとすれば、敵国戦時出版物要求委員会と訳すことができるであろう。そのＥＰＣＯＭは英国外務省のＢＩＯＳ（英国技術情報小委員会）に設置された組織である。(2) その設置の主要な目的はドイツの出版物を入手することであった。ＥＰＣＯＭは一九四五（昭和二十）年八月から活動を開始した。

ドイツを含む西ヨーロッパ侵略のために連合国遠征軍最高司令部（Supreme Headquarters Allied Expeditionary Forces, SHAEF）が設置され、ドイツの敗戦でその任務を終えた。ＳＨＡＥＦによって有用な技術情報などを収集するためT-Forces（Target Forces）が創設された。T-Forcesとは別に、英米二ヶ国により、ドイツの科学技術や産業などの情報を獲得するため、連合技術情報小委員会（Combined Intelligence Objective Sub-Committee, CIOS）が設置された。ＣＩＯＳは組織的にはＳＨＡＥＦの下に入っていたので、ＳＨＡＥＦが解団した際、ＣＩＯＳの活動は、英国側ではＢＩＯＳ（英国技術情報小委員会）に引き継がれ、米国側ではＦＩＡＴに引き継がれた。ＦＩＡＴとは野戦技術調査団（Field Information Agency Technical）のことであった。ＢＩＯＳとＦＩＡＴは相互に協力していた。

以上の経過からわかるように、ＢＩＯＳ（英国情報目的小委員会）は一九四五（昭和二十）年七月に設置されたばかりで、〝CIOS Group 7〟の議長をしていたＣ・Ｈ・ノートンは、引き続き〝BIOS Group 7〟の議長を継続した。Group 7はおもに書籍や雑誌などを取り扱った。

一九四五（昭和二十）年八月に設置されたＥＰＣＯＭの主要な役割は、英国のドイツ・オーストリア統治事務所（後の英国外務省ドイツ課）などを通じてドイツの出版物を収集し、ＨＭＳＯ（英国政府刊行物出版局）を通じて図書館などに配布することであった。ＥＰＣＯＭ（敵国戦時出版物要求委員会）については後述する。英国を含む連合国に対する敵国はドイツ・オーストリアだけではなく、イタリアや日本なども該当するので、ＥＰＣＯＭ（敵国戦時出版物要求委員会）と日本の出版物とはまったく無関係であった訳ではなかった。

ハミルトン・マッコンビーは化学者で、ケンブリッジ大学の助教授（Reader）などを務め、またキングス・カレッジのフェローにも選ばれていた。いわば、マッコンビーとハラウンはキングス・カレッジでは同僚であった。

マッコンビーはドイツのストラスブルグ大学からPh.Dを取得していた。彼はドイツ語で教育されていた大学から博士号を得たのである。そこで、マッコンビーは科学技術関係のドイツ語文献には精通していたと思われる。

彼は第二次世界大戦中、中佐の階級で化学関係の顧問を務めていた。自分の専門分野を通じてドイツとの戦いに貢献していたのであろう。いずれにしても、マッコンビーは中佐の階級を持つ化学の専門家であった。彼の化学に関する知識は毒ガスなどの対策に役に立ったのであろう。

ＥＰＣＯＭ（敵国戦時出版物要求委員会）との関係では、ハミルトン・マッコンビーと英国の化学会の図書館長Ａ・Ｅ・カミンズが、一九四五（昭和二十）年十一月付で作成したドイツの化学文献および化学関係の組織についての報告の要約が、ＥＰＣＯＭの会議で配布されていた。マッコンビーの名前はＥＰＣＯＭ関係者にはよく知られていたのであろう。

マッコンビーとケンブリッジ大学図書館のドイツ語文献入手との関係については、一九四五―四六年度のケンブリッジ大学図書館の年報に次のような記事がある。(3) その記事によると、ケンブリッジ大学図書館は第二次世界大戦中の六年間に出版されたドイツ語の出版物をＨＭＳＯ（英国政府刊行物出版局）を通じて入手していた。

そのドイツ語文献の入手および選書に、ハミルトン・マッコンビー、デイヴィッド・ショーンバーグ、そしてケンブリッジ大学図書館の図書館長A・F・スコーフィールド（Alwyn Faber Scholfield）が大きく貢献したのである。すなわち、ドイツ語文献の功労者の一人がハミルトン・マッコンビーであった。

三人の功労者のうちの残りの二人についてはいえば、デイヴィッド・ショーンバーグは物理学者で、後にはケンブリッジ大学教授に就任した。図書館長のA・F・スコーフィールドは古典学者で、ドイツ語にも通暁していたのであろう。

さて、一九四五―四六年度のケンブリッジ大学図書館年報が報告するように、ケンブリッジ大学図書館は第二次世界大戦中のドイツ語文献を多量に入手したが、重要な点はそれらのドイツ語の出版物はEPCOM（敵国戦時出版物要求委員会）を通じて入手されたことであった。それらのドイツ語文献の中には、当然多くの科学雑誌も含まれていたと思われる。

そのような状況を考慮すると、ハミルトン・マッコンビー中佐は当然EPCOMの議長C・H・ノートン博士とは知り合いであり、またマッコンビー中佐がキングス・カレッジの会食（ディナー）などの際にハラウン教授と一緒になり、ハラウン教授にC・H・ノートンのことを紹介したのであろう。

一方、中国人のジャーナリスト・作家である蕭乾については次のような事情があった。蕭乾は中国の有力新聞『大公報』の記者の身分のまま、ロンドン大学東洋アフリカ学院（SOAS）で近代中国語を教えるため、一九三九（昭和十四）年に来英した。ちょうどハラウン教授がケンブリッジに来た頃と同時期であった。蕭乾はその後およそ七年間英国に滞在することになる。

蕭乾はケンブリッジ大学の大学院で勉学を続けるため、一九四二（昭和十七）年から一九四四（昭和十九）年の間ケンブリッジのキングス・カレッジに在籍した。蕭乾がキングス・カレッジに入寮したことを考慮すると、彼がケンブリッジで学習・研究をすることになったきっかけには、キングス・カレッジのフェローであったグスタフ・ハラウンが関係したかもしれない。

もう一点、蕭乾がケンブリッジに移動した理由として考慮すべきことは、第二次世界大戦の初期にロンドン大学東洋アフリカ学院はケンブリッジ大学に疎開していたことである。SOASの授業はケンブリッジのクライスト・カレッジで行われていたのである。いずれにしても、いろいろな事情で蕭乾はケンブリッジで勉学することになった。

蕭乾はキングス・カレッジに二年間在籍したが、英国の小説家E・M・フォースターも同じ時期にキングス・カレッジに所属していた。二人は親しい友人同士であった。蕭乾はケンブリッジでの勉学を終えた後のことであったと思われるが、第二次世界大戦の終盤またはドイツの敗戦直後に『大公報』の特派員としてヨーロッパの戦場を駆け巡った。その際、ドイツの首都ベルリンを訪問した。

既述したハラウンのC・H・ノートン宛の書簡に記載されているように、蕭乾はまだ手つかずに放置されていたベルリン日本大使館の図書館を見たのであろう。そこで早速ハラウンに手紙で連絡したか、または英国に戻った際ハラウンに口頭で伝えたのであろう。

もちろん、蕭乾はハラウンが日本語の書籍をさがしていることは熟知していた。また、蕭乾がベルリンを訪問した時期については、一九四五年（昭和二十）年八月のことであったと考えられる。というのは、後述するようにベルリン日本大使館の図書館は一九四五年（昭和二十）年八月末までに別の場所に移されていたからである。

ハラウン教授の寄与と意図など

さて、ここでケンブリッジ大学における東アジア研究（極東研究、中国研究と日本研究）の歴史を概観しながら、また一九四六（昭和二十一）年二月八日付のハラウン教授の手紙に戻ってみたい。まず、前任のケンブリッジ大学の中国学の教授としては、ハラウン以前には三人の中国研究者がいた。いずれも英国人であった。

外交官、中国研究者であったトーマス・ウェードがケンブリッジ大学の初代中国学の教授に就任したのは、一八八八（明治二十一）年のことであった。ただ、それは自分の蔵書（ウェード・コレクション）をケンブリッジ大学図書館に寄贈して、ウェードは単に教授という称号を得たことを意味していた。

ウェードは英国外務省からの年金などで生活することができるので、ケンブリッジ大学側も彼に給料などを払う必要もなかった。また、ウェードが学生などに中国学を教授することは皆無であったという。ということは、ケンブリッジにおける実際の中国学の教育は、ウェードの教授就任ではまだ始まらなかったのである。

トーマス・ウェードは中国学の研究者として著名であったというよりも、むしろ中国語のローマ字による表記法を作成したことで名前がよく知られていた。その方式はウェード式とか、またはケンブリッジ大学におけるウェードの後任者であるハーバート・ジャイルズの名前と一緒にして、ウェード・ジャイルズ式と呼ばれる。

ケンブリッジにおける二代目の中国学の教授であるハーバート・ジャイルズは、ウェードの死後、一八九七（明治三十）年から一九三二（昭和七）年までの長い期間ケンブリッジ大学の中国学の教授職を務めた。ジャイルズは中国語の辞書や学習書の編集・出版とか、『聊斎志異』の英訳などの功績を上げた。彼は英国における中国研究の発展に大きく貢献したといえる。

ジャイルズの後任者はA・C・モールで、ミッショナリー出身の中国学の学者であった。モールの業績としてはマルコ・ポーロの著作の翻訳などを上げることができる。ただ、モールが教授職に就いたのは六十歳代のことであったので、彼の在任期間は短く、一九三八（昭和十三）年に退任した。

そして、既述したように、一九三八（昭和十三）年にグスタフ・ハラウンがモールの後任としてケンブリッジ大学の中国学の教授に就任した。ただ、ハラウンが教授に就任したのは一九三九（昭和十四）年であるという説もあるが、いずれにしても、一九三八（昭和十三）年とか一九三九（昭和十四）年頃、ハラウンはケンブリッジ大学で中国研究を開始することになった。

ハラウン教授は以前から中国研究にとって図書館が果たす役割が大きいことを重要視していた。すでに前の職場であるゲッティンゲン大学でも始めていたが、同様にケンブリッジでも中国研究のための図書館のコレクションを充実させることに努力するのである。

ケンブリッジ大学図書館に残っている手紙などによると、ケンブリッジ大学に就任してから間のない時期から、ハラウンは単に中国研究だけではなく、日本研究のための図書館資料にも注意を払っていた。

たとえば、ケンブリッジ大学図書館の図書館長（A・F・スコーフィールド）との書簡のやり取りで、一九三九（昭和十四）年にハラウン教授が中国語と日本語の書籍を二〇〇ポンドまで購入することが許可されている。(4) 当時の二〇〇ポンドはどのくらいの価値をもっていたかといえば、現在の日本円に換算すると、およそ八十七万円ぐらいに相当すると考えられる。本代としてはそれなりの金額であったと考えられる。

また、二〇〇ポンドの書籍購入許可よりも少し前のことであるが、英国に滞在していた野上豊一郎（法政大学教授）が、ケンブリッジ大学図書館に桐の箱に入った謡の美装本を寄贈したことがあった。野上は外務省から日英交換教授などとして英国に派遣されていた。彼は一九三八（昭和十三）年から一九三九（昭和十四）年にかけて英国を中心に欧州地域を訪問した。

当時ロンドンに滞在中であった野上は、一九三八（昭和十三）年三月にはケンブリッジ大学図書館で日本の古書などを調査した。ケンブリッジ大学図書館の図書館長A・F・スコーフィールドとハラウン教授との手紙のやり取りなどを調べると、そのあたりの野上をめぐる状況がよくわかる。(5)野上豊一郎によるケンブリッジ大学図書館の訪問や美装本の寄贈には、もちろん中国学のハラウン教授が関係していたのである。

いずれにしても、ハラウン教授はケンブリッジ就任後の早い時期から、ケンブリッジにおける中国語コレクションはいうに及ばず、日本語コレクションの発展にも大いなる関心を示していた。ハラウン教授の死亡記事によると、彼の努力によってケンブリッジ大学図書館の日本語コレクションは発展する第一歩を踏み出すことになったといわれる。(6)少なくとも、ハラウンはケンブリッジ大学図書館の日本語コレクションを発展させる嚆矢を放ったといえる。

次に、ここでは一九四六（昭和二十一）二月八日付のC・H・ノートン宛のハラウン教授の手紙に関係した事項を、年代別に列記してみよう。

まず、ケンブリッジ大学図書館は一九一一（明治四十四）年から一九一三（大正二）年にかけて、アストン・サトウ・シーボルト・コレクションを入手した。これは全部で二、三〇〇〇点（タイトル数）、冊数にすると一万冊近くにおよぶ日本語古書（和漢古書）のコレクションである。そこで、ハラウンは書簡の中でケンブリッジ大学図書館の日本語のコレクションは英国では最大であると表現したのである。

ただ、それらの日本語コレクションの書籍はほとんど古書であり、アストン・サトウ・シーボルト・コレクションが収蔵された後に、ケンブリッジ大学図書館は近・現代の日本語書籍を購入する努力を怠ったのである。そこで、ハラウンはケンブリッジ大学図書館の日本語コレクションには近・現代の日本語書籍がほとんど欠けていると記したのである。

そのような状態の中で、ケンブリッジ大学の東洋言語学部は一九四四（昭和十九）年に日本学科を創設することを決め、近い将来日本研究の講師を任命することにしたのである。これは、スカーブラ報告によりケンブリッジ大学東洋言語学部で日本語教育および日本研究が開始されることを意味している。スカーブラ報告によりケンブリッジ大学に資金が提供された時、日本研究の講師を雇う計画であったのである。もちろん、これは実際に実現し、エリック・キーデルが一九四七（昭和二十二）年に日本語の講師に任命された。

スカーブラ報告により日本学科を創設するという計画の中心人物は、東洋言語学部の中国学の教授であるハラウンであった。その日本学科創設、日本研究の発展のために、ケンブリッジ大学は近・現代の日本語書籍を必死になって入手したいところであるが、英国と国交が回復していない敗戦直後の日本から直接日本語書籍を購入することは不可能であると思われたのである。

以上のような状況の時に、ハラウン教授に朗報がもたらされたのである。ハラウンの知り合いの蕭乾が、ベルリンにある日本大使館の図書館が手つかずのままになって残っていることをハラウンに告げたのである。蕭乾が中国の有力新聞『大公報』の特派員（記者）としてベルリンを訪問したのは、既述したように一九四五年（昭和二十）年八月のことであった。

そこで、ハラウンはＥＰＣＯＭ（敵国戦時出版物要求委員会）の議長であるＣ・Ｈ・ノートンに書簡を送り、ベルリンにある日本大使館の図書館が所蔵していた日本語書籍などを、ケンブリッジ大学図書館の日本語コレクションのために確保しようとしたのである。Ｃ・Ｈ・ノートンの名前とか住所などはもちろん公表されていた訳ではなく、ハミルトン・マッコンビーから教えてもらったのであろう。

ケンブリッジ側の動き

一九四六（昭和二十一）二月八日付のＣ・Ｈ・ノートン宛のハラウン教授の手紙に対する返事は、四日後にＣ・Ｈ・ノートンの秘書であるイレーヌ・ジョーンズから出されている。(7) Ｃ・Ｈ・ノートン博士がドイツに出かけていて留守であったので、秘書から返事が出されたのである。その返事によると、日本大使館の図書館資料については詳細などはよくわかないが、バート・エーンハウゼン（Bad Oeynhausen）にあるドキュメント・センターに移動されたとのことである。

ドイツの英国占領地域内に位置するバート・エーンハウゼンには、ドイツ統治委員会（英国の部（Control Commission for Germany–British Element, CCG/BE）が置かれていた。イレーヌ・ジョーンズからの返事では、旧ベルリン日本大使館所蔵の書籍などは、英国外務省の情報機関による調査の後、ＥＰＣＯＭを通じて配布されるとのことで、その際ケンブリッジ大学の要請は考慮されるとのことであった。

なぜ、旧ベルリン日本大使館所蔵の書籍などがバート・エーンハウゼンに送付されたかという事情や、旧ベルリン日本大使館所蔵の一部の書籍が英国にもたらされた理由などについては後述する予定である。

C・H・ノートンの秘書からの返事を受け取った後、ケンブリッジ側がどのよう動きをしたのかを見てみよう。その前に、まずケンブリッジ側の状況を説明してみたい。

一九四六（昭和二十一）年の四月頃であると思われるが、E・J・パッサント（Ernest James Passant）が英国外務省の図書館長に任命された。英国の官庁の会計年度の切れ目は三月の終わりと四月の初めであるので、四月に任命されたのではないかと想像する。ただ、パッサントはすでに一九四五（昭和二十）年から英国外務省調査部のドイツ課の課長を務めていた。そして、翌一九四六（昭和二十一）年には図書館長に任命された。

パッサントが任命された正式のポストの名称は、Director of Research（研究部長）兼図書館長および文書部長（Librarian and Keeper of Papers）であった。パッサントの時にはじめて図書館長のポストが研究部長も兼ねることになったのである。英国外務省の研究部はＦＯＲＤ（Foreign Office Research Department）と呼ばれ、パッサントの前任者は歴史家として有名なアーノルド・トインビーであった。

E・J・パッサントはもともとはドイツ中世史の専門家であったが、戦時中海軍の情報関係にも関わっていた。そのような前歴から、一九四五（昭和二十）年に英国外務省に入り、翌一九四六（昭和二十一）年に図書館長兼研究部長に任命されたのである。

また、第二次世界大戦直後、英国とアメリカは厖大なドイツ外務省の文書を入手した。それらの文書は英国のワッドン・ホール（Whaddon Hall）という場所で、マイクロフィルムに撮影されることになるが、そのワッドン・ホールで夥しい量の文書をマイクロフィルム化するプロジェクトの責任者が、実は英国外務省のパッサントであった。

ワッドン・ホールは既述した暗号解読で有名なブレッチリー・パークにも近く、また戦時中はMI6などの諜報関係にも使われた場所であった。いずれにしても、厖大なドイツ外務省の文書を、英米二ヶ国が中心となってマイクロフィルムに撮影する国際的なプロジェクトが企画され、そのプロジェクトの少なくとも英国側の責任者が、英国外務省の図書館長兼研究部長であるE・J・パッサントであった。

ケンブリッジ大学では、図書館長と協力してケンブリッジ大学図書館を運営する組織をライブラリー・シンジケート（Library Syndicate）と呼ぶ。日本語に訳せば図書館委員会となる。大学やカレッジの教員などで構成されるライブラリー・シンジケートのメンバーは、ケンブリッジ大学図書館に対していろいろな権限を持っているし、またいろいろと有用な援助もした。

E・J・パッサントは英国外務省の図書館長のポストに就く前には、ケンブリッジ大学のシドニー・サセックス・カレッジのフェローであり、またケンブリッジ大学図書館のライブラリー・シンジケートのメンバーも務めていた。後者の役割が英国外務省の図書館長に選ばれるのに貢献したのであろう。パッサントがケンブリッジ大学図書館のライブラリー・シンジケートのメンバーをやめたのは、おそらく一九四五（昭和二十）年に英国外務省に勤務し始めた時点であろう。

同じケンブリッジ大学図書館のライブラリー・シンジケートのメンバーには、エリス・ミンズ（Ellis Minns）教授も含まれていた。彼はライブラリー・シンジケートの中心人物の一人であったと考えられる。ミンズ教授は遊牧民スキタイなどを研究する考古学者であったが、専門分野がユーラシア・中央アジアであるので、東洋研究にも大変詳しかった。ロシアのサンクトペテルグブルグの図書館に勤務した経験もあった。そこで、ケンブリッジ大学図書館における東洋関係、特に日本に関係する事柄にはミンズ教授が関係する場合が多かった。

一九四三（昭和十八）年にチャーチル、ルーズベルト、スターリンの三大巨頭がテヘランで会談した時、チャーチルはスターリンに〝スターリングラードの剣〟を贈呈した。その剣に刻まれたロシア語の文言をチェックしたのが、ケンブリッジ大学のミンズ教授であった。

エリス・ミンズ教授は同じケンブリッジ大学図書館のライブラリー・シンジケートのメンバーであったパッサントとは、当然親交があったと思われる。そのパッサントが英国外務省に移ったこともある程度関係していたと思われるが、エリス・ミンズ教授はベルリンにあった日本大使館の資料をケンブリッジ大学図書館で入手する件で、一九四六（昭和二十一）年二月とか三月頃に英国外務省に問い合わせを出したのである。(8)

ミンズ教授が英国外務省に問い合わせの手紙を出したのは、おそらくハラウン教授がC・H・ノートンの秘書であるイレーヌ・ジョーンズから返事を受け取った一九四六（昭和二十一）年二月中旬以降のことであったのであろう。いずれにしても、エリス・ミンズ教授はケンブリッジ大学図書館のライブラリー・シンジケートを代表するようなかたちで、ベルリンにあった日本大使館の図書館のことで英国外務省に問い合わせの手紙を出した。ミンズ教授からの問い合わせを受けた英国外務省の動きについては後述する。

EPCOM（敵国戦時出版物要求委員会）

ベルリン日本大使館の図書館資料の行方をさぐる過程で、現在までのところケンブリッジ側の動きで一九四六（昭和二十一）の春頃まで追跡した。ケンブリッジ大学のハラウン教授がEPCOM（敵国戦時出版物要求委員会）の議長であるC・H・ノートンに手紙を出したことからもわかるように、この問題ではEPCOMの役割がそれなりに重要であるので、ここでEPCOMについてもう少し詳しい説明を加えてみたい。その際、できるだけベルリン日本大使館の図書館資料の行方に関係した部分に焦点を当てる予定である。

まず、EPCOM（敵国戦時出版物要求委員会）について一番詳細な資料は、ロンドン大学キングス・カレッジに設置されているリデル・ハート軍事文書館（Liddell Hart Military Archives）が所蔵するケネス・ガーサイド（Kenneth Garside）のファイルの中に含まれている。(9) 実はこのケネス・ガーサイド中佐もベルリン日本大使館の図書館資料の行方に関係がある図書館員であった。

ケネス・ガーサイドは一九一三（大正二）年に英国のブッラドフォードで生まれ、リーズ大学を卒業し、リーズ大学の図書館員（アシスタント・ライブライアン）の職に就いた。戦時中には情報関係の軍役に就いていた。彼はバーナード・モントゴメリーの指揮でドイツに進駐した英国解放軍第二十一軍集団に所属し、その二十一軍集団の情報関係の参謀士官を務めた。英国解放軍第二十一軍集団はドイツの敗戦後、英国陸軍ライン軍団（BAOR, British Army of the Rhine）に改編された。

ガーサイドは一九四五（昭和二十）年にロンドン大学ユニヴァーシティ・カレッジ（UCL）図書館の副館長に就任し、そのポストに就いたまま、第二次世界大戦直後にあたる一九四六（昭和二十一）年には、英国陸軍ライン軍団（BAOR）で情報関係の参謀士官を務めた。BAORにはGSI（General Staff Intelligence）図書館があり、情報関係の参謀士官は図書館員のポストであると見なすことができるであろう。もともと図書館員であったガーサイドは、参謀士官として図書館で働いたのである。彼はUCL図書館の副館長であるので、軍隊における彼の地位もけっして低いものではないと考えられる。

ガーサイドが勤務したGSI図書館を日本語に翻訳すれば、参謀情報図書館になるであろう。そのGSI図書館はバート・エーンハウゼン（Bad Oeynhausen）に置かれていた。それ以前にはベルリンにあったようである。GSI図書館は、EPCOMの議長C・H・ノートンの秘書イレーヌ・ジョーンズがケンブリッジ大学のハラウン教授宛に出した返事で触れられたバート・エーンハウゼンのドキュメント・センターのことである。名称は一つでなかったかもしれないが、実態は一つの図書館であったと思われる。

GSI図書館またはドキュメント・センターは、〃インテリジェンス・ライブラリー〃（情報または諜報図書館）とも呼ばれた。既述したように、一九四六（昭和二十一）年にその図書館で図書館員として働いていたのがガーサイドであった。また、EPCOMの議長C・H・ノートンの秘書イレーヌ・ジョーンズの手紙からもわかるように、その図書館がベルリン日本大使館の資料を受け取っていたのである。また、ガーサイドとEPCOMについていえば、彼は一九四六―四八年の二年間EPCOMのメンバーも務めていた。そこで、彼はEPCOM関係の資料を受け取ることができた。

ケネス・ガーサイドは図書館員としては、ロンドン大学ユニヴァーシティ・カレッジ図書館の副館長の後、ロンドン大学キングス・カレッジ図書館の図書館長に就任した。ロンドン大学はもともとユニヴァーシティ・カレッジとキングス・カレッジの二つのカレッジを基礎にした大学で、ガーサイドはその二つのカレッジの図書館の館長と副館長を務めた。また、ロンドン大学には大学の図書館として〃セネット・ハウス図書館〃と呼ばれるロンドン大学図書館がある。後年ガーサイドはそのロンドン大学図書館の図書館長も務めた。

ガーサイドがロンドン大学ユニヴァーシティ・カレッジ（UCL）図書館の副館長時代の上司が、UCL図書館の図書館長であるジョン・ウィルクスである。ジョン・ウィルクスは大学図書館を代表してEPCOMの創設時からのメンバーであった。EPCOMのメンバーとしては議長C・H・ノートンに次ぐ立場にあったようである。というのは、ノートンが英国外務省から燃料省（Ministry of Fuel）に移動した際、ノートンが議長をやめて代わりにウィルクスが議長になる話があったが、ウィルクスの説得によりノートンが引き続き議長職を継続した。ただ、ノートンが不在の際には、ＥＰＣＯＭ会議ではウィルクスが議長を務めた。彼はドイツでベルリン日本大使館の資料を見ているので、後述する五〇〇〇冊の資料がロンドン大学に寄贈される件に影響を与えたと思われる。

いずれにしても、ＥＰＣＯＭにはロンドン大学ユニヴァーシティ・カレッジ図書館の館長と副館長の二人が関わっていた。さらに、ケネス・ガーサイドはジョン・ウィルクスが所持しているＥＰＣＯＭ関係のすべての資料を引き継いでいた。そこで、リデル・ハート軍事文書館のガーサイドのファイルには、両者が収集したＥＰＣＯＭ関係の資料が含まれている。

ロンドン大学キングス・カレッジのリデル・ハート軍事文書館が所蔵するガーサイドのファイルの資料によると、ＥＰＣＯＭは次のような組織であった。

ＥＰＣＯＭの第一回目の会議（会合？）は関係者を集めて一九四五（昭和二十）年八月三十一日にロンドンで開かれ、ＥＰＣＯＭの組織とか方針などが決められた。第二回目の会議は翌月十一日に開かれた。第一回目および第二回目の会議の議事録などでＥＰＣＯＭの概況が判明する。たとえば、ＥＰＣＯＭはＢＩＯＳ（英国技術情報小委員会）に付属することとか、メンバーはＨＭＳＯ（英国政府刊行物出版局）、ＡＳＬＩＢ（英国専門図書館情報機関協会）、英国図書館協会、大学、ＢＩＯＳ、ドイツ統治委員会、ＦＩＡＴ（野戦技術調査団）、王立協会などからの代表者によって構成されることなどが決められた。ＥＰＣＯＭの議長であるＣ・Ｈ・ノートンはＢＩＯＳの代表であり、既述したロンドン大学ユニヴァーシティ・カレッジの図書館長であるジョン・ウィルクスは大学関係を代表していた。

大学図書館関係で気になるのは、第一回目の会議にケンブリッジ大学関係者が含まれていなかったことである。オックスフォード大学からはボードリアン図書館の図書館長ハリー・クレズウィックが参加していた。ケンブリッジ大学図書館の図書館長は招待されていなかったのであろうか。

第一回目の会議の議論の中で興味深いのは、イタリア語と日本語文献の取り扱いであった。EPCOMの主要な対象はもちろんドイツ語の文献である。この会議では、大英博物館のH・トーマスはイタリア語と日本語文献の両方に興味があるという意見を表明していた。後に、イタリア語の文献はEPCOMの収集対象の中に含まれることになった。一方、日本語文献については次のような意見が表明された。EPCOMの議長C・H・ノートンは、日本語文献の問題を取り扱うのはアメリカ軍のヨーロッパ戦域をカバーするG-2部隊の日本課が適当であると提案していた。G-2はインテリジェンスを扱う部隊である。その日本課には英国のスタッフがまだ働いているという。そのG-2はもともとはSHAEF（連合国遠征軍最高司令部）に所属していた部隊である。

インテリジェンスに関して興味深いのは、一九四五（昭和二十）年十一月十五日に開かれたEPCOMの会議では、英国の合同情報委員会（Joint Intelligence Committee: JIC）のドイツ文書部に所属したA・J・マースデン（Arthur John Marsden）中佐が参加していた。また、その後のEPCOMの会議の議事録などもジョン・マースデン中佐に送付されていた。JICおよびジョン・マースデン中佐については後述する。

ＥＰＣＯＭに関してはその他にもいろいろと興味深いトピックが含まれるが、いずれにしてもＥＰＣＯＭの主要な役割は、ドイツ領内の英国統治組織などを通じてドイツの文献などを収集し、ＨＭＳＯ（英国政府刊行物出版局）を通じて大学図書館などに頒布することであった。

ＥＰＣＯＭ関係の最後のトピックとして、ベルリン日本大使館の図書館資料に関する情報が含まれる資料を紹介してみたい。ケネス・ガーサイドのファイルの中にあるＥＰＣＯＭに関連した資料として、ロンドン大学ロンドン・スクール・オブ・エコノミックスのＪ・パックマンという図書館員が、ドイツの英国占領地域にある経済学関係の大学図書館などを調査した報告の抜粋が含まれている。この資料の日付またはパックマンの調査の時期などははっきりしないが、この調査に関する記事が一九四五（昭和二十）年十一月十五日に開かれたＥＰＣＯＭの会議の議事録に掲載されているので、パックマンがドイツに派遣されたのは一九四五（昭和二十）年十一月のことであろう。もしかすると、前述したジョン・ウィルクスもパックマンに同行したかもしれない。または、パックマンが訪問する場所を予備調査したかもしれない。このパックマンの資料[10]に次のようなことが記載されている。

ベルリン日本大使館図書館

パックマンのベルリン日本大使館図書館についての報告は次の通りである。

(A) ベルリンからバート・エーンハウゼンのGSI (General Staff Intelligence) ドキュメント・センターへのベルリン日本大使館図書館の移動は終了したが、状況は大変混乱している。

(B) GSIドキュメント・センターはベルリン日本大使館図書館をそのままの状態で英国外務省のPID (Political Intelligence Department 政治情報部) に送るように命じられている。

(C) 調査の結果、図書館の資料は役に立ちそうであり、かつ興味深いものと思われる。しかし、学術的な価値は高いようには見えない。日本語の資料がたくさんあり、それが大きな部分を占めるが、その種類や質などは不明である。ドイツ語の資料の多くは政治、歴史および文学に関係したものである。イタリア語の資料もいくらかある。ロシア語そしてポーランド語の文献も役に立ちそうである。ポーランド語のものは大部分しっかりと製本されていて、ポーランドの施設から略奪されたような形跡は見えない。たとえば、蔵書印とか蔵書票などは見当たらない。ポーランド語の文献はおそらくある個人の収集家が集めたものであろう。

以上がJ・パックマンがベルリン日本大使館図書館に関して記述した報告であり、それにより、一九四五(昭和二十)年十一月頃のベルリン日本大使館図書館の様子が明らかになった。また、パックマンがベルリン日本大使館図書館のスラブ系言語の資料に注意を払っているところも興味深い。日本語の資料とスラブ系言語の資料がロンドン大学の二つの機関に寄贈されることと関係がありそうである。UCLの図書館長であるジョン・ウィルクスがパックマンの調査に協力しているので、この件に関係したのであろう。

ベルリン日本大使館の資料の行方

さて、ここで話題をEPCOM（敵国戦時出版物要求委員会）からベルリン日本大使館の資料の動きをさぐる調査に戻すことにする。ベルリン日本大使館の資料の行方を追跡するため、次に英国国立公文書館が所蔵している関係史料を取り上げてみたい。

ドイツは一九四五（昭和二十）年五月に敗北した後、英国を含む連合国四ヶ国軍の占領下に置かれていた。その当時ドイツにあった日本の公館についての関係文書を集めたものとして、英国国立公文書館には「ドイツにおける日本の外交・領事関係の財産」（"FO 944/100"）という題名のファイルがある。(11) このファイルの中にベルリン日本大使館図書館の動きを示す史料などが含まれている。このファイルの中にある文書が作られたきっかけは、ケンブリッジ大学のエリス・ミンズ教授からの英国外務省宛の問い合わせであった。

「ドイツにおける日本の外交・領事関係の財産」（"FO 944/100"）という題名のファイルは、英国外務省ドイツ課の資料である。ドイツ課の前身はドイツ・オーストリア統治事務所であった。ベルリン日本大使館図書館の行方をさがす件はドイツ・オーストリア統治事務所の職員が携わったのである。

このファイルの中にあるベルリン日本大使館図書館の関係文書は、量もそれなりにあり、また内容もかなり錯綜している。時期としては、一九四六（昭和二十一）三月から同年七月頃までをカバーしている。文書として残された手紙やメモなども、英国（ロンドン）とドイツ（バート・エーンハウゼン）との間でやり取りされている。

そこで、ここではまずファイルに含まれるいくつかの史料から判明するベルリン日本大使館図書館の動きに関することを簡単にまとめて、全体の様子を示し、必要な場合には、個々の具体的な書簡とかメモなどにも言及してみたい。

このベルリン日本大使館図書館の資料の数量は全体で二万五〇〇〇冊ぐらいであった。その中には、大使館関係者などの日本人の個人の資料などがかなり多く含まれている。単に旧大使館が所蔵していた書籍だけに限定されていなかった。二万五〇〇〇冊のうち、二割にあたる五〇〇〇冊が役に立つ資料と見なされ、ロンドン大学東洋アフリカ学院（ＳＯＡＳ）とロンドン大学のスラブ東欧学院（School of Slavonic and East European Studies, SSEES）に寄贈されることになった。寄贈された書籍の数量はそれぞれ二五〇〇冊づつであった。

残りの八割にあたる二万冊は、ほとんど価値がない資料と見なされた。その二万冊はバート・エーンハウゼンにあるドキュメント・センター（図書館）の資料に吸収されるような方法で処理されたようである。一部の資料などはドキュメント・センターで多少使われたかもしれない。いずれにしても、二万冊の資料は最終的には処分されたことになった。大量の資料はあたかも蒸発したように処理されている。残余などはドイツの地元の図書館などに配布されたようである。実態としては、かなりの数の書籍がドイツの地元の図書館に寄贈されたと考えられるが、英国側はその点をあまり強調したくないようである。

二万五〇〇〇冊のベルリン日本大使館図書館の資料を受け取ったドキュメント・センター（図書館）とは、既述したようにもともとGSI（General Staff Intelligence）図書館と呼ばれていた。GSI図書館は英国軍の参謀情報図書館のことであった。EPCOM（敵国戦時出版物要求委員会）の部分で言及したように、ケネス・ガーサイドが勤務していた図書館であり、それは一名〝インテリジェンス・ライブラリー〟（情報図書館）とも呼ばれていた。ロンドン大学キングス・カレッジに設置されたリデル・ハート軍事文書館が所蔵するケネス・ガーサイドのファイルの中には、その情報図書館の目録が含まれている。

「ドイツにおける日本の外交・領事関係の財産」（"FO 944/100"）という題名のファイルは、ベルリン日本大使館図書館の資料がベルリンからバート・エーンハウゼンに移された事情も明らかにしている。

ベルリン日本大使館図書館の資料の移動は、フランクフルトにあった米英統治協議会・統治委員会ドキュメント・センター（US-British Control Council/Control Commission Documents Centre）の指示によるものであった。そのフランクフルトにあった組織は、連合国遠征軍最高司令部ドキュメント・センター（SHAEF Documents Centre）の後継機関であった。また、日本大使館の図書館をベルリンからバート・エーンハウゼンに移すことは、ベルリンにあったドイツ・オーストリア統治事務所（英国外務省）の法令部から許可を得ていた。その移動は一九四五（昭和二十）年八月から九月にかけての時期に行われたようである。

もともとフランクフルトにあった米英統治協議会・統治委員会ドキュメント・センター（US-British Control Council/Control Commission Documents Centre）という事務所、少なくとも英国の部分は、やはり一九四五（昭和二十）年九月にバート・エーンハウゼンに移動したという。一九四五（昭和二十）年九月には、英国陸軍ライン軍団がバート・エーンハウゼンに移動し、同時にその軍団のドキュメント・センターも一緒にバート・エーンハウゼンに移動したのである。そのドキュメント・センターの移動に合わせるようなかたちで、日本大使館の図書館もバート・エーンハウゼンに移送されたのであろう。

"FO 944/100"とは別の資料によっても、日本大使館の図書館がすでに八月末にはベルリンから移動しており、九月の段階ではベルリンにはなく、英国陸軍ライン軍団（BAOR）のGSI図書館に保管されていたということが判明する。[12] いずれにしても、英国の軍隊、統治組織そして諜報機関の本部などがバート・エーンハウゼンに集中していたので、日本大使館図書館の資料もベルリンからバート・エーンハウゼンに移されたのである。

二万五〇〇〇冊のベルリン日本大使館資料の動きや処分の経過などについて、一応以上述べたようにまとめることができるが、実際にはもっと複雑な事情などが存在したのである。実際の経過は以下のようであった。

ケンブリッジ大学のエリス・ミンズ教授からベルリン日本大使館の資料について問い合わせを受けた時、英国外務省の関係者は事情をまったくつかんでいなかった。というのは、二万五〇〇〇冊のうち五〇〇〇冊をロンドン大学東洋アフリカ学院などに寄贈する件とか、残りの二万冊の処分などは電話とか口頭で連絡され、それらに関する記録などが残っていなかったからである。エリス・ミンズ教授からの問い合わせで、あわててベルリン日本大使館図書館の資料について調査したのである。

ベルリン日本大使館資料の事情に比較的詳しかったのは、ケネス・ガーサイド少佐（後に中佐に昇進した）であった。彼は英国陸軍ライン軍団（BAOR）のGSI図書館気付のドイツ統治委員会（英国の部）インテリジェンス・ビューローの図書館・ドキュメント・センター所属の職員であった。EPCOM（敵国戦時出版物要求委員会）のところで言及したケネス・ガーサイド中佐のことである。英国のドイツ・オーストリア統治事務所（後の英国外務省ドイツ課）の職員ヒュー・ダーラムが、電話でガーサイドに問い合わせてベルリン日本大使館図書館資料の事情が判明したのである。ガーサイドも一九四六（昭和二十一）年四月二十三日付のダーラム宛の書簡で、同じ事情を説明している。この時点で、すなわちガーサイドがダーラムに書簡を出した時点では、二万冊（二万五〇〇〇冊から五

○○○冊を取り出した残り）はまだバート・エーンハウゼンに残っているとされている。ただ、ガーサイドはこれらの二万冊は価値がない資料であるとコメントしていた。ケンブリッジ大学はほしがっているが、ガーサイドはそれらはまったく価値がない資料であることを暗示していた。

ガーサイドからもたらされた情報は、英国のドイツ・オーストリア統治事務所から英国外務省（本省）に連絡された。問題はバート・エーンハウゼンに残っている二万冊の資料で、ケンブリッジ大学はそれらの中の日本語文献の入手に興味を示しており、必要ならば専門家をバート・エーンハウゼンに派遣するかもしれないとドイツ・オーストリア統治事務所（英国外務省）に連絡したようである。

英国のドイツ・オーストリア統治事務所の職員A・C・ロビンソンから一九四六（昭和二十一）年五月三十日付でガーサイドに手紙が出され、ガーサイドのコメントだけではケンブリッジ大学は引き下がらず（ケンブリッジ大学はまだ残留資料に興味を示しており）、いつ二万冊の最終処分をする決定を下すのかを教えてほしいと問い合わせていた。要するに、ドイツ・オーストリア統治事務所の職員（ロンドン勤務）は、二万冊はまだバート・エーンハウゼンに残っていると考えていたようであり、実際に残っていた。実は、バート・エーンハウゼンの図書館（ドキュメンント・センター）の実態も複雑で、場所に関してもその中心部分はバート・エーンハウゼンの近辺の地域であるヘルフォルトに移動することになっていた。実際に移動したのは七月十二日であった。

一方、ガーサイドはこの頃すでに復員してドイツ統治委員会（英国の部）インテリジェンス・

ビューローの図書館・ドキュメント・センターの仕事から離れていた。すなわち、ガーサイドはその時点でドイツ・オーストリア統治事務所のロビンソンからの問い合わせに対する返事を出すことができなかった。そこで、一九四六（昭和二十一）年七月十日付でガーサイドの後任者であるカークビー少佐がロビンソンから問い合わせに対する返事を出したのである。その返事の内容は前述のドイツ・オーストリア統治事務所のヒュー・ダーラムから七月十二日に連絡された。それによると、二万冊について、利用価値があるものはインテリジェンス・ビューローの図書館・ドキュメント・センターで使用しており、価値がない残りの資料はドイツの地元の図書館に配布することにしたのであった。これが二万冊の処分であった。

英国のドイツ・オーストリア統治事務所の職員G・P・ハンプシャーは、一九四六（昭和二十一）年七月十八日付の英国外務省（本省）のL・H・フォールズ宛の手紙で、二万冊について多少誤解があったことをわび、また二万冊のうち、有用なものはインテリジェンス・ビューローの図書館・ドキュメント・センターの資料に吸収されて使われており、価値がないと見なされた残りの資料はドイツの地元の図書館に寄付されたことを伝えた。ケンブリッジ大学図書館がチェックする機会がないままに二万冊の資料が処分されたことは遺憾であるが、二万五〇〇〇冊のベルリン日本大使館資料のうち、すでにロンドン大学東洋アフリカ学院とスラブ東欧学院が五〇〇〇冊を引き取り、インテリジェンス・ビューローの図書館・ドキュメント・センターが必要なものを選び取った後なので、ドイツの地元の図書館に頒布されたものはケンブリッジ大学図書館にとってはまったく役に立たないであろうという結論を出している。

一応、以上でケンブリッジ大学によるベルリン日本大使館の日本語書籍追求の件は終了する。結局、英国外務省にベルリン日本大使館の図書館について問い合わせを出したケンブリッジ大学が受け取ることできるような資料などはなかったのである。ベルリンの図書館に目を付けたケンブリッジの試みは空振りに終わったのである。ただし、ケンブリッジ大学図書館が戦争中敵国財産として英国側に接収された日本語文献を入手しようとする話は、後述するように実はまだ続行するのである。

「ドイツにおける日本の外交・領事関係の財産」(〝FO 994/100〟)というファイルで扱われているベルリン日本大使館の図書館資料については、ケンブリッジ大学による追跡やロンドン大学の二つの機関への寄贈などの件以外にも、実はいろいろな問題が含まれていた。

それは日本の賠償問題に関係していた。というのは日本大使館の図書館資料はもともとベルリンにあったもので、そのベルリンは四か国の統治下にあった。ドイツ・オーストリア統治事務所のエドワード・プレイフェアーなどは、英国外務省L・H・フォールズ宛の手紙などで、英国側が他の同盟国の許可なしに日本大使館の図書館資料をベルリンから移動したことを問題にしていた。彼は英国側は移動すべきではなかったという意見を持っていた。

また、ドイツにおける日本の公館などの財産処分については、英国外務省のフォールズも法的な問題などを考慮していた様子であった。彼はその件について世界各地の関係部局などに、わざわざ自分の意見を表明する電報を送付していた。さらに、フォールズはドイツなどにあった満州国の財産についても注意を払っていた。ちなみにフォールズは日本語通訳生として日本で日本語を学んだ外交官であった。彼は日本語にも通じていたはずである。

マースデン中佐が許可を出した

前述したように、ベルリン日本大使館図書館には二万五〇〇〇冊の資料が含まれていた。そのうちの五〇〇〇冊がロンドン大学東洋アフリカ学院とスラブ東欧学院に寄贈された。一体、だれがどのようにしてロンドン大学の二つの機関に日本語とスラブ語の文献を寄贈することに決めたのであろうか。また、英国国立公文書館が所蔵する「ドイツにおける日本の外交・領事関係の財産」("FO 944/100")という題名のファイルに含まれる史料を利用して、この問題を追及してみたい。

この問題の鍵を握るのも、ＥＰＣＯＭ（敵国戦時出版物要求委員会）のところで紹介したケネス・ガーサイドである。前述したように、英国のドイツ・オーストリア統治事務所（後の英国外務省ドイツ課）のヒュー・ダーラムが電話でベルリン日本大使館の資料についてガーサイドに問い合わせをし、その内容をメモに残し、ＥＰＣＯＭの議長であるＣ・Ｈ・ノートンに連絡した。また、ガーサイド自身も一九四六（昭和二十一）年四月二十三日付のダーラム宛の書簡で同じ内容を伝えていた。

要するに、英国の合同情報委員会（Joint Intelligence Committee: JIC）のドイツ文書部に所属したＡ・Ｊ・マースデン（Arthur John Marsden）中佐が、五〇〇〇冊の資料をロンドン大学東洋アフリカ学院

（ＳＯＡＳ）とロンドン大学のスラブ東欧学院（School of Slavonic and East European Studies, SSEES）に寄贈する指示を出したのである。Ａ・Ｊ・マースデンは通常ジョン・マースデン（John Marsden）と呼ばれていたので、本書でもこれからジョン・マースデンと呼称することにする。以上の点について、ＥＰＣＯＭの議長であるＣ・Ｈ・ノートンはジョン・マースデンのＪＩＣドイツ文書部の同僚であるウィグルズワース（Wigglsworth）女史を通じてジョン・マースデンから確認を取っている。また、五〇〇〇冊の処置は単なる借用ではなく、寄贈であることも確認された。

一九四六（昭和二十一）年の初頭とか前半当時、英国の合同情報委員会（ＪＩＣ）のドイツ文書部のマースデン中佐も、英国陸軍ライン軍団（ＢＡＯＲ）で情報関係参謀士官を務めたケネス・ガーサイド中佐（前少佐）も、バート・エーンハウゼンまたはその近くに勤務していた。また、二人ともインテリジェンスに関係し、友人同士であったと思われる。もしかすると、五〇〇〇冊の処置についてマースデンはガーサイドに助言を求めたことがあったかもしれない。

そのマースデン中佐がどのような人物かといえば、すでに紹介したように、彼は合同情報委員会（Joint Intelligence Committee）のドイツ文書部に所属した職員であり、彼のポジションは英国側（British Element）の長（Head）であった。

ジョン・マースデンはボート競技のこぎ手として有名で、アマチュアのスカル競技の選手権であるウィングフィールド・スカルというレースで優勝している。一九五六（昭和三十一）のことで、四十一才の時であった。ジョンの父親はインドで森林監督官をしていて、ジョンもインドで生まれた。

後に父親はイートン校の数学の教師に就任した。ジョンはイートン校を卒業した後、ドイツのボン大学で博士号を取得し、イートン校のドイツ語やフランス語などの語学の教師の職に就いた。戦後のことであるが、彼はイートン校の舎監としても名を馳せた。ドイツ語などのヨーロッパの言語をマスターしていたジョン・マースデンは、戦時中情報将校として活躍した。

一応、以上がジョン・マースデンの略歴であるが、ただ不明なのは、そのような人物がどのような事情とか理由で五〇〇〇冊のベルリン日本大使館図書館の資料をロンドン大学東洋アフリカ学院とスラブ東欧学院に寄贈するように指示したのかという点である。どうしてジョン・マースデンは五〇〇〇冊の書籍の寄贈先にロンドン大学の二校を選んだのであろうか。ジョン・マースデンとロンドン大学の間に何か接点があったのであろうか。

マースデンという名前から思い付くのは、ロンドン大学キングス・カレッジ、東洋アフリカ学院、スラブ東欧学院などが所蔵するマースデン・コレクションのことである。東洋学者ウィリアム・マースデンの収集物などは、ロンドン大学のこれらの三つの機関ではマースデン・コレクションとして所蔵されている。ウィリアム・マースデンとジョン・マースデンの家系とは何か関係があるのであろうか。

また、本書で何度も言及したJ・W・マースデン（ジェームス・ウェイマス・マースデン）とジョン・マースデンは何か関係があるのであろうか。J・W・マースデンは英国陸軍の語学将校（日本語）、日本駐在の英国陸軍武官補佐官などとして活躍した人物であった。

もしかすると、ジョン・マースデンはウィリアム・マースデンやJ・W・マースデンとは一切関係なく、単にベルリン日本大使館図書館の資料の中に有用な日本語の書籍やスラブ語の書籍などが多くあったので、その中から五〇〇〇冊ほどを選び、英国の東洋および東欧関係の専門大学にあたる東洋アフリカ学院とスラブ東欧学院に寄贈するようにしただけかもしれない。たまたま二つの機関はロンドン大学に所属しただけであったかもしれない。

それとも、ジョン・マースデンが五〇〇〇冊の寄贈先にロンドン大学東洋アフリカ学院とスラブ東欧学院を選んだことには、ケネス・ガーサイド中佐のアドバイスがあったのであろうか。ロンドン大学の図書館に関係が深いケネス・ガーサイドとしてはそのようなアドバイスをした可能性はありうる。ガーサイドの上司であるＵＣＬ図書館の図書館長であるジョン・ウィルクスも影響を与えたのであろう。

もう一つ重要な点は、ベルリン日本大使館図書館について関係者はまさかケンブリッジ大学から問い合わせがあるとは想像できなかったことである。彼らにケンブリッジからの問い合わせが届いたのは、ロンドン大学の二つに機関に五〇〇〇冊を寄贈することを決めた後であった。もし、ケンブリッジ大学から問い合わせがもっと早く関係者に届いていたならば別の対応をしたのであろう。

さて、ここで話題を二万五〇〇〇冊の資料が所蔵されていたベルリン日本大使館図書館から五〇〇〇冊をロンドン大学東洋アフリカ学院とスラブ東欧学院へ寄贈する決定をだれがしたのかという問題から、その後それらの寄贈された資料がどうなったのかという問題に移すことにする。本書ではおもに英国の図書館が所蔵する日本語文献の問題を取り扱っているので、おもに日本語の資料が寄贈されたとするロンドン大学東洋アフリカ学院の例を取り上げるが、その前にスラブ東欧学院の場合について説明を加えたい。

スラブ東欧学院は一九一五（大正四）年にロンドンに設立され、最初ロンドン大学キングス・カレッジに所属したが、一九三二（昭和七）年にロンドン大学直属の組織になった。一九九九（平成十一）年にはロンドン大学ユニヴァーシティ・カレッジの一部となった。

旧ベルリン日本大使館図書館のロシア語やポーランド語などの書籍二五〇〇冊がスラブ東欧学院に寄贈されることになったのは、同学院の図書館にとっては予期しなかった朗報で、同学院の所長（William J. Rose）による一九四六―四七年の報告（年報）では〝大変価値が高い〟と記載されていた。(13)どうしてスラブ東欧学院に寄贈されることになったかという経緯については、詳しい事情はわかっていなかった様子である。

一九四六―四七年の報告（年報）では、入手経路はＢＩＯＳ（英国技術情報小委員会）とされている。(14)また、スラブ東欧学院の歴史を記した書籍（〝History of the School of Slavonic and East European Studies〟）では、意欲的な陸軍の士官によると記載されている。(15)同書の著者（L. W. Roberts）は寄贈がジョン・マースデンによってなされたことを知っていたのであろうか。ただ、寄贈書籍の冊数については、スラブ東欧学院の年報も同学院の歴史も約二〇〇〇冊としている。二五〇〇冊よりも少ない。

前述したロンドン大学スクール・オブ・エコノミックスのパックマンの報告でも、旧ベルリン日本大使館図書館のロシア語やポーランド語書籍など、特にポーランド語の書籍が特記されていた。そこで、パックマンやロンドン大学UCL図書館の図書館長ジョン・ウィルクスなどの意見などを考慮に入れて、日本大使館のスラブ語の書籍が同じロンドン大学のスラブ東欧学院図書館に寄贈されることになったのであろう。

さて、ロンドン大学東洋アフリカ学院の一九五二―五三年度の年報によると、図書館の部分に旧ベルリン日本大使館図書館所蔵の資料に関する記述がある。そこの部分に次のようなことが記載されている。なぜ一九五二―五三年度の年報にこの件が掲載されているのかといえば、もちろんサンフランシスコ平和条約が発効したのが一九五二（昭和二十七）年であり、それは日本と英国の間で国交が回復した年であった。もう一つ注意すべき点は、以下の記述は旧ベルリン日本大使館図書館所蔵の資料だけに限定されたものではなく、ロンドンを含むヨーロッパにあった日本大使館や領事館で所蔵していた資料について述べたものであることである。

ヨーロッパにあった日本の大使館や領事館で所蔵していた二〇〇〇冊以上の日本語書籍が、先の大戦中の末期に収集され、極東学部に預けられていたが、それらが今回正式にロンドンの日本大使館から寄贈された。東洋アフリカ学院で必要でないとされた数千冊〔三〇〇〇冊以上？〕の書籍は他の図書館に回された。(16)

以上の記述から、次のようなことが判明する。

まず、英国を含むヨーロッパにあった日本大使館や領事館の日本語書籍が第二次世界大戦の末期に収集され、ロンドン大学東洋アフリカ学院（SOAS）に保管された。保管されたのはSOASの図書館ではなく、同学院の極東学部であったようである。それらには当然旧ベルリン日本大使館図書館所蔵の資料は含まれていたはずである。ただ、ジョン・マースデンの指示によって寄贈されたベルリン日本大使館図書館所蔵の資料だけに限定されていなかったようである。それらの書籍のうち、二〇〇〇冊以上の図書が一九五二―五三年度に英国日本大使館から寄贈された書籍として、東洋アフリカ学院の図書館の所蔵物として正式に登録されたのである。

また、東洋アフリカ学院で必要としないとされた日本語書籍は数千冊〔三〇〇〇冊以上？〕に上り、それらは他の図書館に寄贈されたのである。そこで、東洋アフリカ学院が最初に受け取った旧日本大使館・領事館の図書はかなりの量になると想像されるが、おそらくその大量の資料の中には、二五〇〇冊に上るベルリン日本大使館からもたらされた資料なども含まれていたのであろう。

東洋アフリカ学院から他の図書館に回されたとする数千冊〔三〇〇〇冊以上？〕の書籍であるが、実際に他の図書館に寄贈されたのは数千冊には上らなかったのではないかと想像する。大量の書籍が東洋アフリカ学院の出入りの書店であるアーサー・プロブスタインなどに引き取られたのではないかと考えられる。筆者は大英博物館の前にあるアーサー・プロブスタインの書店の地下で多数のそのような書籍を見たことがあった。

ロンドン大学東洋アフリカ学院の一九五二―五三年度の年報に記載された接収図書の部分で気になるには「ヨーロッパにあった日本の大使館や領事館で所蔵していた」日本語書籍という部分である。これについては二つの解釈がありうる。

一つは東洋アフリカ学院が受け取ったベルリン日本大使館図書館所蔵の資料の中にすでにドイツ以外の他のヨーロッパ各国にあった大使館や領事館の資料が含まれていたかもしれないという点である。というのは、戦時中ヨーロッパの日本人は中立国を除けばドイツなどの同盟国だけにしか在住できなかったので、大使館や領事館の資料を含めて他の国の日本人や彼らが持っていた資料はドイツに移動し、ドイツが敗戦になった時ベルリンなどでそれらの資料が連合国に接収されたかもしれない。

もう一つの解釈は、実際にドイツ以外のヨーロッパ諸国にあった日本の大使館や領事館の資料が英国にもたらされたという例もあったかもしれない。たとえば、オランダのハーグにあった日本公使館が所蔵していた資料が接収されて英国にもたらされたことは確実にあった。おそらく、両方の場合が当てはまるかもしれない。

ただ、実際にロンドン大学東洋アフリカ学院などに残された接収図書などを調べると、圧倒的に多いのは英国で接収されたものと、ベルリン日本大使館図書館関係の資料である。

ＨＭＳＯ（英国政府刊行物出版局）から購入

すでに言及したように、第二次世界大戦後の英国では、ドイツ語の文献はＥＰＣＯＭ（敵国戦時出版物要求委員会）を通じて入手され、大学図書館などにはＨＭＳＯ（英国政府刊行物出版局）を通じて頒布された。ＨＭＳＯを通じてドイツ語文献を入手する際、オックスフォード大学ボードリアン図書館とケンブリッジ大学図書館は、特別に選書に関して優先権があったようである。

実は、ＨＭＳＯからドイツの出版物を入手する優先順位の実態はもう少し複雑で、まず英国政府の部局が最初、次に国立図書館に相当する大英博物館（図書館）、続いて英国の出版物を受け取る権利も持っている納本図書館、具体的にはオックスフォード大学ボードリアン図書館やケンブリッジ大学図書館などであった。

いずれにしても、オックスフォードとケンブリッジの二つの大学図書館は、他の大学図書館などよりも先にドイツ語の書籍や雑誌などを購入することができたようである。また、オックスフォードとケンブリッジの優先権の順番は、月ごとに入れ替わったようである。ある月はオックスフォードが一番で、ケンブリッジが二番目、翌月は反対になるような仕組みになっていた。

ケンブリッジ大学図書館の図書館長Ａ・Ｆ・スコーフィールドは、一九四七（昭和二十二）年一月にドイツ語の書籍を選書するため、ＨＭＳＯ（英国政府刊行物出版局）のコーンウォール・ハウスに出かけた。コーンウォール・ハウスはＨＭＳＯの倉庫になっていたのであろう。そのＨＭＳＯの倉庫で、スコーフィールドは日本語書籍の収集物を見せられた。[17]もちろん、それらの日本語書籍はHMSOから売りに出され購入できるものであった。

そこで、スコーフィールドは翌月中国学の教授グスタフ・ハラウンを日本語書籍収集のためにHMSOのコーンウォール・ハウスに派遣した。ハラウン教授は一九四七（昭和二十二）年二月五日にHMSOの倉庫に出かけ、日本語書籍を選書し、翌二月六日付の手紙でその時の様子をケンブリッジ大学図書館の図書館長A・F・スコーフィールドに連絡した。[18]

ハラウンの手紙によると、すでにロンドン大学東洋アフリカ学院と大英博物館図書館がケンブリッジ大学よりも前に選書したようである。後述するように、オックスフォード大学ボードリアン図書館もおそらくケンブリッジの前後に選書している。そこで、一応第二次世界大戦直後の英国における日本語書籍を選ぶ序列は、ロンドン大学東洋アフリカ学院、大英博物館図書館、ケンブリッジ大学またはオックスフォード大学であったようである。HMSOからドイツ語の文献を入手する際の優先順位と比べると、日本語の文献の場合、東洋アフリカ学院は特別の扱いを受けていたようである。

この時（一九四七年二月五日の選書時）、ハラウン教授は全部で一一七冊に上る日本語書籍・資料を購入した。値段は全部で十ポンドであった。現在の日本円に換算すると、四万円弱ぐらいに相当する金額であった。どのような日本語書籍・資料を購入したかは判明している。というのは、ケンブリッジ大学図書館の一九四六―四七年度の年報にそれらの書籍・資料の題名が記載されているからである。(19) 一一七冊は以下のような書籍類であった。

大日本外交文書　九冊
外務省月報（外務省報告）　五十六冊
新訂詳解漢和大辞典
韓非子講義
白詩新釈
字源
近代劇全集　二十七冊（全四十三冊のうちの二十七冊）
唐詩及唐詩人
外務省文書〔London Embassy Memoranda, 1937-38〕五点
俗語辞海
日英交通史之研究（武藤長蔵）
No Masks: Classification and Explanation（Nogami Toyoichiro）（In English）
日本百科大辞典　十冊
四書講義中庸（宇野哲人）
満州国地名大辞典（山崎惣与）

合計：十五点　一一七冊

次に、以上の十五点一一七冊の書籍・資料について、簡単に説明を加えたい。まず、これらの書籍・資料は、ほとんど英国内にあった日本の大使館・領事館および日本関係の施設・組織などから敵国財産として接収されたものであると思われる。

敵国財産として接収した資料の場合、正式にはサンフランシスコ平和条約が一九五二（昭和二十七）年に発効し、日本が取り戻す権利を放棄するかたちで決着がつくのであるが、実際には英国側はそれよりも前に図書館などに売却していた。日本側も同じように敵国財産として接収した英国の書籍や資料を戦時中にやはり図書館などに売却していた。

また、外交官などが所持していた個人的な資料や書籍の場合、法的な問題として、はたしてサンフランシスコ平和条約で日本側がそれらを取り戻す権利を放棄したかどうかもはっきりしない。多少あいまいな部分が残るのである。

いずれにしても、英国内にあった日本の大使館・領事館などの書籍や資料が、HMSO（英国政府刊行物出版局）から図書館などに売却されたのである。日本語の書籍や資料も、敵国戦時出版物要求委員会（EPCOM）を通じて収集され、HMSOから売却されたドイツの文献や資料などと同じような方法で処理されたものと思われる。

次に、ハウラン教授はどのようにして十五点一一七冊の書籍・資料を選書したのかを検討してみたい。それらの書籍・資料は一応大きく三つぐらいのグループに分けることができる。もちろん、書籍・資料によっては複数のグループに関係するものもある。一つは外交・大使館関係、次は参考図書の類い、そして第三番目は中国学に関係したものである。

外交・大使館関係の書籍・資料としては、『大日本外交文書』、『外務省月報』（『外務省報告』）、『外務省文書』（〔London Embassy Memoranda, 1937–38〕）、さらに『日英交通史之研究』、『韓非子講義』、『白詩新釈』、『唐詩及唐詩人』なども含めることができる。

太平洋戦争以前の駐英日本大使は、一九三六（昭和十一）年から一九三八（昭和十三）年までは吉田茂、一九三八（昭和十三）年から一九四一（昭和十六）年までは重光葵であった。重光は日本と英国が戦争状態になる直前の駐英大使であった。

武藤長蔵著『日英交通史之研究』は著者から当時の駐英大使吉田茂に恵贈された書籍であった。なぜそのことがわかるかといえば、その『日英交通史之研究』に「謹呈　吉田駐英大使閣下」という著者の書込があるからである。『韓非子講義』、『白詩新釈』、『唐詩及唐詩人』などは、いずれも重光葵が所蔵していた書籍である。重光の所蔵書については後述する。

『大日本外交文書』は戦前海外の日本大使館などで所蔵されていた代表的な書籍であろう。日本外交に関する基本図書と見なすことができるであろう。

ＨＭＳＯ（英国政府刊行物出版局）の倉庫で日本語書籍や資料を選書したハラウンの手紙によると、ケンブリッジよりも前に、すでにロンドン大学東洋アフリカ学院と大英博物館が選書していたことが、ケンブリッジ大学図書館長に伝えられていた。実は、ケンブリッジ同様、東洋アフリカ学院（ＳＯＡＳ）も同じ『大日本外交文書』のセットを入手していた。

興味深いのはＳＯＡＳ側の選び方であった。『大日本外交文書』を構成する各巻をどのように選ぶかという選び方であった。実はＨＭＳＯの倉庫には複数の『大日本外交文書』のセットがあったのである。

まず、東洋アフリカ学院は、敵国財産として接収した日本語書籍をめぐる法的な問題にも多少注意を払っていたようである。東洋アフリカ学院の年報などからもそのような配慮を窺うことができる。たとえば、すでに引用した東洋アフリカ学院の一九五二―五三年度の年報では、敵国財産として接収した日本語書籍を一九五二―五三年度に、ロンドンの日本大使館から寄贈されたものとして登録したと報告している。実際にそのような意味が記載されているラベルが、それらの接収された書籍には添付されている。

それらの書籍は戦時中に接収された書籍であったが、戦後（一九五二年度）に日本大使館から寄贈された書籍として取り扱われたのである。接収ではなく、寄贈というかたちで登録した。

東洋アフリカ学院はケンブリッジに先駆けて、ＨＭＳＯ（英国政府刊行物出版局）の倉庫で『大日本外交文書』を選書した。東洋アフリカ学院の関係者が自分たちの図書館用に『大日本外交文書』の各巻号を選ぶ際、わざと日本大使館の所蔵物であったことを表す菊の紋章などが印記されていないものを選んだようである。というのは、実際に東洋アフリカ学院図書館が所蔵する『大日本外交文書』の各巻号を調べてみると、菊の紋章などがほとんど見つからないのである。

一方、ケンブリッジ大学図書館が所蔵する『大日本外交文書』のセットには、菊の紋章が印記されたものが含まれている。たとえば、ケンブリッジで所蔵している『大日本外交文書』第二巻第三冊には、"Library of the Imperial Japanese Embassy, London"と記入された菊の紋章と、"20 May 1938"という日付が印記されている。『大日本外交文書』の選書でも、ケンブリッジは二番手の悲哀を味わったということができる。

次に、『外務省月報』（『外務省報告』）について説明を加えたい。『外務省月報』はその題名（タイトル）などを考慮すると、外務省から発行されていた雑誌のように誤解されるかもしれない。題名は同じであるが、ケンブリッジが購入した『外務省月報』は一九六〇年年代から発行されていた『外務省月報』というような雑誌の類いではない。『外務省月報』という題名は明らかに雑誌を想像させる。実は、『外務省月報』（『外務省報告』）は印刷されたものではなく、手書き資料である。英国側ではマニュスクリプト（写本・手書き資料）として扱われる資料である。

どのような手書き資料かといえば、日本の外務省本省で扱った事項などをロンドンなど海外にあった日本の公使館などに連絡するために作成された文書であった。後世では印刷するとか、タイプに打つような資料であるが、当時（明治十年代では）手書きで作成され、定期的にロンドンなどに配布されたようである。船便などで郵送されたのであろう。

『外務省月報』（『外務省報告』）のサービスが明治十（一八七七）年五月に開始された時には、その頻度は月ごとであったので、『外務省月報』と呼称された。しかし、その後頻度が半月ごとになったので、その資料の名称が『外務省月報』から『外務省報告』に変更になった。

実は、『外務省月報』（『外務省報告』）に記載されている事項（内容）の編集のやり方として、その『外務省月報』（または『外務省報告』）には二種類のかたちがあった。すなわち、時間的経過または年代別に編集されたものと、主題別に編集されたものがあった。

その『外務省月報』（または『外務省報告』）の取り扱いでやっかいなことは、本来は二種類のものがロンドン日本公使館（後には日本大使館）では一箇所に置かれていたのが、HMSOの倉庫から売りに出された時、二つのグループに分かれてしまったようである。一方をまずケンブリッジが購入し、別の方をオックスフォードが購入した。要するに一つのものが泣き別れになったのである。ケンブリッジの方が時代別、オックスフォードの方が主題別を購入した。

ケンブリッジ大学図書館所蔵分とオックスフォード大学ボードリアン日本研究図書館所蔵分は、それぞれ交互に補い合う関係になっている。たとえば、ケンブリッジが第一号を所蔵していれば、第二号はオックスフォード、そして第三号はまたケンブリッジというような状態になっている。いずれにしても、両図書館の所蔵分を合わせると、『外務省月報』（『外務省報告』）は、両図書館で欠けている四つの分を除くと、明治十年五月から明治十四年五月まで連続することになる。その期間の資料としては、欠けている四号分を別にすれば、英国の二つの図書館の所蔵資料はほぼ完全である。

『外務省文書』（[London Embassy Memoranda, 1937–38]）については、重光葵の部分で後述する予定なので、続いてハラウン教授が選書した日本語書籍・資料のうち、参考図書であると考えられる書籍に言及してみたい。

『新訂詳解漢和大辞典』、『字源』、『俗語辞海』、『日本百科大辞典』、『満州国地名大辞典』などはいわゆる参考図書などに相当すると思われる。『俗語辞海』と『日本百科大辞典』を除くと、いずれも漢字や中国研究に関係しており、いかにも中国学の教授が選んだ参考図書類であることがわかる。

もちろん、『日本百科大辞典』は日本で最初に出版された本格的な百科事典で、参考図書の代表であろう。『俗語辞海』も日本語の口語などを学ぶ際役に立つ重要な参考書であろう。ハラウンはそのあたりを考慮して選書したのであろう。

続いて、中国学に関係した書籍としては、『韓非子講義』、『白詩新釈』、『唐詩及唐詩人』、『四書講義中庸』、『満州国地名大辞典』などが含まれる。『満州国地名大辞典』を除くと、ほとんど太平洋戦争前の最後の駐英大使重光葵の所蔵書と考えられる。そこで、それらについては、次に述べる重光葵の蔵書の部分で説明を加える。少なくとも、『韓非子講義』、『白詩新釈』、『唐詩及唐詩人』には重光の書込がある。これらの三点の書籍が重光旧蔵書であることは明白である。

最後に、残った二点である『近代劇全集』と『No Masks: Classification and Explanation』についても簡単に触れてみたい。『近代劇全集』は西洋の近代劇を日本語に翻訳したもので、ハラウンは現代の日本語、特に口語学習に役に立つかもしれないと考えたのであろう。

また唯一の英語の書籍である『No Masks: Classification and Explanation』は、野上豊一郎の著作である。野上は一九三八（昭和十三）年から一九三九（昭和十四）年にかけてロンドンに滞在したが、その時にこの書籍をロンドンの日本大使館の図書館に寄贈したのであろう。もちろん、ハラウンは数年前に会った野上豊一郎のことはよく憶えていたので、この英書も選書した書籍の中に加えたのであろう。

重光葵旧蔵図書と資料

既述したように、太平洋戦争以前では最後の駐英日本大使は重光葵であった。重光は一九三八（昭和十三）年十月にロンドンに着任した。前職は駐ソ日本大使であった。重光は駐英大使に就任する際、一端日本に戻ってからロンドンに着任したのではなかった。前任地のモスクワから直接ロンドンに赴任した。

その重光がロンドンを離れたのは一九四一（昭和十六）年六月十七日であった。飛行機便を利用して、アメリカを経由して日本に戻った。ロンドン日本大使館では、上村伸一が自動的に臨時代理大使になり、(20)そのままの状態で日英開戦に至った。

離英する五日前に、重光は英国の首相チャーチルと会談した。その時にチャーチルは重光にシベリアを経由して日本に戻るのかと尋ねた。そして、チャーチルは重光にシベリア経由で日本に帰国するのは不可能であると告げたという。(21)重光は後からチャーチルがその時すでに独ソ戦が起きるかもしれない情勢を十分承知していたのであろうと推測した。

実際に重光が英国を出発した五日後に独ソ戦が始まった。また日英も重光が英国を離れてから約半年後に戦争状態に入る。そして、ロンドン日本大使館にあった文書や書籍なども英国側に接収された。その中には重光の所蔵物も含まれていた。

重光葵は一九三六（昭和十一）年の年末に駐ソ日本大使としてモスクワに着任した。その重光の「モスコ〔モスクワ〕生活は真に重囲の生活で身動きならぬ位G・P・U〔国家政治保安局〕の監視の下に」(22)あった。そのようなことはすでに日本を出発する前から予想することができたのであろう。そこで、モスクワで読書を楽しむため、重光は日本から多くの書籍をモスクワに送付したのであろう。娯楽の乏しいモスクワ生活には読書は大きな楽しみであったのであろう。

重光の父親（重光直愿）は漢学者であり、彼自身も漢文学とか中国文学に造詣が深かった。自分で漢詩なども作成した。当然、中国文学とか漢文学に関係するような日本語書籍もモスクワに送付されたのであろう。重光はモスクワから直接ロンドンに赴任したので、重光の所蔵書もモスクワからロンドンに送られたのであろう。また、重光は飛行機便でロンドンを離れたので、彼の所蔵書籍はそのままロンドンの日本大使館に置かれたままになっていたのであろう。そして、真珠湾攻撃で日本と英国が戦争状態に入り、ロンドン日本大使館にあった重光の書籍も敵国財産として英国側に接収された。

すでに述べたように、ロンドンにあった日本大使館で接収された日本語書籍や資料がHMSO

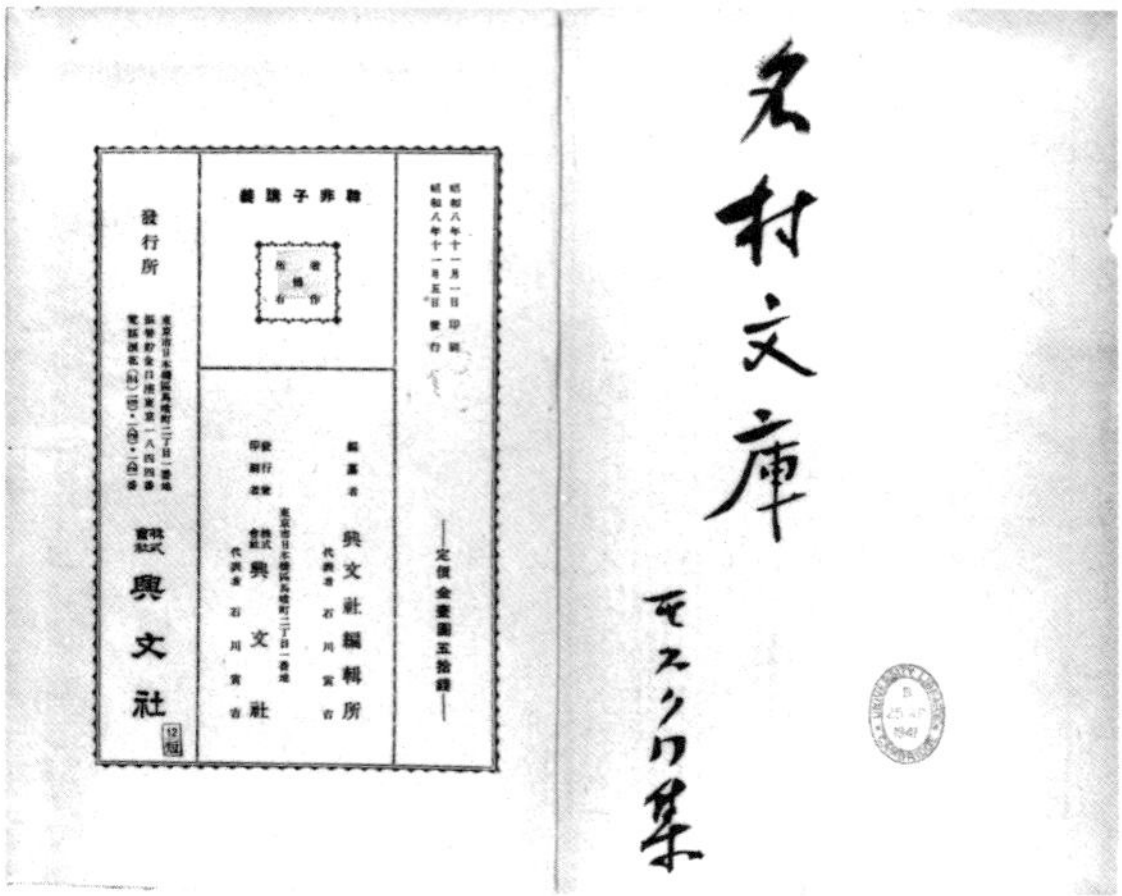

図版13　『韓非子講義』（名村文庫）への重光葵の書込

（英国政府刊行物出版局）から売りに出された時、ケンブリッジ大学が選書のために送ったのが中国学のハラウン教授であった。ハラウンは当然日本研究一般に役に立つ書籍や資料も選んだが、中国学に関係のある日本語書籍も選書した書籍群の中に含めていた。その中には重光葵が旧蔵していた書籍も含まれていた。たとえば、すでに触れたように、『韓非子講義』、『白詩新釈』そして『唐詩及唐詩人』には重光自身の書込がある。

　どのような書込かといえば、次のようなものである。『韓非子講義』には「名村文庫　モスクワ集」と書かれている。また、『白詩新釈』には「名村文庫　昭和十二年十月　モスクワにて」と記されている。名村文庫の名称の由来などは不明であるが、後述するように、それが重光葵の文庫を意味することは確実であろう。また、昭和十二年十月という日付についても、たしかに重光はこの時モスクワに在住していた。「モスクワ集」とか「モスクワにて」などの書込は、これらの書籍がモスクワで収集または所蔵されていたことを

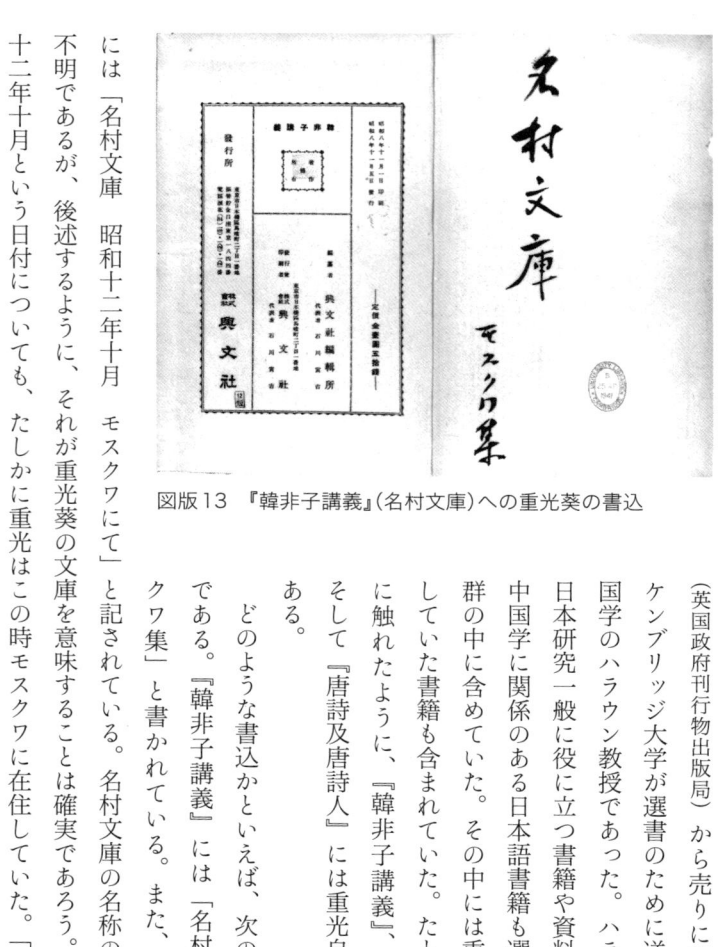

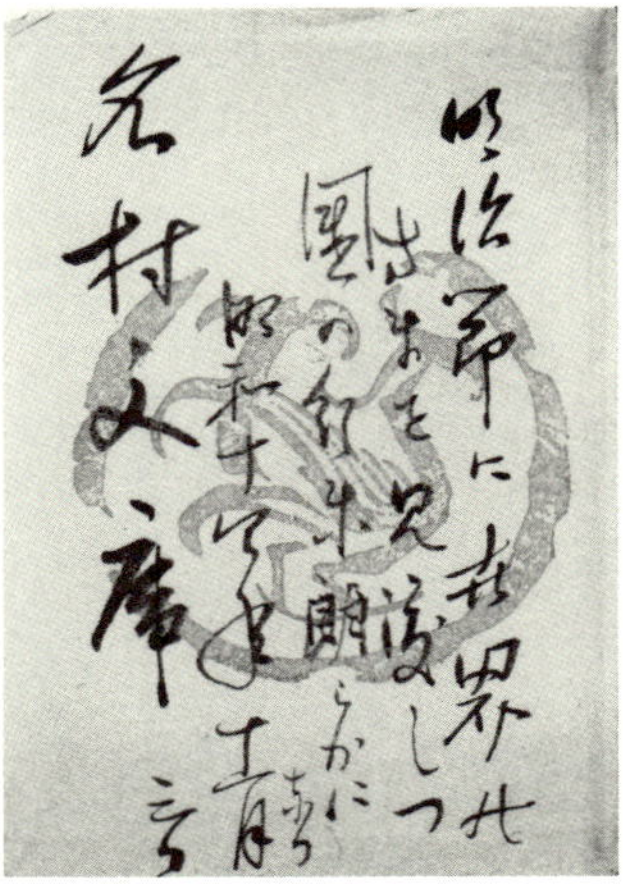

図版14　『唐詩及唐詩人』の表見返しにある重光葵の書込

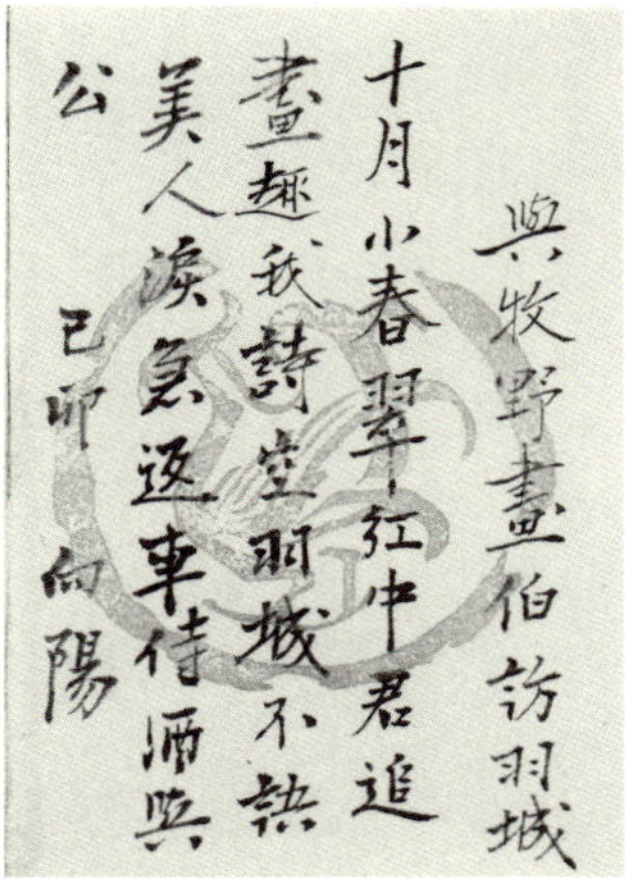

図版15　『唐詩及唐詩人』の裏見返しにある重光葵の書込（漢詩）

意味するのであろう。

『唐詩及唐詩人』には、見返しの部分（二箇所）に重光の書込が記載されている。その書籍の表見返しと裏見返しに、次のようなことが記載されている。裏見返しに書かれているには漢詩である。

表見返し

明治節に、世界のさまを見渡しつつ、国の
行末朗らかになる

名村文庫

昭和十四年十一月三日

裏見返し

与牧野画伯訪羽城

十月小春翠紅中君追
画趣我詩空羽城不語
美人涙急返車侍酒与
公　　　己卯　向陽

表見返しの文は、昭和十四（一九三九）年十一月三日の明治節に書かれたもので、重光がこの文章で伝えようとしていることは次のようなことであろう。明治天皇の誕生日にその遺徳をしのびながら、世界の情勢を見渡していると、日本の行く末が明るいことがわかる。最後の「朗らかになる」の部分は、重光の願望なのか、または見通しなのか、多少曖昧な点が残る。

裏見返しの漢詩については、筆者なりに解釈すると、多少誤解している部分もあるかもしれないが、大体次のようなことが表現されていると考えられる。この漢詩は一九三九（昭和十四）年十月に牧野義雄画伯と一緒にウィンザー城（羽城）を訪問した時に作ったものである。先に引用した明治節の文章の約一か月前に作成されたものである。牧野義雄は在英の画家で、重光の友人であった。

昭和十四（一九三九）年十月の小春日よりの日に、重光は牧野義雄と一緒にウィンザー城に出かけ、その近辺などを散策したのであろう。二人は緑色の木々が生い茂り、紅葉が色づいた中を歩いた。君（牧野画伯）は絵の題材を追いかけ、私（重光）は空について詩を作った。二人が訪れたウィンザー城は美人が涙するようなことは一切語ることはなかった。私は急いで車を戻し、君（牧野画伯）と一緒に酒を飲んだ。

一応、重光の漢詩は以上のような意味を表していると思われるが、なにしろ筆者は漢詩については素人なので、正直にいえば「我詩空」とか「羽城不語美人涙」などの部分はどのように解釈していいのかよくわからないし、自分の解釈にも自信がない。もしかするとんでもない誤解をしているかもしれない。「我詩空」は自分が作った詩は空しいというような意味かもしれない。

いずれにしても、一九三九（昭和十四）年十月のある日（日曜日）、小春日よりの暖かい日であったと思われるが、その日に重光は牧野義雄と一緒にウィンザー城に出かけたのである。その時に作った漢詩が、『唐詩及唐詩人』という題名の書籍の裏見返しに記載されていた。同じ漢詩が『重光葵手記』にも記載されている。(23) また、その漢詩の中にある「己卯」は、一九三九（昭和十四）年のことを意味し、また、「向陽」は重光の号である。

以上が、『韓非子講義』、『白詩新釈』そして『唐詩及唐詩人』の三点の書籍に加えられた重光の書込であった。それらの書籍はハラウン教授がケンブリッジ大学図書館のために選書したものであった。それらの書込により、これらの三点の書籍が駐英大使重光葵の旧蔵書であり、少なくともそのうちの二点（『韓非子講義』と『白詩新釈』）は、モスクワからロンドンに持ち込まれたことが判明する。また、重光は「名村文庫」という文庫を持っていたこともわかる。名村文庫は重光の文庫であった。

『唐詩及唐詩人』という書籍に関連して、重光が唐詩に対する個人的な思い入れについても報告

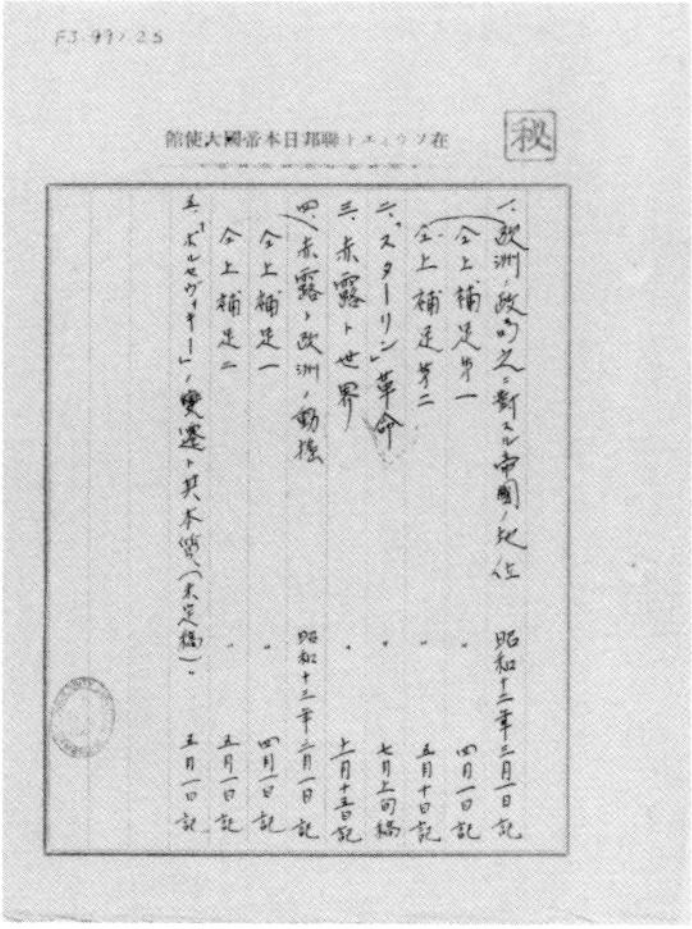
在ソヴィエト聯邦日本帝國大使館
秘
一、歐洲ノ政局ニ對スル中國ノ地位　昭和十二年三月一日記
仝上補足第一　四月一日記
仝上補足第二　五月十日記
二、スターリン革命　七月上旬稿
三、赤露ト世界　十月十五日記
四、赤露ト歐洲ノ動搖　昭和十三年二月一日記
仝上補足一　四月一日記
仝上補足二　五月一日記
五、「ボルセヴィキー」ノ變遷ト其本質（未定稿）　五月一日記

図版16　『外務省文書』。重光の個人ファイルの目次

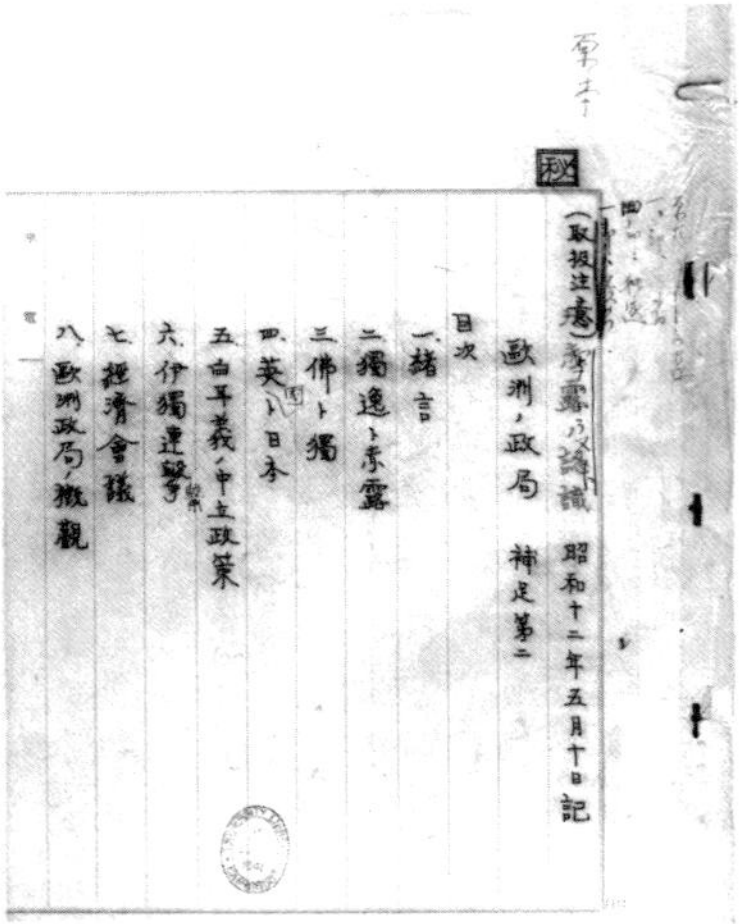
秘
（取扱注意）赤露ノ認識　昭和十二年五月十日記
歐洲ノ政局　補足第二
目次
一、緒言
二、獨逸ト赤露
三、佛ト獨
四、英ト日本
五、白耳義ノ中立政策
六、伊獨連繋
七、經濟會議
八、歐洲政局ノ概觀

図版17　『外務省文書』。重光の個人ファイルの目次。「欧州籍局　補足」にあたる部分

した方がいいであろう。後述するように、重光は一九四六（昭和二十一）年にA級戦犯の容疑者として逮捕されるが、その際わずかな身の回り品と一緒に巣鴨拘置所に持参したのが『唐詩選』と英語の本各一冊であったという。(24) 彼は『唐詩選』と英語の本一冊だけを持って収監されたのである。このことから、唐詩は重光にとっては大変重要なものであったことが窺われる。

ハラウン教授が選書した書籍・資料と重光葵との関係で、最後に『外務省文書』〔London Embassy Memoranda, 1937-38〕を取り上げてみたい。この資料の題名については、ここではかりに『外務省文書』とする。また、ハラウン教授がケンブリッジ大学図書館に報告した時には、

『London Embassy Memoranda, 1937-38』と名付けたようである。いずれにしても、これ(『外務省文書』)は重光葵が所持していた個人的なファイルである。重光が自分で執筆した報告などを綴じた個人用のファイルである。なぜ、これが重光の個人文書のファイルであるのかという説明は後述する。

このファイルのカバーには「極秘」の印が付けられている。ファイルの中味は和文タイプと手書き資料が混在している。使用されている便せんは「在ソヴィエト聯邦日本帝国大使館」のものが使用されている。

このファイルには以下のような文書が含まれている。なお。これらの文書は復刻され、武田知己監修・解説、重光葵記念館編『重光葵外交意見集』第一巻　駐ソ大使・駐英大使時代(現代史料出版、二〇一〇年)に掲載されている。(25)

一、欧州ノ政局之ニ対スル帝国ノ地位　昭和十二年三月一日記
　同上　補足第一　昭和十二年四月一日記
　同上　補足第二　昭和十二年五月十日記
二、「スターリン」革命　昭和十二年七月上旬稿
三、赤露ト世界　昭和十二年十一月十五日記
四、赤露ト欧州ノ動揺　昭和十三年三月一日記

同上　補足一　昭和十三年四月一日記

同上　補足二　昭和十三年五月一日記

五、「ボルセヴィキー」ノ変遷ト其本質（未定稿）　昭和十三年五月一日記

以上の文書の内容は上記のタイトルが表示しているように、当時のヨーロッパ情勢、ソ連の動向などについての重光葵の意見である。このファイルは重光の個人用の文書を集めたものなので、それぞれの文書に自分の名前などを入れていないが、和文タイプの資料などには、「在欧一記者」という名前が入っている。もちろん、「在欧一記者」は重光葵自身のことである。また、文書に記されている日付なども駐ソ日本大使時代の重光のものと矛盾しない。重光は駐ソ日本大使の期間に中央ヨーロッパなどを旅行していたが、上記の文書の内容なども重光の旅行の日程などとは合致する。

重光は駐ソ日本大使の時代にモスクワから外務省本省にいろいろな報告を送った。その中でソ連についてかなり厳しい意見を日本政府に報告していた。モスクワから送付した報告の控え（コピーなど）は自分のファイルに保存しておいた。駐ソ大使から駐英大使に替わる際にその個人用のファイルを持ってロンドンに着任したのである。その重光の個人用のファイルがロンドンの日本大使館で敵国財産として接収され、それがＨＭＳＯ（英国政府刊行物出版局）から売りに出され、ケンブリッジ大学がそれを購入した。

また、重光葵は戦後極東国際軍事裁判でＡ級戦犯として起訴されるが、それはソ連側の強い要求

によったものであったという。(26)そのために、ソ連は証拠固めのためあらゆる手段を使ったという。裁判の弁護を準備していた重光は、そのあたりの事情を「戦争を後にして」(『重光葵手記』)という手記の中で、次のように記している。

曾つて記者(重光)が書生としてモスクワに連れて行つた高橋(壮一)が其後モスクワに再赴任して大使館に働いて居たのを逮(捕)へて、蘇聯式拷問を加へて口供書に署名せしめて、記者を陥れる材料にしたりした事が、佐藤(尚武)大使一行と共に最近帰つて来た高橋の言に依つて判明した。(27)

以上のように、重光がソ連側の要求によりA級戦犯として起訴される事情には、重光の書生であった高橋壮一氏の口供書があったと思われる。

その口供書や高橋壮一氏に対するソ連側の尋問などの事情については、『重光葵外交意見集』第一巻(駐ソ大使・駐英大使時代)の解説の部分で詳しく説明されている。その解説の部分を執筆した武田知己氏は、ソ連大使である重光の書生として二年間モスクワで重光と一緒に過ごした高橋壮一氏に直接インタビューして、その当時の様子を聞き出している。武田氏が高橋氏から聞き出した話は非常に興味深い。というのは、高橋壮一氏に対する尋問や高橋氏が署名させられた口供書などと、ケンブリッジ大学図書館が購入した重光の個人ファイル(『外務省文書』)が関係しているからである。

重光がモスクワで世界情勢やソ連の現況などについて書きものをした時、それを清書したのが高橋氏であった。高橋氏は清書する際薄いカーボン用紙を使って複写した。約二年間で高橋氏は一〇〇枚ほどカーボン用紙を使用したが、そのうちの二十枚ほどが密かにソ連側に抜き取られ、ソ連側は高橋氏を尋問した時、それらを証拠として高橋氏に見せて、彼に口供書に署名するように強要したという。[28]

実際にケンブリッジ大学図書館が所蔵している重光葵の個人用ファイル（『外務省文書』）を見ると、高橋氏の話はよく理解できるのである。まず、重光葵の個人用ファイル（『外務省文書』）には、手書き資料と和文タイプで印刷したものが含まれている。手書き資料の中には薄いカーボン用紙に書かれたものもある。たとえば、「欧州ノ政局　補足第二　昭和十二年五月十日記」などは薄いカーボン用紙に書かれている。

さらに、「欧州ノ政局　補足第二　昭和十二年五月十日記」で興味深いのは、以下のような文言が手書きで付け加えられている点である。一部不明な部分もあるが次のような文言を読み取ることができる。すなわち、「原本」、「秘（四角の二重枡の中に秘）」、「取扱注意」、「写ハトラズコト」、「一部」、「回部、独逸」、「一部、モスクワ」などが記載されている。この「欧州ノ政局　補足第二　昭和十二年五月十日記」の場合、重光は薄いカーボン用紙に書かれた方を自分のファイルに綴じ込んだのであろう。固い紙に書かれた方は外務省本省に送付されたのであろう。

また、和文タイプで印刷された資料などについても、高橋氏は次のような興味深い話を武田知己氏にしている。

一九四一年六月に勃発した独ソ戦争のため、日本大使館がクイヴシェフに移転した際、重光の「在欧一記者名の印刷物調書」は「モスコー大使館のキャビネットの中に残置」されたままであったようである。敗戦後に大使館を引き上げるに際しても、極秘資料扱いでなかったのか、消却しなかったと言われる。[29]

いずれにしても、重光の書生であった高橋氏の証言から、ケンブリッジ大学図書館が購入した重光の個人ファイル（『外務省文書』）の作成の様子が、それなりに判明して来たような印象を受ける。

一方、重光がA級戦犯として起訴された極東国際軍事裁判で、ソ連側は重光がモスクワで作成した外交意見書などを証拠として提示するのではないかと重光側は心配していた。しかし、実際には「市ヶ谷における再度の取り調べの際に高橋氏の見せた機知に富む戦術によって、証拠として提示されることはなかった」という。[30] ソ連側は高橋氏の口供書を証拠などとして使用しなかった。重光は一九四八（昭和二十三）に、極東国際軍事裁判A級裁判では一番軽い有罪・禁固七年の判決を受け、四年七ヶ月服役した。その後一九五〇（昭和二十五）年に仮釈放された。

なお、ロイ・ピゴットの『断たれたきずな』（『Broken Thread』）にも記載されているように、ピゴットは英国を訪問した重光の弁護人ファーネスを自分の友人たちに紹介し、彼らは重光のために証言を行ったばかりでなく、モーリス・ハンキー卿は口供書を作成したほどである。(31) また、重光が七年の刑を受けた時には、ピゴットやハンキー卿など九名の英国人たちは、マッカーサー元帥に重光恩赦を嘆願する電報を送付した。(32)

注

（1） G. Haloun's letter of 8th February 1946 to C. H. Noton（Foreign Office）

（2） 'Enemy Wartime Publications（Requirements）Committee', *The Library Association Record*, June 1948. p. 161.; C. H. Noton's Letter of 20th August 1945 to Cambridge University Library.

（3） 'Annual Report of the Library Syndicate for the Year 1945–46', *Cambridge University Reporter*, Vol. 77, No.25（11 February 1947）. p.638.

（4） A.F. Scholfield's letter of 7th June 1939 to Gustav Haloun. ; Gustav Haloun's letter of 9th June 1939 to A.F. Scholfield.

（5） Gustav Haloun's letter of 12th March 1939 to A.F. Scholfield. ; A.F. Scholfield's letter of 13th June 1939 to Gustav Haloun. ; Gustav Haloun's letter of 18th April 1939 to A.F. Scholfield. ; A.F. Scholfield's letter of 19th April 1939 to Gustav Haloun.

（6） W. Simon, 'Gustav Haloun', *The Journal of the Royal Asiatic Society of Great Britain and Ireland*, No. 1/2（April, 1952）. pp.93–95.

（7） Elaine Jones's letter of 12th February 1946 to Gustav Haloun.

（8） TNA FO 944/100, L.H. Foulds' letter of 13th March 1946 to Richard Wilberforce.

（9） 'Garside, Lt Col Kenneth（1913–1983）', King's College London, Liddell Hart Centre for Military Archives.

（10）'Digest of Report on Visit to Hamburg, Kiel, Ratzebury, and Bad Oeynhausen to Inspect German Economics Libraries Made by Mr. J. Packman of the London School of Economics', 'Garside, Lt Col Kenneth (1913–1983)', King's College London, Liddell Hart Centre for Military Archives.

（11）TNA FO 944/100

（12）TNA FO 371/54120 179507

（13）School of Slavonic and East European Studies, Director's Report on the Work of the School during the Session 1946-47, August 1947. p.4.

（14）School of Slavonic and East European Studies, Director's Report on the Work of the School during the Session 1946-47, August 1947. p.4.

（15）I. W. Roberts, *History of the School of Slavonic and East European Studies 1915-1990*, School of Slavonic and East European Studies, University of London, 1991. p.52.

（16）School of Oriental and African Studies, *Report of the Governing Body, Statement of Accounts and Departmental Reports for the Session 1952–53*, 1953. p.110.

（17）A.F. Scholfield's letter of 22nd January 1947 to A. Ryder, H.M. Stationery Office

（18）Gustav Haloun's letter of 6th February 1947 to A.F. Scholfield

（19）'Annual Report of the Library Syndicate for the Year 1946–47', *Cambridge University Reporter*, Vol. 78, No. 22 (3 February 1948). p.679.

（20）上村伸一『破滅への道――私の昭和史』（鹿島研究所出版会、一九六六年）一一七頁。

（21）『重光葵手記』（中央公論社、一九八六年）二六二頁。

（22）『重光葵手記』（中央公論社、一九八六年）十四頁。

（23）『重光葵手記』（中央公論社、一九八六年）一一八～一一九頁。

（24）『重光葵手記』（中央公論社、一九八六年）五九九頁。

（25）『重光葵・外交意見集』第一巻（現代史料出版、二〇一〇年）一～二〇五頁。
（26）『重光葵手記』（中央公論社、一九八六年）六四五頁。
（27）『重光葵手記』（中央公論社、一九八六年）六四五頁。
（28）『重光葵・外交意見集』第一巻（現代史料出版、二〇一〇年）xix頁。
（29）『重光葵・外交意見集』第一巻（現代史料出版、二〇一〇年）lvi頁。
（30）『重光葵・外交意見集』第一巻（現代史料出版、二〇一〇年）xx頁。
（31）フランシス・ピゴット著、長谷川才次訳『断たれたきずな』下（時事通信社、一九五九年）二〇二頁。
（32）湯川盛夫「ロンドンに於ける日本大使館の一〇〇年」（『明治文化研究』第四集、日本古書通信社）十五頁。

ＨＭＳＯ（英国政府刊行物出版局）の記録から

前章では、ロンドンにあった日本大使館で所蔵されていた日本語書籍や資料などが、ＨＭＳＯ（英国政府刊行物出版局）から売りに出された話題に言及した。ケンブリッジ大学では、中国学のハラウン教授をＨＭＳＯの倉庫に派遣して、いくつかの書籍や資料をケンブリッジ大学図書館のために購入した。また、同じ前章ではケンブリッジ大学がベルリンにあった日本大使館の日本語書籍を入手しようとしたエピソードにも触れた。

そこで、この章では第二次世界大戦中またはその直後に敵国財産などとして接収された日本語書籍と戦後に大きく発展する英国の日本語コレクションとの関係に踏み込んでみたい。この両者の間には繋がりがあるが、その両者の関係を時間的な経過の前後関係として見ると実は意外と錯綜している。その前後関係は想像以上にもつれている。

後章で詳しく説明するように、スカーブラ報告などにより英国の大学図書館などに所蔵されている日本語コレクションは、戦後本格的な形成期を迎え急速に拡大することになる。それより以前には敵国財産などとして接収された日本語書籍も注目を集め、それらがある意味では英国の近代日本語コレクションの最初期を形成してゆくことになる。

既述したように、スカーブラ報告による日本語書籍購入と接収日本語書籍の登録の時間的な前後関係が錯綜しており、必ずしも接収図書が先であるとはいいがたい場合もあるが、時間的な経緯については、一応まず接収書籍や資料が英国の日本語コレクションに取り入れられ、その後にスカーブラ報告により大量の日本語書籍が購入されると理解していいであろう。

そこで、ここでは敵国財産などとして接収された日本語書籍などが、図書館などに引き取られる過程などを追っかけてみたい。また、それらの図書館に入った日本語書籍や資料などが果たした歴史的な役割にも言及してみたい。

前章でも記したように、接収された日本語書籍や資料などはＨＭＳＯ（英国政府刊行物出版局）から図書館などに売りに出された。そこで、最初にＨＭＳＯ（英国政府刊行物出版局）の史料からこの問題にアプローチしてみよう。接収書籍などを調べる場合、ＨＭＳＯの史料から始めるのは常道であろう。

ＨＭＳＯ（英国政府刊行物出版局）の出版部は、一九九六（平成八）年に私有化され、The Stationery Officeという会社が設立された。それ以前にはＨＭＳＯ（英国政府刊行物出版局）は英国の国の機関の一部であった。そこで、ＨＭＳＯの第二次世界大戦後の史料などは英国国立公文書館に保存されている。

敵国財産として接収された書籍や資料などに関するＨＭＳＯの史料も、英国国立公文書館に保存されている。たとえば、英国国立公文書館が所蔵している“STAT 14/922”というファイルは、ロンドンにあったドイツ大使館の書籍や資料の売却や処分に関する史料のファイルである。また同じように、英国国立公文書館が所蔵している“STAT 14/923”というファイルには、ロンドンにあった日本大使館の書籍や資料の売却・処分に関する史料が含まれている。

ここでは、その"STAT14/923"という史料を使って、ロンドンにあった日本大使館などの書籍や資料の売却などの様子を見てみよう。既述したベルリン日本大使館の図書館資料のところでも触れたが、大使館の書籍・資料と称しても、実は大使館所蔵のものだけに限らず、大使館関係者や在住日本人の個人的なものも含まれている場合が多い。英国にあった日本人の団体の資料も含まれている。いずれにしても雑多な資料も含まれている可能性が高い。それらを英国側ではかりに日本大使館の書籍と呼称したのであろう。

ロンドンにあったドイツ大使館の場合はそれほど問題にならなかったと思われるが、日本大使館の場合、接収した書籍や資料が英語を含めたヨーロッパの言語で書かれているのか、または日本語で書かれているのかという点がそれなりに大きな問題になっている。

日本語書籍や資料の場合、HMSO（英国政府刊行物出版局）などの機関などでは、それらの書名などを記録に残すようなこともかなり困難になる。当時HMSO（英国政府刊行物出版局）などには、日本語が読める職員などはほとんどいなかったのである。その点、ドイツ大使館の例に比べると、日本大使館の書籍や資料の場合、まず日本語か英語かという言語の区別がそれなりに重要になる。英語などの場合はきちんとした記録を残すことができるが、日本語の場合はそれが困難になる場合が多い。

"STAT 14/923"によると、一九四二（昭和十七）年の時点で、HMSOはまず接収した日本大使館の書籍や資料について、それらの価格の見積もりを出している。日本と英国が戦争状態に入り、英国側が接収した時点の見積もりである。その時の日本大使館の書籍などの見積もり金額の推計は一一九〇ポンドであった。(1)第二次世界大戦が終了した年の翌年、すなわち一九四六（昭和二十一）年の推計は一四八四ポンドに修正された。(2)

もちろん、これらの見積もりは英語やヨーロッパの言語で書かれた書籍（いわゆる洋書）と日本語の書籍・資料などを全部一緒にした金額である。ただし、実際には見積もりの大部分を占めたのは洋書の売却分であろう。日本語の書籍や資料は売却先などが限定されていたので、あまり多くの金額は期待されていなかったのであろう。また、日本語書籍の見積もり価格を出すのは容易ではない。その結果、日本大使館の書籍の見積もりの大部分は英書の売却分になるであろう。

それでは、ロンドン日本大使館の接収分のうち、洋書（英書）と和書（日本語書籍）の割合はどうであろうか。一九四六（昭和二十一）年九月の段階では、日本語書籍は全体量の三十パーセントと推定されている。(3)また、その数量については次のような記述がある。日本語書籍が一九七九点、それに日本語のパンフレットやソフト・カバーの書籍を合わせて二〇〇〇冊が含まれるという。(4)結局、その二つの種類を合わせると、パンフレットなどを含めて全部で約三九八〇点ほどになる。合計でおよそ四〇〇〇点弱であると考えられる。

それでは、それらの日本語書籍や資料の値段はどれくらいに推計されていたのであろうか。その推計値を出すのが少しやっかいなのである。というのは、日本語文献を含む書籍や雑誌を合わせた推計値はあるのであるが、日本語だけのものがないのである。すなわち、それらの四〇〇〇点弱の日本語文献に、一四六点の洋書と雑誌、三九二点の月ごとに製本された英国の新聞『タイムズ』などを合わせて、それら全部の値段が合計二五〇ポンドであると見積もられている。[5] その当時の合計二五〇ポンドは、現在の日本円に換算すると約一〇〇万円ぐらいに相当するかもしれない。

ロンドン日本大使館の書籍などの見積もりは全部で一四八四ポンドであったが、実際にそれらの書籍を売却してHMSO（英国政府刊行物出版局）が受け取った金額は、実は見積もりの金額よりも少なかったのである。売却額は、正確には一〇九二ポンド八シリング六ペニーとなり、[6] おそらく現代の日本円に換算するとおよそ四〇〇万円ぐらいに相当するものと思われる。この売却額は一番最初の見積もり金額に近いものであった。

なお、英国側に接収されたロンドン日本大使館の書籍などの売却先については、その概略は以下の通りである。[7] 最初にそれらの売却先について簡単な説明を加える。

HMSO（英国政府刊行物出版局）からの売却先は、英国政府内の部局や機関などのグループと、古書店、書店、大学図書館、国立図書館などの民間のグループの二つのグループに分けることができる。国立の図書館などを民間グループに入れるのは多少違和感を持つかもしれないが、英国政府内の部局や機関に含まれないものをその他のグループ（民間のグループ）として取り扱ったのであろう。それらの二つのグループが支払った金額は、HMSOが受け取った総額の半分づつになる。結局、それぞれのグループは合計額の半分を負担したことになる。

最初のグループの中での主要な購入先は、英国外務省、英国空軍などである。英国空軍の場合、ロンドン日本大使館旧蔵書籍などは新しく設立されたブラックネルのスタッフ・カレッジ（空軍大学校）の図書館の蔵書として購入された。第二グループでは、主要な売却先としては古書店ヘンリー・サザランなどが目に付く。他にも購入先としてケーガン・ポール、アーサー・プロブスタイン、スウィート＆マックスウェル、フォイルズなどの書店の名前が上がっている。いずれも英国ではよく知られた書店である。それらは現在まで継続している書店などである。

また、ロンドン日本大使館旧蔵書籍の購入先のうち、図書館としては次のような機関が記録されている。それらの機関の名前と購入金額は以下の通りである。すなわち、ロンドン大学東洋アフリカ学院（SOAS）が四十ポンド、大英博物館（図書館）が二十二ポンド、オックスフォード大学ボードリアン図書館が二十五ポンド費やしたことが記録されている。ケンブリッジ大学図書館が十ポンド使ったことは個別には記載されていないが、**"Lots A-D"**（その他）という部分に一二四ポンドが記載されているので、ケンブリッジの分はここに含まれているのであろう。

以上のロンドン日本大使館の書籍などに費やされた総計額一〇九二ポンド八シンリグ六ペニーの分析では、どのくらいの費用が日本語書籍や資料に支払わされたのかは不明である。この総額には日本語書籍への支払い分も含まれるが、大部分は英語の書籍の売却分にあたるのであろう。

ただ、日本語書籍の売却先は限定されているので、ある程度検討をつけることは可能である。ケンブリッジ大学が十ポンドで購入した十五点一一七冊の例などから推計すると、ロンドン大学東洋アフリカ学院が四十ポンド、大英博物館（図書館）が二十二ポンド、オックスフォード大学ボードリアン図書館が二十五ポンドを費やして購入したロンドン日本大使館の書籍などには、かなり多くの日本語の書籍や資料が含まれていたのではないかと想像する。もしかすると、ほとんどの書籍や資料は日本語のものであったかもしれない。

一応、ある程度の数量の日本語書籍や資料は、英国の限られた図書館、たとえば東洋アフリカ学院図書館、大英博物館図書館、ボードリアン図書館などに購入されたかもしれないが、結局最終的にはかなり多くの日本語書籍や資料は売れ残ったのではないかと想像する。

HMSO（英国政府刊行物出版局）の史料によると、一九七九点の日本語書籍、二〇〇〇冊あまりの日本語のパンフレットやソフト・カバーの書籍が、HMSO（英国政府刊行物出版局）の倉庫にあったはずである。それでは、売れ残った分はどうなったのであろうか。おそらく、ひとまずロンドン大学東洋アフリカ学院あたりに寄贈されたのではないかと想像する。

東洋アフリカ学院図書館の役割

ロンドンの日本大使館所蔵分を含めて敵国財産として接収された日本語書籍や資料の行方をさぐる場合、重要なのはロンドン大学東洋アフリカ学院（SOAS）の役割である。

SOASが英国で接収日本語書籍などを受け取った図書館の中心に位置していた。東洋アフリカ学院図書館は単に英国で接収された日本語書籍や資料だけを受け取っただけではなく、その範囲はヨーロッパまで拡大していた。SOASの図書館が受け取った日本語書籍や資料には、ドイツやオランダなどで接収されたものも含まれていた。

ベルリンにあった旧日本大使館所蔵の二五〇〇冊の日本語書籍などが東洋アフリカ学院に寄贈された件は、すでに第三章で詳しく説明した。それらの二五〇〇冊の書籍・資料の中には大使館・領事館関係だけではなく、第二次世界大戦中の末期にドイツに在住した日本人のものを含まれていた。また、ドイツの敗戦間際にベルリンなどに住んでいた日本人の中には、ヨーロッパ各地から逃れて来た日本人も含まれていた。

図版18　ロンドン大学東洋アフリカ学院（SOAS）の建物の写真（Ian Brown著『The School of Oriental and African Studies』）

既述したように、第二次世界大戦中、特に末期には、ヨーロッパで日本人が住める場所は中立国を除くと同盟国のドイツぐらいに限られていた。戦時中にドイツ以外のヨーロッパの国に住んでいた日本人も、書籍などを持参してドイツに移り、ドイツが敗戦した時にその人たちが持っていた書籍なども旧ベルリン日本大使館の書籍・資料として接収されたのであろう。それらの一部も、東洋アフリカ学院が受け取った二五〇〇冊の中に含まれていた可能性もあった。

また、旧ベルリン日本大使館所蔵の二五〇〇冊とは別に、まったく別のルートでもいろいろな日本語の書籍や資料が接収などの方法で英国に持ち込まれたようである。どのような場所から接収された書籍や資料かといえば、一応筆者が現物などを調べて確認したのは以下のような場所からもたらされた書籍や資料などである。確認の方法は蔵書印による場合が多い。また、それらを確認する場合、一応寄贈などによる接収図書の動きも頭に入れておく必要がある。

接収された書籍などは一度ロンドン大学東洋アフリカ学院（ＳＯＡＳ）で所蔵されていたとしても、最終的には他の大学図書館、たとえばケンブリッジ大学図書館やダラム大学図書館に寄贈されたものも多くあった。要するに図書館の間でも移動した場合があった。そこで、英国が受け取った接収日本語書籍の大まかな流れについて、ここでごく簡単に説明してみたい。

おそらく接収された日本語の書籍や資料はＨＭＳＯ（英国政府刊行物出版局）から売却されたものを除いて、ほとんどは一端ロンドン大学東洋アフリカ学院に送られたのではないかと思う。どうも英国ではＳＯＡＳが接収日本語書籍の拠点に使われたようである。

ＳＯＡＳの図書館が受け取った接収図書の中には、ＨＭＳＯ（英国政府刊行物出版局）の売れ残りの日本語書籍や資料も多く含まれていたのであろう。もしかすると、ＨＭＳＯ（英国政府刊行物出版局）などを経由しないものも含まれていたかもしれない。ただし、このあたりの状況については筆者は正確には把握していない。

ＳＯＡＳでそれら接収図書や資料を受け取った部局は、もしかすると図書館でなく、極東学部であったかもしれない。また、それらの書籍や資料は、ＳＯＡＳでもサンフランシスコ条約が発効する一九五二（昭和二十七）年まではあまり公にされてはいなかったのではないだろうか。ただ、大部分の接収図書はＳＯＡＳを経由したものと思われるが、経由しないものもあったかもしれない。たとえば、ケンブリッジなどではごく少数であると思われるが、接収されたものをアーサー・プロブスタインなどの書店から購入したこともあったようである。

サンフランシスコ条約が発効した一九五二（昭和二十七）年の後、前章で既述したように、ＳＯＡＳがそれらの中から二〇〇〇冊以上の日本語書籍を東洋アフリカ学院図書館の資料として登録し、残りの数千冊〔三〇〇〇冊以上〕の書籍は他の図書館に寄贈された。他の図書館に回された分として、後章ではケンブリッジ大学図書館やダラム大学図書館で受け取った分について紹介する予定である。

他の大学図書館に寄贈した後でも、かなりの量の書籍などがＳＯＡＳに残ったと思われる。おそらく、ＳＯＡＳに残留した分はＳＯＡＳ出入りの書店であるアーサー・プロブスタインに引き取られたと思われる。既述したように、筆者は一九九〇年代にそれらの接収書籍や資料がアーサー・プロブスタインの地下の書庫にほこりをかぶって置かれているのを見たことがある。その量はかなりあったと記憶している。一応、以上が、英国に持ち込まれた接収日本語書籍や資料のおおまかな動きであったと思われる。

以上のような接収日本語書籍や資料のおおまかな流れを前提にして、それらがどこから東洋アフリカ学院図書館にもたらされたかという点にも少し説明を加えたい。この点についてはすでに簡単に触れたが、もう少し詳しく解説してみたい。

もちろん、接収日本語書籍や資料の中で最大のものは英国で接収されたものである。英国にあった旧日本大使館・領事館関係のものが一番多いであろう。続いて、ベルリンにあった日本大使館のものもかなり多く含まれていると考えられる。この二つが大部分、もしかするとほとんどを占めるのかもしれないが、実は少数であるが他の地域で接収されたと思われるものもある。

英国およびドイツで接収された書籍や資料以外のものとしては、一応、次のようなものが考えられる。

A：戦後英連邦軍が占領した中国・四国地方などで接収されたもの。

たとえば呉市にあった海軍兵学校の蔵書など。ダラム大学図書館は『Sakura no Kaori: The Fragrance of Cherry Blossoms』という英文の書籍を所蔵している。著者はKenzo Kai（甲斐兼蔵）で、日本外事協会（The Foreign Affairs Association of Japan）というところから、一九三三（昭和八）年に刊行された書籍である。

この英文の書籍には「贈呈　江田島　海軍兵学校　昭和九年一月十六日　著者」という書込がある。また、海軍兵学校の蔵書印、および昭和九年一月二十二日という寄贈の登録日が記載されている印もある。さらに、この書籍には「Presented by School of Oriental & African Studies」と記載されているので、東洋アフリカ学院からダラム大学図書館に寄贈されたことも判明する。また、ダラム大学図書館への登録の日付は「25 OCT 1954」で、登録の日付も東洋アフリカ学院が接収図書を放出した時期と矛盾しない。この書籍は単に一例にすぎないが、同様の書籍は他にもあると思われる。

いずれにしても、呉の海軍兵学校に所蔵されていた蔵書が接収図書として英国にもたらされたのである。

B：旧英国植民地で接収されたもの。

たとえば、ケンブリッジ大学図書館は青木保著『兵器読本』（一九三七年）という書籍を所蔵している。「日本綿花蔵書」という蔵書印があるので、この書籍はインドにあった日本綿花の支店で所蔵されていたものであろう。

また、この本には“Japanese Instruction Centre, Kenil Worth, Simla”という印があるので、第二次世界大戦中にインド、たとえばボンベイで敵国財産として接収され、同じインドのシムラにあった英国の日本語学校で教材として使用されたのであろう。まさに書名が武器読本であるので、戦時の日本語学校の教材に適していたと思われる。

なお、この書籍には「博多玉屋」というラベルがあるので、もともとは福岡玉屋（百貨店）

から購入されたようである。この書籍にはケンブリッジ大学東洋学部の印はあるが、東洋アフリカ学院（ＳＯＡＳ）の蔵書印は見当たらない。はたして、この書籍がＳＯＡＳを経由してケンブリッジに来たのか、または別のルートでケンブリッジにもたらされたのは不明である。

筆者は後述するダラム大学の教員であったルイ・アレンの蔵書を点検したことがあった。ルイ・アレンは戦時中ロンドン大学東洋アフリカ学院で日本語を学び、東南アジアに派遣された経験があり、第二次世界大戦、特にビルマ戦線などに関する著作が多数ある。彼の蔵書の中に“MENKWA LIBRARY”という印記があった。また、筆者がルイ・アレンの蔵書を点検した際にとったメモによると、インドのボンベイにあった日本綿花の住所は以下のようであった。

Japan Cotton Trading Co. Ltd
MENKWA BUILDING
OUTRAM ROAD, FORT, BOMBAY

おそらく、『兵器読本』もボンベイにあった“MENKWA LIBRARY”で所蔵されていたのであろう。

また、ケンブリッジ大学図書館は水原秋桜子編『俳句吟行読本』という書籍を所蔵している。これは香港市民図書館に寄贈された書籍である。香港市民図書館というのは、太平洋戦争中日本軍が香港を占領した時に日本軍によって設置された図書館であろう。寄贈の日付は「昭和十九年七月十八日」、寄贈者は「(香港占領)総督部官邸匿名氏」と記載されている。香港市民図書館の蔵書印も印記されている。

第二次世界大戦終結により、日本の敗戦で香港における英国の統治が回復した際、この書籍は英国側に接収されたのであろう。この本には東洋関係の書籍を取り扱うロンドンの書店アーサー・プロブスタインのラベルが貼られているので、もしかするとアーサー・プロブスタインがそれを引き取り、その後にケンブリッジ大学に売却したのかもしれない。いずれにしても、この書籍は香港で接収され、英国に持ち込まれた日本語書籍である。

C：オランダのハーグにあった日本公使館旧蔵日本語書籍。

オランダで接収されたと思われる日本語書籍が、それなりの量英国にもたらされたようである。何点かは東洋アフリカ学院（ＳＯＡＳ）で所蔵され、いくつかはＳＯＡＳ経由で他の図書館、たとえばケンブリッジ大学図書館などに寄贈された。現在、ケンブリッジ大学図書館は『世界に於ける明治天皇』を所蔵している。これは蔵書印によると「在和蘭陀大日本公使館」で所蔵していたものである。この書籍はまずＳＯＡＳに引き取られた。ＳＯＡＳでは同じ書籍をすでに所蔵していたので、そこで複本としてケンブリッジ大学図書館に寄贈された。寄贈の日付は一九五四（昭和二十九）年であった。

一応、以上のように、英国で接収されたものとベルリン日本大使館旧蔵のもの以外にも、東洋アフリカ学院や英国の他の大学図書館で所蔵している接収図書の中には、他の地域で接収されたと思われるものも含まれている。

次に、接収日本語書籍や資料の受け入れ先の図書館の話題に移り、それらの図書館ではどのようなものを受け入れ、どのように処理したかという点などについて説明してみたい。一応、接収図書や資料の受け入れ先としては、ロンドン大学東洋アフリカ学院図書館、ケンブリッジ大学図書館、ダラム大学図書館の三つの図書館の場合に言及する予定である。

そこで、まず接収された日本語書籍や資料の最大の受入先であるロンドン大学東洋アフリカ学院（ＳＯＡＳ）の図書館の場合から始めてみたい。最初に、ＳＯＡＳの図書館が入手した日本語書籍などを分析してみよう。

接収図書の問題で多少注意を払わなければならない点は時期の問題である。というのは時期により接収図書の評価が微妙に異なるからである。日本語書籍の入手が困難である時期には、接収図書は比較的重宝されたが、スカーブラ報告により大量の資金が供給され、それを使って日本から日本語書籍を購入することが可能になると、接収図書に対する興味が薄らぐ傾向があった。この点はケンブリッジ大学でも同じであった。ある意味では、接収図書が大切にされたのは比較的限られた期間であったかもしれない。

接収図書とＳＯＡＳの関係の場合、最初に、ロンドン大学東洋アフリカ学院図書館が発行した

『図書館の案内』（『Library Guide』）という小冊子の記事を引用することから始めたい。まず、同小冊子を利用して、東洋アフリカ学院図書館の日本語コレクションの歴史を概観してみよう。

ロンドン大学東洋アフリカ学院図書館の『図書館の案内』（『Library Guide』）は、一九七〇（昭和四十五）年から二〇〇一（平成十三）年まで定期的に刊行され、いくつかの版がある。ここでは一九八六（昭和六十一）年に発行された改訂四版を使うことにする。そして、その改訂四版により、接収図書の問題、特に接収図書の登録の件と終章で詳述するスカーブラ報告による大発展との関連にも少し触れてみたい。というのは、両者は時期的に近接していたのである。

『図書館の案内』（『Library Guide』）によると、まず一九一七（大正六）年の東洋学院（東洋アフリカ学院の前身）の創立後まもなくして、英国人日本学者であるリチャード・ポンソビー・フェインとハロルド・パーレットの蔵書がSOAS図書館に収蔵された。ポンソビー・フェインは神道などを研究した英国の日本学者であった。彼自身も日本に長年在住した。

ハロルド・パーレットはすでに前章で紹介したように、日本語通訳生として来日し、外交官・領事官として英国公使館などに勤務した。日本学者としてはアーネスト・サトウやW・G・アストンなどに続く次世代の日本学者であった。英国外務省を退職した後であるが、GC&CS（政府暗号学校）にも日本語の専門家として雇われたことがあった。

そして、一九二七（昭和二）年には、四〇〇点以上におよぶE・F・キャルスロップの蔵書もSOASの図書館に寄贈された。エヴァラード・キャルスロップ中佐は前章で記したように、英国陸軍の語学将校、英国陸軍大学校教官、日本駐在陸軍武官などを歴任した後、第一世界大戦中西部戦線で戦死した。彼の遺族によって彼の収集品などが東洋アフリカ学院の図書館に寄贈されたのであろう。

リチャード・ポンソビー・フェイン、ハロルド・パーレット、エヴァラード・キャルスロップの寄贈については、もしかすると共通の友人・知人であったF・S・G・ピゴット（ロイ・ピゴット）が仲介の労をとったかもしれない。

続いて、SOASの『図書館の案内』は、次のように接収された日本語書籍およびスカーブラ報告について記述している。

一九三九―四五年戦争の後、ヨーロッパにあった旧日本大使館および領事館に所蔵されていた多量の書籍が当図書館に寄贈された。これは多分当図書館の日本語コレクションへの最初の重要な資料の追加である。というのは、それらの資料は日本の外交政策や海外活動に関係する多くの機密資料を含んでいたからである。日本語コレクションを増加させる、次の主要な一歩が踏み出されたのは、一九四七年に出されたスカーブラ報告の結果、特別な補助金を受け取った時であった。一九四九年に大量の日本語書籍が購入された。その購入資金は、部分的には東洋アフリカ学院の資金であり、部分的には大学補助金委員会からの補助金であった。一九四九年の書籍増加に加えて、さらに一九五〇年にも大量の書籍が日本語コレクションに付け加えられた。(8)

以上の『図書館の案内』（『Library Guide』）の記述を要約すると、次のことを指摘することができるであろう。

第二次世界大戦後の東洋アフリカ学院図書館の日本語コレクションの大発展は、終章で詳述するようにスカーブラ報告の結果による一九四九年と一九五〇年の大量の日本語書籍の購入である。ただ、そのスカーブラ報告による大発展の前に、すでに東洋アフリカ学院図書館には多量の接収書籍や資料が収蔵されていた。それらはヨーロッパにあった旧日本大使館などから没収されたものであった。それらの接収された書籍や資料の中には、日本の外交政策や日本人の海外活動に関係する多くの機密資料も含まれていた。その点で、それらの接収図書が東洋アフリカ学院図書館の日本語コレクションにとっては、最初の重要な追加資料になったという。

東洋アフリカ学院図書館の登録簿

ロンドン大学東洋アフリカ学院図書館に収蔵された接収資料を調べる場合、いろいろな方法が考えられるが、ここではとりあえず図書館の登録簿からさぐるやり方にアプローチしてみよう。もちろん、図書館の登録簿を調べる方法は単に一つ手段にすぎないが、書籍がもたらさせた由来などを探索する場合、それなりに役に立つ方法であると思われる。

図書館の登録簿などは典型的な例であるが、海外の図書館などにおける日本語書籍の記録について重要なことは、日本語が理解できる職員などが雇われて、はじめて日本語書籍の記録などを作成することが可能になる点である。

たとえば、この章の冒頭でロンドンにあった旧日本大使館の図書館資料がＨＭＳＯ（英国政府刊行物出版局）を通じて売却された件を記述したが、実はＨＭＳＯ（英国政府刊行物出版局）には日本語が理解できる職員がいなかったようである。そこで、ＨＭＳＯ（英国政府刊行物出版局）から売却された英文の書籍などについては、書名などのリストがかなり多く作成されたが、日本語書籍・資料の場合記録などに残っているのは数量だけである。それも概数だけである。

東洋アフリカ学院図書館などの場合も事情はよく似ていた。日本語が理解できる職員が雇われてはじめて図書館の登録簿に日本語書籍などを記入することが可能になったのである。その意味で日本語書籍を処理できる職員を雇うことはＳＯＡＳの図書館にとって重要な意味を持った。

もちろん、東洋アフリカ学院では戦時中日本語教育が行われていたので、極東学部などには何人も日本語がわかる教員などがいたが、ここで問題にしているのは東洋アフリカ学院図書館の話である。実は東洋アフリカ学院図書館には一九四九（昭和二十四）年まで日本語がわかる職員がいなかったのである。

ロンドン大学東洋アフリカ学院の一九五〇—五一年度の年報によると、図書館の人事の部分について次のような記事がある。

以前から臨時のアシスタントとして働いていたK・B・ガードナー（B.A.）氏が、空席のアシスタント・ライブラリンのポストに任命された。(9)

この記事が何を表しているのか、それに関連した事情などを簡単に説明してみたい。

まず、ケネス・B・ガードナー（Kenneth B. Gardner）がどのような立場の人物であったのかを説明してみたい。彼は第二次世界大戦中東洋アフリカ学院（SOAS）の日本語特別コースで日本語を学び、一九四九（昭和二十四）年に日本語で東洋アフリカ学院を卒業し、ロンドン大学の学位（B.A.）を取得した。彼はSOASの日本語のコースの中では特に翻訳のコースに所属した。卒業時などの成績がよかったらしく、日本語の教授フランク・J・ダニエルズ（Frank J. Daniels）は、彼に図書館員（アシスタント・ライブラリアン）のポストか、教員（Lecturer、専任講師）のポストのどちらかを選ぶようにオファーしたという。彼はもともと本が好きであったので、そこで図書館員の方を選んだという。

すでに引用した一九五〇―五一年度の年報の記事が報告するように、ケネス・ガードナーは卒業後まず臨時のアシスタントとして働いた後、しばらくしてアシスタント・ライブラリアンに任命されたのである。

もう少し詳しく説明すると、ケネス・ガードナーはSOASを一九四九（昭和二十四）年七月に卒業し、同月から図書館の臨時のアシスタントとして働き始め、翌年の一九五〇―五一年度、実際には一九五〇（昭和二十五）年に正式にアシスタント・ライブラリアンに任命されたのであろう。

それでは、ケネス・ガードナーが就いたアシスタント・ライブラリアンのポストは東洋アフリカ学院図書館でどのような地位を占めるかといえば、比較的地位の高いポストであったといえる。東洋アフリカ学院の一九五〇―五一年度の年報によると、図書館の上級職員は以下のようであった。まず、図書館長、副館長がいて、その二人に続いて二人のアシスタント・ライブラリアンがいた。ガードナーは二人のアシスタント・ライブラリアンのうちの一人であった。図書館の中の順位では、三番目か四番目にあたるポストであった。新卒二年後のポストとしては決して悪くない地位である。

英国の大学の場合、教員と上級の事務職員や図書館員などの給与は平行する給与体系（同等の給与体系）で支払われているので、当時アシスタント・ライブラリアンと教員（Lecturer、専任講師）はほとんど同等のポストと見なされていたのかもしれない。

その後、ケネス・ガードナーは一九五五（昭和三十）年に大英博物館（図書館）の日本語担当のアシスタント・キーパーに任命され、SOASから大英博物館に移動した。

さらに彼は大英博物館の中では東洋刊本部の部長、続いて主任刊本部長に就任した。主任刊本部長という役職は大英博物館図書館の中では一番重要なポストである。ケネス・ガードナーは大英博物館図書館のトップに就いたのである。その時にケンブリッジ大学図書館の図書館長をしていたのがエリック・キーデルであった。一九七〇年代の初期に英国の国立図書館と大学図書館のトップにいたのが、戦争中に日本語を学んだ日本学者であった。何か本書のテーマである戦争と図書館を象徴するような状況であった。

ちょうどその頃、英国図書館が大英博物館図書館などを中心にして一九七三（昭和四十八）年に創設されることになった。ケネス・ガードナーは大英博物館の責任者として英国図書館の設立の交渉などに関わることになり、そのため心労を重ねたという[10]。

大英博物館図書館ではロバート・K・ダグラスが一九〇五（明治三十八）年に退職してから五十年間、日本語書籍を担当する職員が不在であった。ガードナーは五十年ぶりに雇用された日本語書籍担当の専門職員であったといえる。

終章でスカーブラ報告による大量の資金でロンドン大学東洋アフリカ学院図書館とケンブリッジ大学図書館が多量の日本語書籍を購入し、一九五〇年代の初めに両大学に近代日本語コレクションが出来上がることを紹介するが、同様に一九五〇年代後半にはオックスフォード大学ボードリアン図書館と大英博物館図書館も本格的に近代の日本語コレクションの収集を開始する。大英博物館図書館が日本語の書籍などの収集を開始するきっかけにはケネス・ガードナーの大英博物館への入館があった。

ケネス・ガードナーは英国図書館では東洋写本刊本部の副部長を務め、一九八六（昭和六十一）年に退職した後、日本の古典籍を専門とする書誌学者として、『大英図書館蔵日本古版目録』（Descriptive Catalogue of Japanese Books in the British Library Printed before 1700）などを編集・刊行するなど大きな業績を上げた。

さて、以上のような東洋アフリカ学院図書館をめぐる状況を理解して、同図書館の書籍などの登録簿、たとえば第二次世界大戦後の分を見ると、次のようなことがわかる。まず、日本語書籍の登録は一九四九（昭和二十四）年七月二十五日から始まっている。これはケネス・ガードナーが東洋アフリカ学院図書館に務め始めて日本語書籍の登録が開始されたことを表している。彼が臨時のアシスタントとして働き始めた時期に一致する。実際に彼が登録したかどうかという問題を別にしても、日本語がわかる職員がいないと登録するデータも提供できなかったのである。

そこで、ここでは一九四九（昭和二十四）年七月二十五日以降、東洋アフリカ学院図書館の登録簿に記載された日本語書籍の状況を分析してみたい。

筆者は東洋アフリカ学院図書館の登録簿をくまなく全部調査した訳ではないが、それなりにきちんと調査したつもりである。その調査の本来の目的は、接収された日本大使館などの書籍を調べることであった。そこで、そのあたりの部分に特に焦点を当てながら、ＳＯＡＳの登録簿を調べたのである。

ＳＯＡＳの図書館の登録簿には寄贈者（Donor）とか、書籍販売業者（Vendor）という部分があるので、そこに注目して登録簿を調べると、その寄贈者のところに、幸いにも日本大使館（Japanese Embassy）とか、日本大使館図書館（Japanese Embassy Library, J.E.L.）などという表示がある。ここの部分の表示により、旧日本大使館などで接収された書籍や資料を他の書籍と区別することができる。

既述したように、日本語書籍の登録簿への記入は一九四九（昭和二十四）年七月二十五日から始まっている。ケネス・ガードナーが東洋アフリカ学院図書館に勤務し始めた時から、実質的に日本語書籍の登録が始まったということができる。

ただし、ガードナーは日本語書籍の登録を開始したが、すぐに旧日本大使館所蔵の書籍などに手を付けたのではなかった。彼はまずハロルド・パーレットの寄贈図書から登録を開始している。また、一九四九（昭和二十四）年八月頃からフレデリック・アンダーソンから寄贈された日本語書籍を登録し始める。結局旧日本大使館所蔵の書籍の登録が開始されるのは、一九四九（昭和二十四）年十二月頃からとなった。

旧日本大使館所蔵の書籍の登録だけに限定して東洋アフリカ学院図書館の登録簿を調べてみると、ロンドンの日本大使館などから接収されロンドン大学東洋アフリカ学院に収蔵された書籍などは、次のような期間に登録されている。まず、一九四九（昭和二十四）年十二月から始まり、一九五一（昭和二十六）年五月まで。それから少し間隔を空けて一九五三（昭和二十八）年七月からまた始まり、一九五四（昭和二十九）年五月頃まで継続する。

もちろん、例外はいくつかあると思われるが、接収された旧ロンドン日本大使館などの書籍・資料は、大体上記の期間に東洋アフリカ学院図書館の登録簿に記載されたと理解して大きな間違いはないであろう。統計数字としては、登録された書籍などの点数と、冊数が記録されている。それらを合計すると登録書籍の統計を出すことができる。

一九四九（昭和二十四）年十二月から一九五四（昭和二十九）年五月までに登録された接収書籍など

は、合計一〇二五点、一六二七冊である。しかし、同じ登録簿によると、複本などの理由で、そのうち七十八点、八十四冊が削除されている。そこで、以上の数字を整理すると、正味登録された接収書籍の統計は九四七点、一五四三冊になる。

結局、東洋アフリカ学院図書館が限定された期間に登録した接収書籍は約一〇〇〇点、約一五〇〇冊ぐらいになると考えられる。上記の期間以外にも登録された書籍もあったと思われるので、実際の数字は約一〇〇〇点、約一五〇〇冊よりも多くなるかもしれない。東洋アフリカ学院の一九五二—五三年度の年報では、二〇〇〇冊以上の日本語書籍を寄贈として受け入れたと記録されていたが、実際の登録簿での数字として一〇〇〇点、一五〇〇冊は妥当なところかもしれない。

ちなみに、同じ登録簿では、ハロルド・パーレットの寄贈書は一九四九（昭和二十四）年七月から一九五〇（昭和二十五）年三月までに一〇九点、三三三冊、またフレデリック・アンダーソンの寄贈書は一九四九（昭和二十四）年八月から一九五〇（昭和二十五）年八月頃までに登録され、正味二四五点、六一九冊が登録されていた。以上のパーレットやアンダーソンの寄贈図書の数字は、一度登録され後に複本などの理由で削除された数字を差し引いたものである。

スカーブラ報告で大量の日本語書籍を購入する前の状況としては、旧大使館所蔵書として接収された書籍、パーレットやアンダーソンの寄贈書などが、第二次世界大戦直後に登録された主要な日本語書籍であったといえるであろう。次に和古書などを寄贈したパーレットやアンダーソンについても、ごく簡単に説明を加えたい。

ハロルド・パーレットは、すでに何度も紹介したように英国の外交官・領事官であった。また、既述したように、彼は英国の政府暗号学校であるGC&CSがまだロンドンにあった時には、旧英国公使館員の前の同僚アーネスト・ホバート・ハンプデンと一緒に日本の外交関係の暗号解読に携わっていたことがあった。(11) パーレットは日本と英国が開戦した後には、東洋アフリカ学院で日本語を教えたこともあった。彼は英国の小説家・日本美術収集家として有名なアーサー・モリソンとは友人同志であった。二人ともフリー・メーソンのメンバーであった。

また、フレデリック・アンダーソンは東洋アフリカ学院の創設から一九三九（昭和十四）年まで同校の理事を務めた人物であった。彼のコレクションは東洋アフリカ学院ではアンダーソン・コレクションと呼ばれる場合もあるが、大英博物館の日本美術コレクションとして有名なアンダーソン・コレクションとは別物である。大英博物館の方はウィリアム・アンダーソンが収集したコレクションである。両方ともアンダーソン・コレクションと呼ばれるのでまぎらわしい。

また、SOASの図書館で登録された接収書籍の話題に戻る。既述したように、それらの接収書籍が記載された登録簿には「Donor」（寄贈者）とか「Vendor」（書籍籍販売業者）などを記す欄があり、接収書籍の場合、「Donor」のところに日本大使館（Japanese Embassy）とか、日本大使館図書館（Japanese Embassy Library, J.E.L.）などという表示がある。実際に調べると、一応以下のような表示（名称）が記載されている。

Japanese Embassy Library
Japanese Embassy Lib.
Japanese Emb. Lib.
Japanese Emb. Library
J.E.L.
Japanese Embassy, London
Japanese Embassy
Consulate-General of Japan
JAPAN, LEGATION, THE HAGUE

以上のうち、最後の一つを除いて、接収された日本語書籍はほとんどがロンドンの日本大使館からの寄贈というかたちで登録されていることがわかる。実際には接収された書籍の中には旧ロンドン日本大使館だけではなく、旧ベルリン日本大使館旧蔵の書籍なども含まれる。しかし、登録簿では一括して旧日本大使館（ロンドンの日本大使館）からの寄贈というかたちで登録されている。この件については、次に実際に東洋アフリカ学院図書館に登録された接収書籍を紹介する際にも言及する予定である。

東洋アフリカ学院図書館の接収図書

東洋アフリカ学院（ＳＯＡＳ）の図書館は『大喪儀記録』（一九一二年）という書籍を所蔵している。明治天皇の葬儀を記録した書籍で、朝日新聞社から出版された。この『大喪儀記録』は朝日新聞の社長の上野精一が駐独大使武者小路公共に寄贈した書籍である。なぜそのことがわかるかというと、この書籍には「呈武者小路公共学兄　東京朝日　上野精一」という書込があるからである。

上記の書込から、この『大喪儀記録』はベルリンの日本大使館の図書館で所蔵されていたものと思われる。それがドイツで接収され、最終的にはＳＯＡＳにもたらされた。ＳＯＡＳでは、最初旧ベルリン日本大使館からもたらされた接収書籍には「ＪＥＧ」（Japanese Embassy, Germany）という符号を付したようである。そこで、この書籍には「JEG-196」という番号が付されている。書込と「ＪＥＧ」という符号から、この『大喪儀記録』という書籍がドイツで接収されたことは明白である。

しかし、ＳＯＡＳの登録簿を見ると、この『大喪儀記録』の寄贈者は「Japanese Embassy London」となっている。ＳＯＡＳでは、明らかにベルリンの日本大使館の図書館の書籍である『大喪儀記録』を、ロンドンの日本大使館からの寄贈図書として扱っているのである。

同じように、ＳＯＡＳの図書館は大嶽泰子著『病院船』という書籍を所蔵している。「JEG-490」と記入されているので、これもドイツで接収された書籍である。

この『病院船』という書籍には、「I. Maruo 16 Aug. 1942 Berlin-Deutschland」という書込がある。そこで、第二次世界大戦末期ハンブルグ領事館で外務書記生をしていた丸尾至（まるお・いたる）という人物が所蔵していた書籍か、または彼が大使館とか領事館などに寄贈した書籍であることがわかる。

この丸尾至外務書記生はまた後で登場する。というのは、ドイツの敗戦直前に在欧軍事委員長阿部勝雄海軍中将の一行がドイツからデンマークを経由して中立国スウェーデンに入国した際、その日本人の一行の中に丸尾至外務書記生が含まれていたのである。(12)丸尾至外務書記生自身はスウェーデンに移動したが、彼が旧蔵していた大嶽泰子著『病院船』という書籍はドイツに残されたのであろう。この書籍はドイツで接収され、その後に英国にもたらされ、最終的にはＳＯＡＳの図書館に納まったのである。

ただ、この書籍には「PRESENTED TO the LIBRARY OF the SCHOOL OF ORIENTAL AND AFRICAN STUDIES University of London by JAPANESE EMBASSY, LONDON 7th NOVEMBER, 1952」というラベルが添付されている。この書籍は一九五二年十一月七日にロンドンの日本大使館から寄贈されたという意味である。既述したように、実際には英国ではなくドイツで接収されていた。

また、石丸藤太著『圧迫された日本――華盛頓会議の真相』（一九二二年）という書籍が現在ＳＯＡＳの図書館で所蔵されているが、これは登録簿では「Japanese Embassy, London」から寄贈されたことになっている。ただ、実際にはこの書籍はドイツで接収されたものである。というのは、この本には「JEG-445」という記号が付されているので、旧ベルリン日本大使館の書籍として接収されたことが判明する。

ＳＯＡＳの図書館は第一章で詳しく説明した石丸藤太著『日英必戦論』（一九三三年）を二点所蔵している。同じ書籍を二点所蔵している。おそらく石丸の著作は英国にとって重要な日本語書籍であると思われたので、あえて複本も保存したのであろう。両方とも英国で接収された書籍である。興味深いのは、一つ方には「本書ノ数字根拠ナク経済的智識ナキ愚論也」という書込がある。だれが記したのかは不明である。この石丸藤太著『日英必戦論』の所蔵者は石丸の論に賛成していなかったのである。

ＳＯＡＳ図書館は『人事興信録』（第十一版）、『団体総覧』（栂坂昌業編、大日本帝国産業総聯盟団体研究所発行）、『工業薬品大辞典』などの参考図書類も所蔵している。最初の二点は旧ベルリン日本大使館の旧蔵、最後の一点は旧ロンドン日本大使館旧蔵である。前者の二点には「JEG-19a, 19b」、「JEG-20」という記入があり、後者には「日本商務官事務所在倫敦」という印が押されている。書込や蔵書印により、それらの書籍がどこで接収されたかが判明する。

また、『領事官執務参考書』（大正十二年編纂、外務省通商局）という書籍も、ＳＯＡＳの図書館で所蔵されている。この書籍には「JAPNESE EMBBASY LONDON」という印があり、「大正十三年大臣来通総合　第三一号附属」という番号などが記載されている。この書籍がロンドン日本大使館旧蔵であったことは明白である。

戦前ロンドンには日本人の団体として日本人会、在英同胞会（在英共済会）などがあった。それらには図書館または図書室があった。そこで所蔵されていた書籍なども敵国財産として接収された。ＳＯＡＳで所蔵している『財づる物語』（時事新報社経済部編、東洋経済新報社発行）には、「JEL 1754」と記入され、「ZAIEI DOHO KAI IINCHO」という印が押印されてある。「JEL」は旧ロンドン日本大使館の書籍として接収されたことを表し、蔵書印は在英同胞会の図書室の蔵書を意味する。この印は他の書籍などにも押されているが、最後の部分「IINCHO」が何を表すのかは不明である。

また、ＳＯＡＳの図書館にある伊東敬著『英帝国及英国人』（一九三九年）という書籍には、次のような書込がある。

菅波武官殿机下
著者ハ不肖ノ学友、英国ヲ大ニ論ズ御笑覧賜ハラバ光栄ニ存ジマス、
昭和十四年八月白毛生拝
（大いに楽しみたり、昭和五十五年 九田）

この書込により、白毛という人物が昭和十四年八月に当時ロンドン駐在の陸軍武官菅波一郎中佐に学友である伊東敬の著作を贈呈したことがわかる。もしかすると、白毛という人物は拓殖大学の卒業生であったかもしれない。最後の部分は昭和五十五年にＳＯＡＳの図書館でこの書籍を読んだ

読者（九田？・丸田？）が付け加えたものである。

また、ＳＯＡＳの図書館は浅野利三郎著『露西亜民族の新研究――日露同種論』（政教社、一九二四年）という書籍を所蔵している。「大正十三年十一月廿四日　故国より求む　瑞典にて　福田書之」という書込が記されている。また、もともと「JEG-472」という番号が記されていたが、その後それが消され、その上に「８７５５８」というＳＯＡＳの登録番号が記載されている。この書籍はＳＯＡＳの登録簿ではロンドンの日本大使館から寄贈と書かれているが、「JEG-472」という番号が示すようにもともとはドイツで接収された日本語書籍であった。

この書籍の由来については次のようなことを考えることができる。まず福田という人物がこの書籍を日本から取り寄せ、一九二四（大正十三）年十一月二十四日にそれをスウェーデンで受け取った。福田某はその後ドイツに移動し、この書籍はドイツ、たとえばベルリン日本大使館あたりで所蔵されていたと推測される。そして、それがドイツの敗戦時にドイツで接収され、英国にもたらされたのであろう。

次に、ＳＯＡＳの図書館にある寺島成信著『帝国海運政策論』（四版、一九三七年）を見てみよう。これは英国で接収された図書である。この書籍には「在ローマ　安部氏私物」および「安部（郵船）」という書込がある。これは日本郵船のローマ支店に勤務していた安部正夫という人物が私物として所持していた書籍で、〝安部氏〟は後に日本郵船のロンドン支店に転勤になり、彼の私物であるこの図書はそのまま日本郵船のロンドンの事務所とか図書室で利用されていたと思われる。そして太平洋戦争が始まり、英国側に接収されたのであろう。〝安部（正夫）氏〟は小説家、漫画原作者などして著名な安部穰二の実父にあたる。

内務省関係資料

最後に、ロンドン大学東洋アフリカ学院（SOAS）の図書館で所蔵している内務省警保局関係の書籍に言及してみたい。SOASの図書館は『外事警察関係例規集』（昭和六年十二月編纂、内務省警保局、一九三一年）、『昭和七年中ニ於ケル社会運動ノ状況』（内務省警保局、一九三三年）、『昭和八年中ニ於ケル社会運動ノ状況』（内務省警保局、一九三四年）と『昭和十年中ニ於ケル社会運動ノ状況』（内務省警保局、一九三七年）の四点の書籍を所蔵している。これらはいずれもドイツで接収された書籍である。これらの書籍は通常の市販刊行物ではなく、内務省などで事務用に使われていた資料である。いずれも「極秘」または「厳秘」という注意書が付されている。

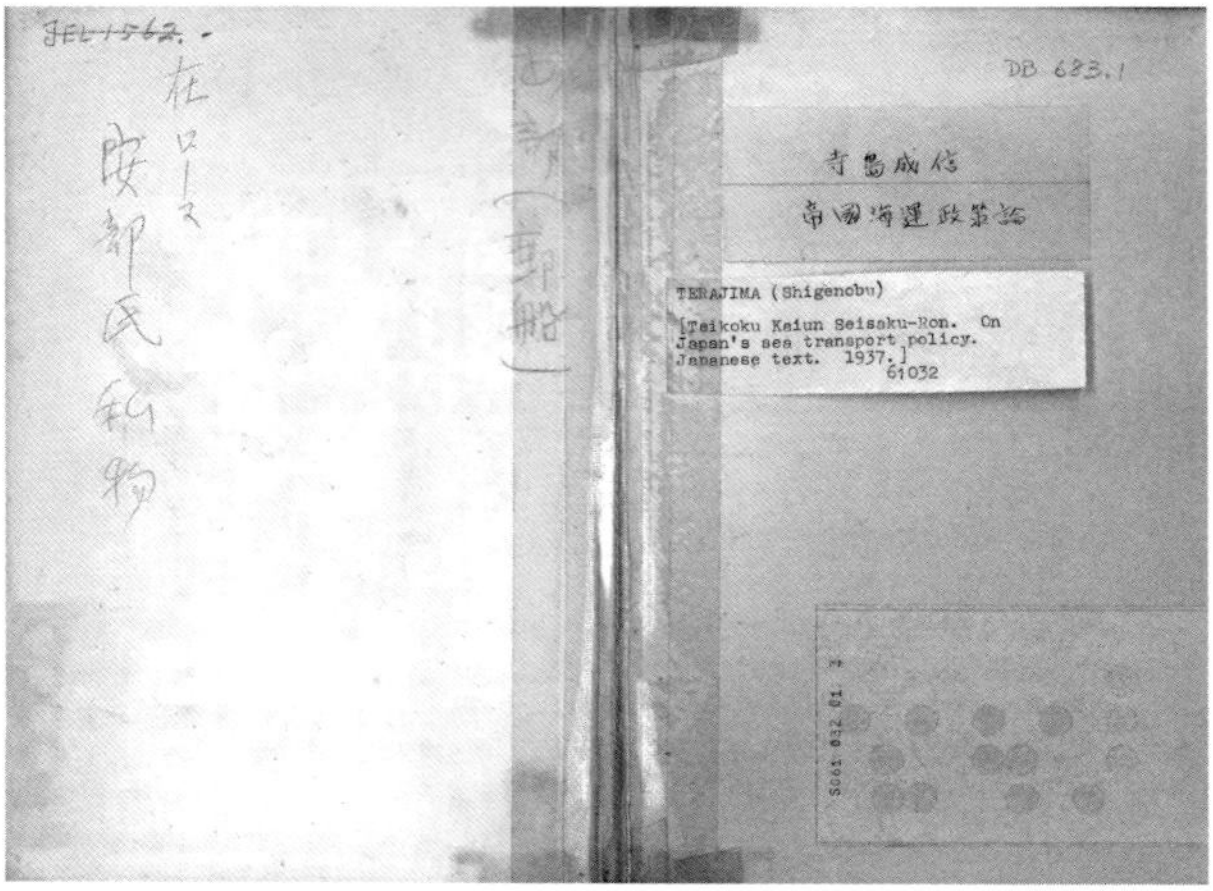

図版19　東洋アフリカ学院（SOAS）図書館所蔵（安部氏私物の書込）

戦前および戦時中、ベルリンにあった日本大使館には内務省の駐在事務官事務室が置かれていた。もう少し詳しく説明すると、内務省の駐在事務官事務室は一九二八（昭和三）年から一九四五（昭和二十）年までベルリンに設置されていて、宮野省三、田中重之、田中省吾、小林尋次、重成格、佐藤彰三の各内務事務官がそこに勤務していた。(13) おそらく内務事務官以外にも、他の職員が内務事務官を補佐していたと思われる。

たとえば、最後の内務事務官佐藤彰三は一九四一（昭和十六）年から一九四五（昭和二十）年まで勤務していたが、同時に翻訳官として四本忠俊も同じ内務事務官室に勤務していた。四本忠俊はすでに佐藤の前任者重成格事務官の時から翻訳官として働いていたという。(14) おそらく、四本以前には若手の内務官僚、たとえば「属」（判任官）という官名の内務官僚が事務官を補佐していたと思われる。

一九四五（昭和二十）年五月八日にドイツが連合国に降伏した後、ベルリンにあった日本大使館の文書や書籍などは連合国側に接収された。そのうち、たとえば一部の内務省事務官事務室の文書や記録などはアメリカに運ばれ、マイクロフィルムに撮影されている。

第三章で英国外務省のE・J・パッサントなどを長とするチームが、英国のワッドン・ホールという場所で夥しい量のドイツ外務省の文書をマイクルフィルムに撮影したプロジェクトについて言及した。そのプロジェクトの成果は多量のマイクロフィルムのシリーズとして出版された。ドイツ外務省の文書は重さにして四〇〇トンに達したといわれるので、(15) その量がいかに莫大であったか想像できるであろう。それらをマイクロフィルムに撮影するプロジェクトもかなり大規模であったと思われる。

そのドイツ外務省の文書などをマイクロフィルムに撮影するプロジェクトは"German War Documents Project"（ドイツ戦争文書プロジェクト）と呼ばれている。その略称がＧＷＤＰである。ＧＷＤＰは米英が中心となったプロジェクトで、後にはフランスも加わった。ＧＷＤＰの一環であるワッドン・ホールでの撮影は一九五八（昭和三十三）年に終了していた。

連合国側がドイツで押収した文書のうち、ワッドン・ホールでマイクロフィルムに撮影された文書はいわゆる英国の取り分で、〝ワッドン・ホール（ウォッドン・ホール）文書〟と呼ばれるのに対し、いわゆるアメリカの取り分のうち、ワシントンＤＣ郊外のアレクサンドリアでマイクロフィルムに撮影されたものは〝アレクサンドリア文書〟と呼ばれる。(16)〝アレクサンドリア文書〟の中には、後述する海外にあった日本の大使館や領事館、横浜正金銀行の支店、日本赤十字社などの文書や記録などが含まれていた。中心になるのはドイツにあった日本の公館や機関であった。

英国国立公文書館からマイクロフィルムで提供されている文書や記録のシリーズに、〝ＧＦＭ〟と呼ばれるものがある。ＧＦＭは量的には厖大な量のマイクロフィルムである。ＧＦＭは捕獲されたドイツ、イタリアそして日本の政府の記録・文書などをマイクロフィルムに撮影したものである。大部分はＧＷＤＰによりマイクロフィルムに撮影されたものである。英国国立公文書館でＧＦＭ（Films of German Foreign Ministry Archives）と呼ぶのは、その中の多数を占めるのが〝ワッドン・ホール文書〟であるからであろう。ＧＦＭは既述したようにその量が非常に多いので、ＧＦＭの中は数字が記されたサブ・シリーズに分かれている。

ＧＦＭ35には、ワッドン・ホールでマイクロフィルムを撮影する時に使用した索引のカードとか、ドイツの外務大臣リッベントロップの秘書が所蔵していた文書、いわゆる〝カール・レーシュ文書〟などが含まれる。それら以外にも、既述した海外にあった日本の大使館や領事館、横浜正金銀行の支店などの文書や記録が含まれている。すなわち、ＧＦＭ35には〝アレクサンドリア文書〟も入っているのである。

GFM35/303-315には、アレクサンドリアで撮影された旧ベルリン日本大使館の文書や資料などが含まれる。ＧＦＭシリーズのマイクロフィルムには番号が付されていて、マイクロフィルムのリール番号でいえば、GFM35/303-315はT.179/64-T.179/76に相当する。

そのGFM35/309（マイクロフィルムのリール番号でいえばT.179/70）に、「崎村事件ニ関スル調書」（佐藤内務事務官作成、昭和十九年五月二十八日）という文書（記録）が含まれている。要するに、ベルリンの日本大使館内にあった内務省事務官事務所の資料が連合国側に接収され、それらがアメリカに移送され、アレクサンドリアでマイクロイルムに撮影されたのである。これでベルリンの日本大使館内にあった内務省事務官事務室の資料の一部がアメリカに送付されたことが判明する。

GFM35/303-315に含まれるマイクロフィルムは、もちろんアメリカの国立公文書館からも提供されている。たとえば、『Records of Former German and Japanese Embassies and Consulates』（ドイツおよび日本の旧大使館・領事館の記録）というシリーズの中の日本の部分などは、英国国立公文書館のGFM35/303-315などと同一のマイクロフィルムであろう。両者とも、同じマイクロフィルムの番号（リール番号）などを使用している。

以上の米英のマイクロフィルムなどの解説で、すでに述べたように旧ベルリン日本大使館に置かれていた内務省事務官の事務所の資料が連合国側に接収されたことがわかる。接収されたものは、文書や記録だけに限定されていなくて、事務用の書籍も含まれていた。ただ、同じように旧ベルリン日本大使館に置かれていた内務省事務官の事務所から接収された資料でも、行く先が異なっていた場合もある。全部がアメリカに送付されたのではなかった。

同じ旧ベルリン日本大使館に置かれていた内務省事務官事務所に、『外事警察関係例規集』（昭和六年十二月編纂、内務省警保局、一九三一年）、『昭和七年中ニ於ケル社会運動ノ状況』（内務省警保局、一九三三年）、『昭和八年中ニ於ケル社会運動ノ状況』（内務省警保局、一九三四年）と『昭和十年中ニ於ケル社会運動ノ状況』（内務省警保局、一九三七年）の四点の書籍も所蔵されていた。なぜ、そのことがわかるかといえば、それらには所持者の名前が記されていたからである。また、後述するように、それらの書籍には「極秘」とか「厳秘」という注意書きが記され、配布の番号まで付されていた。内務省はそれらの書籍に番号を付けて管理していたようである。

実は、これらの書籍はドイツの敗戦時に旧ベルリン日本大使館の書籍として接収された後、英国にもたらされロンドン大学東洋アフリカ学院の所蔵になったものである。

『外事警察関係例規集』には「極秘　第一〇号　田中事務官」と記載されている。「一〇」と「田中事務官」が赤いペンで記入されている。田中事務官は田中重之か、または田中省吾のどちらかのことである。内務省における配布の番号も「一〇」で比較的若い。比較的地位の高い職員に配布された書籍であろう。

『昭和七年中ニ於ケル社会運動ノ状況』には「No.24　ドイツ　尾崎属」と記載されている。尾崎属はおそらく内務省属尾崎来七のことであり、尾崎来七は「属」の官位でベルリンの内務省事務官の事務所に勤務したのであろう。

『昭和八年中ニ於ケル社会運動ノ状況』には「No.24　ドイツ　野々山属」と記載されている。野々山属は内務省属野々山重治のことである。野々山も「属」の官位でベルリンの内務省事務官の事務所に勤務したのであろう。

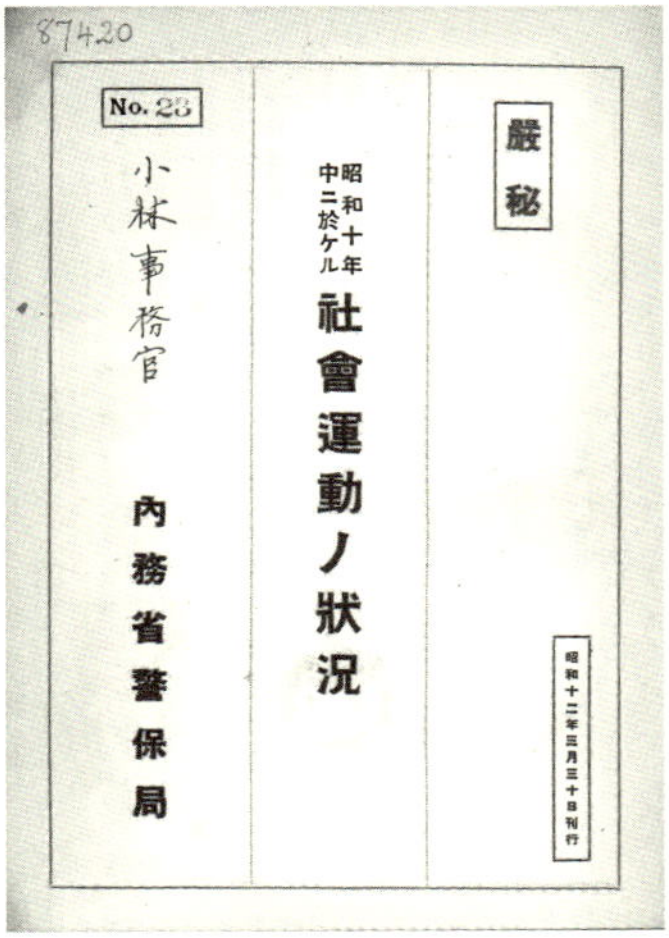

図版20　東洋アフリカ学院（SOAS）図書館所蔵内務事務官資料1（小林事務官）

『昭和十年中ニ於ケル社会運動ノ状況』には「No.23　小林事務官」と記載されている。小林事務官は内務省事務官小林尋次のことである。

東洋アフリカ学院（SOAS）の『図書館の案内』（『Library Guide』）では、SOASが受け取った接収図書や資料には、日本の外交政策や日本人の海外活動に関係する多くの機密資料も含まれていたと記載されていた。それらの機密資料の中に旧ベルリン日本大使館にあった内務省事務官の資料などが含まれることは確実であろう。

注

（1） TNA STAT 14/923 Japanese Embassy Library（Minute Sheet）.
（2） TNA STAT 14/923 Japanese Embassy Library（Minute Sheet）.
（3） TNA STAT 14/923 Japanese Embassy Library（Minute Sheet）.
（4） TNA STAT 14/923 Japanese Embassy Library（Minute Sheet）.
（5） TNA STAT 14/923 Japanese Embassy Library（Minute Sheet）.
（6） TNA STAT 14/923 Japanese Embassy Sales & Disposals.
（7） TNA STAT 14/923 Japanese Embassy Sales & Disposals.
（8） *Library Guide*, 4th revised edition,School of Oriental and Africab Studies, University of London 1986. p.39.
（9） School of Oriental and African Studies, *Report of the Governing Body, Statement of Accounts and Departmental Reports for the Session 1950-51*, 1951. p.23.
（10） Yu-ying Brown, 'Kenneth Gardner（1924-95）: Librarian and Bibliographer', *Britain & Japan: Biographical Portraits*, Volume 7, Global Oriental, 2010. p.235.
（11） Michael Smith, *The Emperor's Codes: Bletchley Park and the Breaking of Japan's Secret Ciphers*, Bantam Press, 2000. pp.17-18.
（12） 吉村昭『深海の使者』（文芸春秋、一九七六年）三三九頁。

（13）　長井純市「海外駐在内務事務官――戦前期警察行政の一側面」（『近代日本と情報』山川出版社、一九九〇年）一九二、一九三頁。
（14）　長井純市「海外駐在内務事務官――戦前期警察行政の一側面」（『近代日本と情報』山川出版社、一九九〇年）一九八頁。
（15）　西川正雄「ドイツ現代史史料概観（1）――いわゆる欧州ドイツ文書を中心にして」（『史学雑誌』Vol.72 No.4（March1963）四十六頁。
（16）　西川正雄「ドイツ現代史史料概観（1）――いわゆる欧州ドイツ文書を中心にして」（『史学雑誌』Vol.72 No.4（March1963）四十六、四十七頁。

寄贈接収図書とケンブリッジ大学図書館

第四章ですでに言及したように、ロンドン大学東洋アフリカ学院（SOAS）の一九五二―五三年度の年報によると、SOASに保管されていた接収日本語書籍や資料のうち、二〇〇〇冊以上の図書がSOAS図書館に登録され、数千冊〔三〇〇〇冊以上〕が他の図書館に寄贈されたという。(1)それらのSOASからの寄贈図書がどこに配布されたのか、その詳細はよくわからないが、少なくともケンブリッジ大学やダラム大学がSOASからの接収寄贈図書や資料を受け取ったことは確かである。一番興味深い書籍や資料などを受領したのは、実はダラム大学であった。この章でダラムがどのようなものを受け取ったのかを詳しく紹介する予定である。

ケンブリッジ大学図書館は五十三冊の接収書籍をSOASから寄贈図書として受け取った。(2)この五十三冊という数字はケンブリッジ大学図書館だけの数字である。また、その数字は一九五二―五三年度に限定されたものであった。たとえば、一九五四（昭和二十九）年五月にケンブリッジ大学図書館はSOASから複本として十八冊を寄贈図書として受け取っているが、それらの複本の中にも接収図書が含まれていた。もしかすると全部が接収図書であったかもしれない。

同様に、ケンブリッジ大学東洋学部（旧東洋言語学部）でも寄贈図書として何冊かの接収書籍をSOASから受け取ったと思われるが、詳しいことは不明である。ケンブリッジ大学東洋学部がSOASから受け取った寄贈図書が、何年か後にケンブリッジ大学図書館に寄贈された場合もある。いわゆる大学内での移動又は移籍である。ＳＯＡＳなどからケンブリッジに寄贈された接収図書の類いには、そのような場合が比較的目に付く。まず東洋学部が受け取り、その後大学図書館に移籍するケースである。

ただし、それらの接収寄贈図書は、一九五二―五三年またはその後の時点では、ケンブリッジ大学図書館の日本語コレクションの発展にそれほど大きなインパクトを与えなかったと思われる。もし時期が数年早かったとすれば、話はまた変わってくる。というのは、前章で詳しく記述したように、一九四六（昭和二十一）年とか一九四七（昭和二十二）年頃には、ケンブリッジ大学図書館は敵国財産として接収された日本語書籍に多大な興味を示していたからである。

次章で詳しく紹介するように、一九四七（昭和二十二）年に出されたスカーブラ報告により英国の大学補助金委員会（ＵＧＣ）が東洋研究などに大量の資金を支給した。かりにそれをスカーブラ交付金と呼ぶことにする。そのスカーブラ交付金によりロンドン大学東洋アフリカ学院などの日本語コレクションは大発展を遂げるのであるが、それと接収図書との関係は錯綜している。その件については、ケンブリッジ大学図書館の場合も東洋アフリカ学院（ＳＯＡＳ）の場合と類似していた。

ケンブリッジ大学も後述するようにＳＯＡＳ同様スカーブラ報告による多額の資金を受け取り、日本から直接日本語書籍を購入することが可能になった。また、実際に購入した。大量の資金により直接日本から日本語書籍を購入できるようになると、敵国財産として接収された日本語書籍に対する興味が薄らぐことになった。

一九四九（昭和二十四）年および一九五〇（昭和二十五）年の両年で、ケンブリッジ大学図書館は二五四三点、一万三六五三冊の日本語書籍を日本から購入したのである。(3) 同じ時期、ＳＯＡＳも同程度、またはそれ以上の日本語書籍を日本から購入していた。そうなれば、当然両大学とも接収図書に関する興味がそがれることになった。

ただ、スカーブラ交付金による大量の日本語書籍の購入以前には、ケンブリッジ大学図書館は必死になって日本語書籍を入手しようと努力していた。ケンブリッジ大学図書館は、次に紹介する同図書館の図書館長（Ａ・Ｆ・スコーフィールド）と英国外務省の図書館長であるＥ・Ｊ・パッサントとの手紙のやり取りからもわかるように、日本語書籍、特に日本語の参考図書を入手しようといろいろなつてを頼ってさがしていたのである。パッサントはすでに紹介したように、英国外務省の図書館長であると同時に、ワッドン・ホールでドイツ外務省の文書をマイクロフィルムに撮影するプロジェクトの責任者でもあった。

二人の書簡の日付については、まず一九四七（昭和二十二）年九月三日付でスコーフィールドから問い合わせの手紙がパッサント宛に出され、(4) パッサントが二日後に返事を出し、(5) その翌日にスコーフィールドがパッサントに返事を出している。(6)

要するに、ケンブリッジ大学図書館の日本語コレクションは三十年とか四十年間何もしないままになっていたが、最近一人の若者がその日本語のコレクションに真剣に取り組んでいる。そこで図書館長であるスコーフィールドはその若者の手助けをしたいので、日本語の書籍、特に参考図書を入手したいと考え、パッサントに手紙を出したのである。パッサントが図書館長をしている外務省には日本語書籍を入手する何かつてがあるのではないかと推測したのである。スコーフィールドの手紙で言及された若者というのは、ケンブリッジではじめて採用された日本語教員であるエリック・キーデルのことである。

スコーフィールドの問い合わせに対するパッサントの返事にはいろいろなことが書かれていた。たとえばＳＯＡＳのフランク・ダニエルズが日本にいる友人から日本語書籍を送付してもらっているとか、英国の出版協会が日本に調査のために人を派遣するので、そのようなものを利用する方法も提案されている。

いずれにしても、スコーフィールドの手紙からわかることは、ケンブリッジ大学図書館は日本語コレクションに関しては和古書はたくさん所蔵しているが、近・現代の書籍、特に参考図書などがないので必死になって新しい日本語の書籍を獲得しようとさがしていることである。

また、パッサントの手紙にはＳＯＡＳのフランク・ダニエルズが日本にいる友人を通じて日本語書籍を入手していることが述べられているが、この友人というのはおそらくフランク・ホーレイのことであろう。ホーレイは戦時中ＳＯＡＳで日本語を教えていたこともあり、また和漢書などの書物の収集家として名高い人物であった。戦後英国の新聞『タイムズ』の特派員として来日していた。

日本語書籍の複本を購入

次章で説明する予定であるが、ケンブリッジ大学は一九四九（昭和二十四）年と一九五〇（昭和二十五）年に、中国学の教授グスタフ・ハラウンと日本学の講師（Lecture）エリック・キーデルを日本に派遣して、日本語の書籍を購入した。ケンブリッジ大学図書館は日本で大量の日本語書籍を入手した。しかし、その前の段階では、ケンブリッジ大学図書館は日本以外の場所からも日本語書籍を入手しようと努力していたのである。

アメリカの図書館などから複本である日本語書籍を購入するのも、日本語出版物を手に入れる方法の一つであった。たとえば、ケンブリッジ大学図書館の図書館長A・F・スコーフィールドは、一九四九（昭和二十四）年八月二十六日付でアメリカの議会図書館の図書館長宛に手紙を出し、ケンブリッジ大学の日本学の講師ドナルド・キーンが近々ワシントンDCを訪問するので、その際、彼がアメリカの議会図書館でケンブリッジのために日本語書籍の複本を選書することができるようにしてほしいと頼んでいる。(7) ドナルド・キーンはエリック・キーデルに続く、ケンブリッジにおける二番目とか三番目の日本学の教員であった。当時、荻生徂徠などの研究をしていたジョン・マッケワンがすでに教員になっていたかもしれない。その場合、第三番目にあたる。ケンブリッジはアメリカ人ドナルド・キーンのアメリカへの帰国の機会に複本を入手しようとしたのであった。

さらに、一九四九（昭和二十四）年にケンブリッジ大学図書館はハワイ大学から売りに出されていた日本語書籍の複本三三八冊を購入した。(8)その代金は四五六ドル七十セントであった。支払いについては、当時外国為替の問題があったので、ハワイ大学図書館がケンブリッジにあった書店へファーズから英語の書籍を購入し、その購入代金一〇六ポンド四シリングをへファーズに支払ったのである。現在の日本円に換算すると三十八万円ぐらい相当するものと思われる。ハワイ大学側によると、日本語書籍の値段は通常の三分の一であるという。いずれにしても、ケンブリッジ大学図書館はハワイ大学図書館から三三八冊の日本語書籍の複本を購入したのであった。

実は、複本としてケンブリッジ大学図書館がハワイ大学図書館から購入した日本語書籍の中にも、太平洋戦争中敵国財産として接収された日本語図書が含まれていたのである。

たとえば、『国学者伝記集成』、『国史大年表』（日置昌一著）、『国史の研究』（黒板勝美著）、『紀記論究』（松岡静雄著）、『神祇辞典』（山川鵜市著）などは、いずれもハワイのホノルル市にあった伏見宮記念奨学会東洋文庫が所蔵していた書籍である。これらの図書は単なる数例で、実際にはケンブリッジが入手したハワイ大学図書館の複本の中には多くの伏見宮記念奨学会東洋文庫旧蔵の日本語書籍が含まれていたと思われる。

真珠湾攻撃により日本とアメリカが戦争状態に入った後、伏見宮記念奨学会東洋文庫所蔵の書籍は敵国財産として接収され、それらの書籍がハワイ大学図書館に寄贈された。たまたま、伏見宮記念奨学会東洋文庫旧蔵の書籍がハワイ大学図書館にとって複本であった場合、それらが他の図書館などに売却された。日本語書籍を必死になってさがしていたケンブリッジ大学図書館が、ハワイ大学図書館が売却処分することにした日本語書籍の中から三三八冊を購入したのであった。

ケンブリッジ大学図書館がハワイ大学から購入した日本語書籍の何冊かには同図書館の貸出カードが入っていた、平たい袋状のカード入れが貼り付けられていた。それらは現在もそのままになっている。それらをはがそうとすると本そのものを傷める可能性があるのでそのままになっている。

ケンブリッジ大学図書館がハワイ大学図書館から購入した三三三冊は、複本などの理由で売却処分されたのであるが、それらの中には厳密にいえば、複本でないものも含まれていた。たとえば、経済雑誌社刊『続群書類従』第一輯―第十九輯の十九冊がそれに当たるかもしれない。ハワイ大学では続群書類従完成会刊行の『続群書類従』を所蔵しているので、必要ないと見なしたのであろう。ただ、気になることは、十九冊の経済雑誌社刊『続群書類従』には「PRESENTED TO UNIVERSITY OF HAWAII LIBRARY BY JAPANESE FRIENDS IN JAPAN AND HAWAII」（日本とハワイに住む日本人の友人からハワイ大学図書館への寄贈）というラベルが貼られていることである。

ハワイ大学の前身は一九〇七（明治四十）年に設立されたが、ハワイ大学という名称になったのは一九二〇（大正九）年のことであった。ただし、ハワイ大学に昇格した後も、大学の図書館には日本語の書籍が少なかったので、日本語書籍を寄贈する募金運動が組織された。日本の財界人やハワイの日系人などを対象とした募金活動であったと思われる。その募金運動の資金により、基本的な日本語文献が寄贈された。東京帝国大学の図書館長姉崎正治によって九五〇冊の日本語書籍が選書され、一九二八（昭和三）年にハワイ大学図書館に送付された。(9)

それらの書籍に上記のラベルが貼られていたのである。すなわち、そのラベルはそれらの寄贈図書が日米の友好関係のシンボルであることを表わしていた。そして、寄贈された九五〇冊の中に、六十四冊の『群書類従』の正、続、続々、新編が含まれていた。[10]十九冊の経済雑誌社刊『続群書類従』はその六十四冊の中の一部（〝続〟）であった。

続群書類従完成会が経済雑誌社刊『続群書類従』の補訂作業などをして、『続群書類従』を完結させたのが一九三三（昭和八）年であった。そこで、姉崎正治は続群書類従完成会刊行の『続群書類従』をハワイ大学図書館への寄贈図書の中に含めなかったか、または含めることができなかった。姉崎はかわりに経済雑誌社刊『続群書類従』を選んだのである。

伏見宮記念奨学会東洋文庫も正、続、続々などの『群書類従』を旧蔵していたと思われる。その中には続群書類従完成会刊行の『続群書類従』も含まれていただろう。姉崎正治がハワイ大学図書館への寄贈図書を選んだ時とは異なり、伏見宮記念奨学会東洋文庫の蔵書が選書された時には、もう続群書類従完成会刊行の『続群書類従』は刊行されていた。

そして、太平洋戦争が開始されると、接収された伏見宮記念奨学会東洋文庫旧蔵の『群書類従』のセットがハワイ大学図書館に寄贈され、十九冊の経済雑誌社刊『続群書類従』が複本として取り扱われ、それをケンブリッジ大学図書館が購入したのである。

日米の友好関係が破られ太平洋戦争が勃発し、その結果伏見宮記念奨学会東洋文庫の蔵書が接収されたのであるから、ハワイ大学図書館がケンブリッジ大学図書館に売却した複本の中にハワイ大学への募金運動での結果寄贈された図書が含まれていても仕方がないことかもしれない。

ダラム大学、日本語書籍そしてルイ・アレン

さて、次にロンドン大学東洋アフリカ学院の図書館から日本語の接収図書や資料を寄贈として受け取った英国の大学として、ケンブリッジ大学に続きダラム大学の場合を紹介したい。ただし、ダラム大学図書館が受け取った日本語の接収図書や資料の話題に入る前に、ケンブリッジにある書店から売りに出され、ダラム大学が購入した中国語および日本語書籍のコレクションについて言及してみたい。このコレクションはH・J・カント（Herbert John Cant）という人物が収集したものなので、ここでは旧蔵者の名前を取ってかりにカント・コレクションと呼ぶことにしよう。

ケンブリッジ大学図書館は第二次世界大戦後、必死になって日本語書籍をさがしていた。それは前章などで詳しく触れた接収図書、またこの章で説明した複本購入などのことを思い出せば簡単に理解することができるであろう。しかし、スカーブラ報告により、比較的恵まれた資金を使って日本から直接日本語書籍を購入することができるようになると、英国などで手に入る日本語書籍に対する興味は、急速に薄れてしまったような印象を受ける。その具体的な例がカント・コレクションである。このコレクションはケンブリッジ大学の地元の書店であるヘファーズから売りに出されたのである。

しかし、ケンブリッジ大学図書館はカント・コレクションにまったく興味を示さなかった。その主な理由はまさに時期である。ケンブリッジ大学図書館はスカーブラ資金を使って大量の日本語書籍を日本から購入した後なので、カント・コレクションなんかには目をくれなかったのであろう。また、ヘファーズがケンブリッジ大学図書館などに連絡する前にダラム大学が購入したということも考えられる。

このカント・コレクションというのは、約六〇〇〇冊の中国語と日本語のコレクションで構成されていた。六〇〇〇冊というのはそれなりの量のコレクションである。ダラム大学がなぜこの六〇〇〇冊の中国語と日本語の書籍を購入したかという事情については、筆者はレイモンド・ドーソン(Raymond Dawson)という中国学者から書簡で直接教示してもらった。(11)

ドーソンはダラム大学の最初の中国学の教員であった。ダラム大学はイングランドではオックスフォード大学とケンブリッジ大学に続く古い大学であり、イングランドの北部にあるダラム市に位置している。ダラム市には有名なダラム大聖堂がある。また、ドーソンのポストは、大学における中国学の教員の地位としては、英国ではケンブリッジよりも北方に初めて設置されたものであった。それ以前にはロンドン、オックスフォードそしてケンブリッジにだけ中国学の大学のポストがあっただけである。地理的にいえば、ケンブリッジが最北端にあたったのである。そのケンブリッジよりも北にあたるダラムに中国学の教員のポストが設置され、ドーソンが任命されたのである。

ドーソンは一九五二（昭和二十七）年から一九六一（昭和三十六）年までダラム大学に勤務し、その後オックスフォード大学に移った。彼の就任以前、すなわち一九五二（昭和二十七）年以前には、ダラム大学はほとんど中国語や日本語の書籍を所蔵していなかった。

そこで、ダラム大学に就任するにあたり、ドーソンは中国語や日本語の書籍を持っていそうな英国の書店に手紙を送って問い合わせをした。そして、彼はケンブリッジの書店へファーズからちょうどカント・コレクションを入手したところであるという返事をもらった。そこで、ダラム大学がカント・コレクションをヘファーズから購入することになったという。もちろん、ダラム大学はその購入資金を準備しなければならなかった。

もともとダラム大学におけるドーソンのポストは、H・N・スポールディング夫妻の寄金で設置されたものであった。カント・コレクションの購入費用も同じスポールディング夫妻によって支払われたという。

既述したように、六〇〇〇冊の中国語の書籍と日本語の書籍で構成されるコレクションは、量的にもかなり大きなものである。ダラム大学はカント・コレクションの六〇〇〇冊の中国語と日本語の書籍を一九五二（昭和二十七）年に購入した。筆者はその購入価格については未調査である。また、中国語と日本語の割合も不明である。レイモンド・ドーソンからの手紙によると、そのカント・コレクションの状態は非常にいいものであったという。

H・J・カント（Herbert John Cant）は一八九九（明治三十二）年にロンドンの郊外（南部）のエプソムで生まれ、同じロンドン郊外（南部）のサットンで一九四八（昭和二十三）年に死亡した。享年四十九歳であった。彼の職業は教師であった。探検家として有名であったスヴェン・ヘディン（スウェーデン人）の『ゴビ砂漠横断』をドイツ語から英語に翻訳して出版しているので、カントはアジアのことに興味を持っていたのであろう。そのため、六〇〇〇冊におよぶ中国語と日本語の一大コレクションを作り上げたのであろう。退職後にそれらの書籍を使って研究を進める予定であったという。ただ彼がどのようにして六〇〇〇冊のコレクションを築き上げたのかは不明である。可能ならば知りたいところである。

また、H・J・カントは中国語や日本語が読めたはずである。そうでないと、六〇〇〇冊もの書籍を収集するはずはない。一体彼はどこで習ったのであろうか。

今上天皇が皇太子の時代であるが、一九五三（昭和二十八）年に英国女王の戴冠式参列のため訪英された。皇太子殿下は英国滞在中同年五月にダラム大学を訪問された。筆者宛のドーソン氏からの書簡によると、その際、ダラム大学ではご訪問を祝して特別に日本語の書籍を展示した。もちろんそれらの書籍はカント・コレクションとして購入したものであった。皇太子殿下は大変興味深くそれらの書籍をご覧になったとのことである。付き添いの松本俊一駐英大使がわざわざそのことをドーソン氏に手紙で連絡したとのことである。

また、一九五二―五三年度にロンドン大学東洋アフリカ学院図書館で必要ないと見なされた接収図書や資料が他の図書館に寄贈された話題に戻る。既述したように、ある意味で一番興味深いものはダラム大学図書館に寄贈された。ダラム大学が意図して選んだというよりも、たまたまそれらの書籍や資料がダラム大学に引き取られたというのが現実であろう。

それらの接収図書や資料がダラム大学に収蔵されるのには、ルイ・アレン（Louis Allen）の存在が大きかったと思われる。そのあたりの接収資料収蔵の詳細な事情は不明であるが、おそらく彼の一存により、ダラム大学がロンドン大学東洋アフリカ学院からそれらの図書や資料を受け取ることになったのではないかと思われる。

ルイ・アレンは第二次世界大戦中ロンドン大学東洋アフリカ学院（SOAS）で日本語を学び、東南アジアに送られた。彼はSOASで日本語を学習する前はマンチェスター大学でフランス語を学んでいたので、戦後マンチェスター大学に戻り、フランス語で学位（B.A.）を取った。その後もパリなどで勉強を続けた。

ルイ・アレンは一九四八（昭和二十三）年からダラム大学でフランス語の教員として勤務し始めた。[12]一九五一（昭和二十六）年にダラム大学のフランス語の講師（Lecturer）に任命され、後には助教授（Reader）に就任した。また、前述したように、皇太子の時代の今上天皇が一九五三（昭和二十八）年五月にダラム大学を訪問されたが、その際案内役を務めたのがルイ・アレンであったという。[13]

ルイ・アレンはSOASで日本語を学び、ダラム大学における日本関係を仕切っていたので、ダラム大学がSOASから接収図書や資料などの寄贈を受ける斡旋のようなこともしたのであろう。ダラム大学は一九六〇年代にはSOASから源氏物語を英訳したアーサー・ウェイリーの所蔵本などを複本として受け取っていた。その時の寄贈もルイ・アレンが関与したのであろう。

ダラム大学が所蔵する興味深い接収資料

次に、ダラム大学がSOASからの寄贈として受け取った接収図書や資料などを紹介してみたい。それらがどのようなものであるのか、またそれらにまつわる事情なども説明してみたい。まず第一にいえることは、ダラム大学が受け取った書籍や文書・資料にはドイツで接収されたものが多い点である。また私的なものも多く含まれている。

ダラムの所蔵品はただ単に文書や資料の名前を示しただけではわかりにくい場合が多い。そこで、ダラム大学図書館所蔵のものに関しては、同図書館の請求記号（書架記号）を付す。それらの記号は資料を区別する場合に便利である。

まず、ベルリン日本公使館にあった『在墺仏公館往復留』（MS. OR/Jap. 5）という文書を紹介してみたい。用紙には「日本国公使館」という名称が入っている。これはベルリンの在独公使館がウィーンの在墺公使館およびパリの在仏公使館との間でやり取りした文書などの写し（控え）である。たとえば、「第一号　仏国公使館投書之控」とあり、続いて「明治八年起掌　第一号　弥御清適御本職所賀候然者郵便交換条約之義ニ付…」と始まっている。『在墺仏公館往復留』の日付に関しては、明治八年二月十一日から始まり、明治十七年六月三十日で終わっている。駐独臨時公使青木周蔵とか駐仏臨時代理公使中野健明などの名前が記載されている。

類似の文書として『在英米公館往復留』（MS. OR/Jap. 6）という文書がある。まず最初に「在英日本公使江投書之写」とあり、「第一号　貴東第廿五幷六十五号ヲ以御中越有之候郵便交換条約之趣ニ付…」と続く。『在英米公館往復留』の文書の日付は、明治八年三月から始まり、明治十三年七月十日で終わっている。駐英公使上野景範などの名前が記載されている。

第三章でオックスフォード大学ボードリアン図書館とケンブリッジ大学図書館が、ロンドンの日本大使館で保存していた『外務省月報』（『外務省報告』）をＨＭＳＯ（英国政府刊行物出版局）から購入した件を説明したが、ダラム大学図書館が接収資料として受け取った前記の〝往復留〟は、記録としての性質はもちろん異なるとしても、ある意味では旧ベルリン日本大使館で保管されていた類似の文書であったともいうことも可能である。いずれもそれらは在外公館の初期の状態を反映した資料であろう。

ダラム大学図書館で所蔵している接収寄贈資料の中に、外務省関係では次のようなものもある。それはある一人の外交官が日付ごとにその時入手した情報などを書き付けていたノート（帳面）(MS. OR/Jap. 18) である。その資料には自分の日記にあたるような部分も含まれる。ある種の日記と見なすこともできる。

その資料に記載された日付は、一九三九（昭和十四）年九月一日から始まり同年十月七日で終わっている。ちょうど第二次世界大戦が始まった最初の五週間ほどをカバーしている。日記が付けられていた場所は第二次世界大戦と因縁が深いベルギーである。

もちろん、その資料に所有者の名前などが記されている訳ではないが、記事の内容、特に大使館関係者の名前などを検討すると、記載していた人物はベルギーのブリュッセルにある日本大使館で二等書記官として勤務していた吉岡範武と思われる。

当時、在白耳義国大使館には大使栗山茂、参事官小林亀久雄、二等書記官吉岡範武、三等書記官高瀬侍郎などが勤務していた。吉岡範武は妻（吉岡田鶴子）を同伴してブリュッセルに勤務していたと思われる。その資料の日記にあたる部分に「田鶴」という妻の名前が敬称なしに記載されている。そこで、この資料は吉岡範武が記したものであることが判明する。吉岡範武は戦後カンボジア大使やヴァチカン大使などを歴任した。吉岡範武の妻は青木周蔵の孫にあたる。

この吉岡二等書記官の記録で興味深いのは、ベルギーの植民地であるコンゴなどで採れる鉱物コバルトのことで、日本大使館の職員がベルギー外務省の職員などと接触している様子が記載されていることである。コバルトは武器製造などに重要な鉱物であった。一九三九（昭和十四）年十月四日の部分に次のような記述がある。

「コバルト」ノ件デ、小林参事官、外務省Kerchovey往訪。又Union Minière, Ven Stappenニ会ハル。結局百六十屯許可。（後略）

以上の記述で、小林亀久雄参事官がコバルト一六〇トンを輸入する許可をベルギー側から得ていることがわかる。

ダラム大学図書館が所蔵している類似の資料との関連で、このノート（帳面）が旧ベルリン日本大使館の資料として英国にもたらされたことは確実であろう。ただ、ベルギーに駐在していた外交官のノート（帳面）または日記が、どうしてドイツで接収されたのかは不明である。または、ベルギーで接収され、英国にもたらされたものであろうか。

同じようにドイツから英国にもたらされた資料であると思われるが、どうしてドイツで旧蔵されていたのかがよくわからないものとして、次の二点の資料がある。いずれもダラム大学図書館で所蔵している接収資料である。それらは書籍とか論文の下書きとかメモなどにあたるものである。書いた人物（著者）は法学者として著名な小野清一郎である。

まず最初の一点は『法律思想史概説』（MS. OR/Jap. 20）という資料である。これは一九二九（昭和四）年に出版された同名の書籍の下書きではないかと思われる。タイトルはフランス語でも記入されている。二点目は『論文集』（MS. OR/Jap. 13）という、やはり論文集の下書きのようなものである。その論文集に含まれる論文の題名として、「現代の文化と法律」、「法律に於ける正義と公平」などが記載されている。

この『論文集』の日付に関しては、「現代の文化と法律」には「大正五年十月　帰雲荘ノ秋雨ニコスモスノミダルルヲ眺メツツ　8.11.13」という記述がある。また、「法律に於ける正義と公平」には、「大正九年三月二十一日　茅ヶ崎　松雲社ニテ　8.11.16」などという記述もある。

いずれにしても、『法律思想史概説』（MS. OR/Jap. 20）と『論文集』（MS. OR/Jap. 13）は、既述したように小野清一郎が書いたもので、ドイツから英国にもたらされたものであると考えられる。ただ、どうしてこれらの資料が旧ベルリン大使館の資料として接収されたのかは不明である。はたして小野清一郎がヨーロッパとかドイツなどに留学した際にベルリンに残して来たものであろうか。フランス語の記入がある点も附に落ちないところである。もしかすると、これらの資料はドイツではなく、ベルギーとかオランダなどで接収されたものであろうか。

また、ダラム大学図書館で所蔵している接収資料の説明を続ける。カーボン・コピーで書き写され、製本された資料として、『戦時体制下ノ独逸』巻二、巻三（MS. OR/Jap. 16.1, 16.2）という資料（二冊）がある。巻一は欠けている。それらの資料には「独国三菱商事会社」とか「独三情報」という記述もある。さらに、これらの資料には「JEG-377a」、「JEG-377b」という書込があるので、ロンドン大学東洋アフリカ学院では、これらの資料をベルリン日本大使館旧蔵資料として扱っていたことは明白である。

第二次世界大戦中、ベルリンの日本大使館の経済部では、戦争のため仕事がなくなり手持ち無沙汰になった三井物産、三菱商事、大倉商事などの職員を使って、小室恒夫書記官の下でドイツの経済情勢に関する調査を行っていたという。(14)『戦時体制下ノ独逸』（MS. OR/Jap. 16.1, 16.2）はその時作成されたものであろう。

横井家の『写真アルバム』

続いて、ダラム大学図書館で所蔵している接収資料として紹介するのは家族の写真アルバムである。かりにその題名を『写真アルバム』（MS. OR/Eur. 59）としよう。その写真アムバムには十二枚のシートが含まれている。それらのシートの両面に写真が貼られている。そこで、そのアルバムはページ数にすると全部で二十四ページになる。写真の数は全部で五十四枚になる。写真のキャプションなどは日本語とロシア語で記入されている。

ただ、その資料がどの家族の写真アルバムなのか。また、だれが所有していたものか、そのあたりの事情については何も記載されていない。また、アルバムに貼られた写真が撮影された年代は、キャプションなどとして記載されている限りでは一九一一（明治四十四）年十一月から一九一九（大正八）年八月にわたる。

『写真アルバム』にはアルバム所有者の家族またはその縁戚にあたる人物の名前が記載されている。それらの名前は玉良、米里、横井錠一郎、横井真一、Kisaburo Yokoi（横井喜三郎）などである。もちろん、これらの名前と写真などは筆者が『写真アルバム』の所有者をさがす手がかりになった。

筆者の調査により、この『写真アルバム』は横井喜三郎、妻ラウラ、長女玉良（タマラ）、次女米里（メリー）の四人家族の写真アルバムであることが判明した。この『写真アルバム』が横井家の写真アルバムであることはいくつかの点で明白であるが、詳細を記述すると少し煩雑になるので、

図版21　横井家の『写真アルバム』(ダラム大学図書館所蔵)

ここでは省略することにする。横井錠一郎と喜三郎は兄弟、横井真一は横井錠一郎の息子で、玉良と米里姉妹の従兄弟にあたる。なお、横井真一は第二次世界大戦中在独満州国公使館の嘱託をしていた。横井真一はスウェーデンの首都ストックホルムに住んでいたこともあった。

実は、この写真アルバムは一九四五（昭和二十）年五月十八日まで横井玉良（長女）が所持していた。その時点まで確実に横井玉良の手元にあった。ドイツの敗戦時（一九四五年五月八日）に一一四人ほどの在留邦人が、ベルリンから南西八十五キロの地点に位置するマールスドルフ村にあったマールスドルフ城（Schloss Mahlsdorf）に滞在していた。横井喜三郎と玉良もその在留邦人の中に含まれていた。

ドイツが敗北した後、一九四五（昭和二十）

年五月十八日にソ連軍の命令により日本人は急きょマールスドルフ城を立ち退くことになったが、その際の混乱で玉良は大事にしていた写真アルバムと聖書を失ったという。なぜ、そのことがわかるかといえば、荒井基著『奇蹟の金のクサリ――横井玉良先生の生涯』(タマラ会発行、一九九四年)という横井玉良の伝記にそれに関する記述[15]があるからである。

写真アルバムを失った日付に関しては、同書では五月二十二日になっているが、これは間違いである。正しい日付は五月十八日である。というのは、『奇蹟の金のクサリ――横井玉良先生の生涯』では、五月二十二日にマールスドルフ城を立ち退いたことになっており、そのマールスドルフ城を立ち退いた日に、玉良はアルバムを無くしたのである。実際に在留邦人がマールスドルフ城を立ち退いたのは五月十八日のことで、その時に玉良はアルバムを紛失した。

五月二十二日という日付は、マールスドルフ城などに滞在していた在留邦人が列車でベルリンを出発した日であった五月二十日のことを『奇蹟の金のクサリ――横井玉良先生の生涯』の著者荒井基が間違えて五月二十二日と記したのである。または横井玉良が間違えて荒井基に伝えたのか、そのどちらかである。マールスドルフ城の日本人は五月十八日にマールスドルフ城を出た後、ベルリンで民家などに二晩ほど宿泊した。そして、在留邦人は五月二十日に列車でベルリンを出発した。在留邦人はその後ソ連、シベリアなどを経由して満州に到着した。

『奇蹟の金のクサリ――横井玉良先生の生涯』は、荒井基が横井玉良の口述などを中心にして没後九年後に上梓した横井玉良の伝記である。霞町教会(現麻布霞教会)は横井玉良が東京都港区麻布に設立したプロテスタントの教会である。横井玉良は霞町教会の創立三十周年記念に、同教会（麻布霞教会）の機関紙『かすみ』(16)に自伝を載せた。その際、横井玉良の口述による自伝をまとめたのが荒井基であった。

ここでは、荒井基著『奇蹟の金のクサリ――横井玉良先生の生涯』の記述などを参考にして、簡単に『写真アルバム』に写真が掲載されている横井家の家族を紹介してみたい。

横井喜三郎は一八七五（明治七）年に名古屋で生まれた。彼はロシアで貿易商として成功した立志伝中の人物であった。ロシア革命前のことであるが、モスクワに貿易会社を設立し、同地に十一の支店を持っていたという。喜三郎はラトビア生まれでモスクワ育ちのドイツ人であるラウラと結婚した。一九〇五（明治三十八）年に長女玉良と翌年に次女米里が生まれた。しかし、一九一七（大正六）年に起きたロシア革命で彼と彼の家族は全財産を失うことになった。

喜三郎は日本に戻った際に受け取った資金などを利用して、またルーマニアやトルコで貿易事業を始めた。不幸にも、彼はロシア語圏であるコーカサスで商売をしていた時に無実の罪で投獄されてしまう。しかし、機転をきかせて、無事出獄することができた。その後、喜三郎は妻の故郷ラトビアの首都リガで陶器などを売る店をかまえ、家族と一緒におよそ十七年間リガに住んだ。それは横井一家にとって比較的平穏な時代であった。

長女玉良はリガの師範学校を卒業し、さらにロンドン大学に留学した。彼女はまたリガに戻り、英語の教師などをしながら、キリスト教の信仰を深めていた。一方、妹の米里はリガでは看護婦と

図版22　横井家の『写真アルバム』(ダラム大学図書館所蔵)

してドイツ人の病院などで働いていた。横井一家がリガに住んでいた時に、ラウラが旅行先のドイツで急死した。享年五十八歳であった。

そして、ソ連のラトビア侵攻により、玉良と米里は一九四〇(昭和十五)年、喜三郎は翌年それぞれドイツに移動し、そこでドイツの敗戦を迎えた。玉良と喜三郎はマールスドルフの在留邦人と一緒にソ連を経由して一九四五(昭和二十)年六月に満州にたどり着いた。

ベルリンの日本大使館で働いていた横井米里については、次のような事情があった。彼女は多くの在留邦人が滞在したマールスドルフに行かずに、おそらくベルリンかまたはその周辺にいて、一九四五(昭和二十)年五月二十日にマールスドルフからの在留邦人一五二名が列車でベルリンを出発した時、馬瀬金太郎ベルリン総領事などの一行に合流したようである。

『奇蹟の金のクサリ――横井玉良先生の生涯』によると、横井米里は大島浩駐独大使に随行して、アルプスのオーストリア側にあるバート・ガスタインに出かけ、その後大使一行と一緒に満州に移動したように記載されているが、これは間違いである。大島浩大使はバート・ガスタインでアメリカ軍に保護され、アメリカに抑留された後日本に帰国した。横井米里はもしかするとバート・ガスタインに出かけたかもしれないが、いずれにしてもベルリンに戻り、多くの在留邦人が列車でベルリンを離れた時に、やはり同じようにドイツを出発していた。彼女も横井喜三郎や玉良と同じようにシベリアを経由して列車で一九四五（昭和二十）年六月に満州に戻ったのである。

いずれにしても、横井喜三郎、玉良そして米里の家族は一九四五（昭和二十）年六月には無事満州にたどり着くことができた。ただし、大切にしていた家族の写真アルバムはベルリン近郊、おそらくマールスドルフ城で紛失していた。

その横井家の『写真アルバム』（MS. OR/Eur. 59）がダラム大学図書館に落ち着くまでの道程については不明な部分が多い。『写真アルバム』が接収された旧ベルリン日本大使館の書籍や資料の中に含まれていたのは確かである。その後、アルバムはベルリンからバート・エーンハウゼンに移動し、またそこから英国にもたらされ、一端ロンドン大学東洋アフリカ学院などに保管され、そこからダラム大学に寄贈された。以上の部分は比較的はっきりしているが、マールスドルフ城からベルリン日本大使館までの部分がよくわからないのである。どのような経路でベルリンの日本大使館にたどり着いたのであろうか。

マールスドルフ城はソ連占領地域にあった。日本人が立ち退いた後、ソ連側が残されたものを没収したと思われる。ただ、日本とソ連はまだ戦争状態に入っていなかったので、もしかすると日本人がマールスドルフ城に残したものはベルリンの日本大使館に送られ、そこで連合国側に接収されたのであろうか。

ベルリン駐在陸・海軍の軍人たちの日記

ダラム大学がロンドン大学東洋アフリカ学院から寄贈された接収書籍および資料の紹介の最後に、『当用日記』(MS. OR/Jap. 15)を取り上げてみたい。これは、昭和十六(一九四一)年の出来事などが記載された日記である。日記を付けていた人物(日記の所有者)は、ベルリンに駐在した陸軍武官補佐官落合武夫中佐(後に大佐)である。

通常日記には自分の名前などを記載しない。もちろん、この『当用日記』にも日記を付けていた人物の名前が書かれていない。しかし、たとえば次のような記事から日記を付けていた人物が判明する。

一九四一(昭和十六)年の六月十八日にベルリンに滞在中の陸軍士官学校第三十六期の出身者が、

日本料理店である東洋館で同期会の会合を開いた。そのことが、『当用日記』に記載されている。日記を付けていた人物はその会合の参加者の中に自分の名前も記していた。

その陸士三十六期の会合は篠尾正明中佐の送別会であった。その日記には参加者として「篠尾、西郷、清水、館野、佐竹、遠藤、落合」と記載されている。最後の名前が日記を付けていた本人であった。

また、『当用日記』の初頭には家族の名前が記されていた。そこで、それらの情報を合わせると、日記の所有者が陸軍武官補佐官落合武夫であることが判明する。なお、『在独邦人名簿』(昭和二十年一月)などには陸軍武官補佐官の妻の名前なども記載されている。[17] そこで、『当用日記』を付けていた人物をさがす場合、妻の名前からも特定することができたはずである。いずれにしても、『当用日記』の所有者が落合武夫であることが判明した。

落合武夫の『当用日記』の「年頭の所感」は、まず最初釈迢空の歌を引用した後、次のような文章で始まっている。

この朝のしづけきに　われ　ありがたく　思ほえにけり　たちどまりつ、　釈迢空

新体制の紀元二千六百年の元旦　諸事簡素にして諸事革り　清々しき気分に満つ
独仏駐在のためソ聯に要求しありしビザーも年末に大体目鼻つき　態々東京出発も一月廿日に

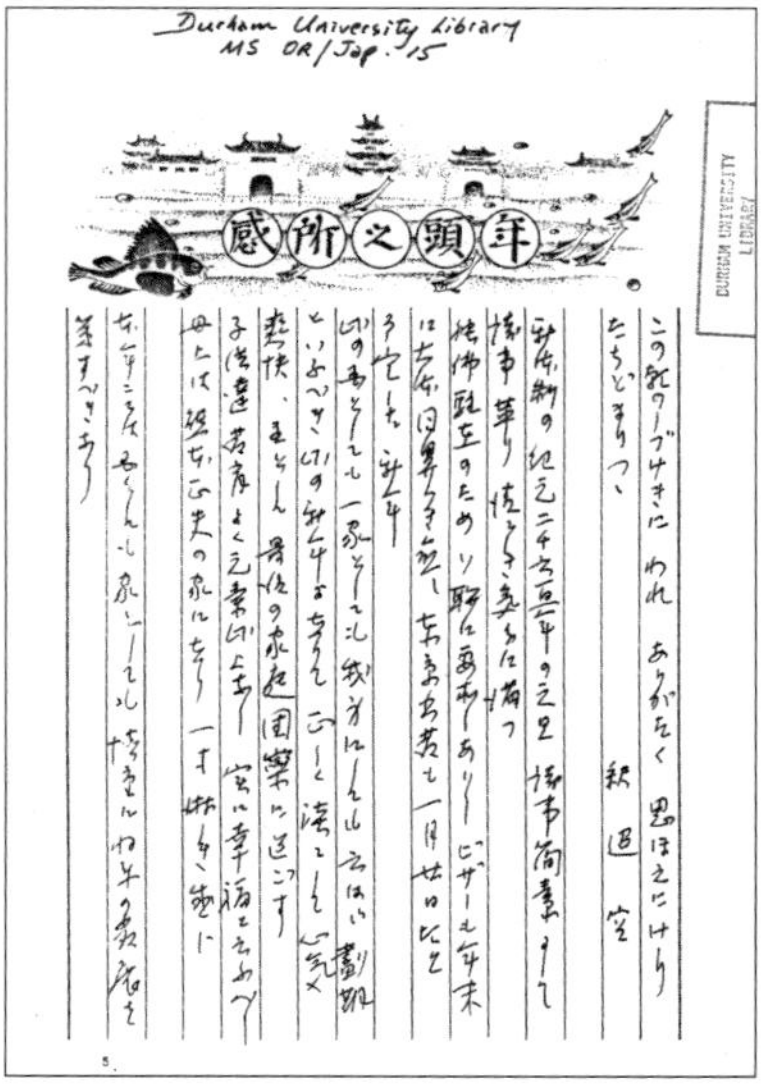

図版23　落合武官補の『当用日記』の年頭の部分（ダラム大学図書館所蔵）

と予定した新年

（後略）

この年頭所感などから、落合中佐は一九四一（昭和十六）年の新年を東京で迎え、独仏両国駐在のため、同年一月にソ連経由でドイツに向けて出発することになっていたことがわかる。実際に、『当用日記』によるとシベリア鉄道経由で二月十二日にベルリンに着任している。

『当用日記』には一九四一（昭和十六）年十二月八日（太平洋戦争が勃発した日）以降、その後の二、三日にわたる部分に、日本が米英と開戦した報を聞いた時の興奮した様子などが詳しく記載されている。それによりベルリンにいた陸軍武官補佐官が真珠湾攻撃をどのように受け止めていたのかがわかる。また、落合武官補佐官の『当用日記』には「金銭出納表」への記載があり、出費などが詳細に記載されている。

第二次世界大戦末期ベルリンにはかなり多数の日本人の軍人が滞在していた。前章（第四章）で旧ベルリン日本大使館の資料がアメリカでマイクロフィルムに撮影され、それらのマイクロフィルムが英国の国立公文書館などで閲覧できることを説明した。旧ベルリン日本大使館の資料として接収され、マイクロフィルムに撮影された文書や記録の中に『日本人住所録』（昭和十九年十二月）[18]という資料がある。

この『日本人住所録』（昭和十九年十二月）によると、陸軍武官室に五十五名、海軍武官室に四十三名が勤務していることになっている。ただし、これらの五十五名とか、四十三名の中には嘱託のようなかたちで働いていた女性たちも含まれていた。たとえば、パリで原子物理学者として働いていて、パリからベルリンに移った湯浅年子とか、同じようにパリから逃れて来た小松富美子（ふみ子）なども陸軍武官室の五十五名の中に含まれていた。いずれにしても、嘱託のようなかたちで働いていた日本人を除いても、戦時中のベルリンには軍人が多く滞在していたことは確かであった。

陸軍武官補佐官落合武夫の『当用日記』の例からもわかるように、そのような軍人たちも日記を付けていたようである。別に軍人に限定されていなかったが、当時の日本人はよく日記を付けていたといえる。

実は、戦時中ベルリンの陸軍武官室とか海軍武官室などに勤務していた軍人たちの日記が、分散して複数の国の図書館などで所蔵されている。いろいろなところに散らばっているという事実が、実は旧ベルリン日本大使館または大使館関係者が所蔵していた文書や資料が、接収された過程や移動した場所などをある程度示唆しているのである。

ドイツ敗戦時にベルリンを中心にして、約五一〇名の日本人がドイツに在留していたといわれる。[19]

『在独邦人名簿』（昭和二十年一月）には、五四二名の名前が記載されている。[20] また、前述の『日本人住所録』（昭和十九年十二月）には五五〇名と記載されている。[21] いずれにしても、ドイツ敗戦時に五〇〇人前後の邦人がドイツを離れたと思われる。もちろん、何人かの日本人は戦後もドイツに残留したかもしれない。

在留日本人はシベリア経由とか、アメリカへの抑留をへて日本に帰国するとか、あるいはドイツの敗戦直前に中立国スウェーデンに避難し、スウェーデンから帰国した場合など、いくつかの経路で日本に戻った。ドイツが敗北した際、ドイツのソ連占領地域内に滞在していた日本人は、ほとんどシベリア鉄道経由で満州にたどり着いたと思われる。横井喜三郎、玉良、米里親子などがその例である。

アルプスのオーストリア側にあるバート・ガスタインでアメリカ軍に捕らえられた日本人は、アメリカに抑留された後日本に帰国した。同じように、ドイツのドレスデンとブレスラウ（現ヴロツワフ）の中間あたりにあるケーニッヒスタインという町に避難していた日本人も、アメリカに抑留された後日本に帰国した。二つのグループの日本人はアメリカ経由で日本に帰国した在留邦人であった。

ドイツの敗戦間際である一九四五（昭和二十）年四月に、ドイツ側の要請により、大島浩駐独大使をはじめとする大使館の一行や陸軍武官室の職員などは、ベルリンなどからバート・ガスタインに向かった。また、それらのグループの前後にバート・ガスタインに到着していた邦人もいた。結局、アメリカ軍がバート・ガスタインに進駐した時には、邦人一三〇名が捕まったという情報もある。[22]また、ケーニッヒスタインなどに避難した三十三名も、ドイツ国内でアメリカ軍に捕まった。その三十三名は後にバート・ガスタインの邦人に合流した。

バート・ガスタインからまずアメリカに移送されたのは、先送組として三十三名、後送組として二十八名がそれぞれ一九四五（昭和二十）年七月一日と七月二十五日にバート・ガスタインを出発した。その後にバート・ガスタインなどからアメリカに送られた邦人を含めて、約二〇〇名の日本人がアメリカに抑留されていたという。[23]彼らはアメリカのペンシルベニア州ベッドフォードのスプリング・ホテルなどに滞在し、一九四五（昭和二十）年十二月に日本に帰国した。

さて、またダラム大学図書館が所蔵する『当用日記』（MS. OR/Jap. 15）の話題に戻ると、この日記がどうして、またはどのような経路でダラム大学にもたらされたかを推測してみたい。まず、日記の所有者落合武夫は陸軍武官室の一行と一緒に、一九四五（昭和二十）年五月三日にバート・ガスタインに到着した。[24]また、彼はバート・ガスタインからアメリカに抑留された先送組の三十三名の一人であった。そして、彼はワシントンＤＣ郊外のアレクサンドリアにあった捕虜収容所に収容されていたが、一九四五（昭和二十）年八月二十八日に「荷物を検査せられ、シネマ、海軍ナイフ、札入、日記帳、写真を持去られた」[25]という。ちなみに、捕虜収容所があったアレクサンドリアは、前章で紹介した〝アレクサンドリア文書〟がマイクロフィルムに撮影された場所であった。

上記の「持去られた」という記述は、先送組の三十三名の一人である横川善陸軍武官室嘱託が、

『大戦中在独陸軍関係者の回想』（伯林会、一九八一年）に寄稿した「一般経過の概要」という記事の中に記載されている。ただ、同じ「一般経過の概要」という記事の中に続いて次のようなことも記載されている。すなわち、落合武官補佐官たちが一九四五（昭和二十）年九月六日にアレクサンドリアの捕虜収容所からペンシルベニア州ベッドフォードのスプリング・ホテルに移動する際、「持行かれた物品を返す」[26]という記述もあるので、もしかしたら落合武夫大佐の日記も返却されていたかもしれない。そのあたりの詳しい状況は不明である。

落合武夫の日記がアレクサンドリアで接収されたことは確実であるが、もしかすると戻されたかもしれない。ただし、落合武夫の没収された日記の中には、もしかするとダラム大学図書館が所蔵する『当用日記』は含まれていなかったかもしれない。おそらく含まれていなかった可能性の方が高い。

というのは、ダラム大学の『当用日記』は一九四一（昭和十六）年分で、比較的古いものであった。はたして落合武夫が三、四年前の日記をわざわざバート・ガスタインおよびアメリカまで持参したかどうかが疑われるからである。彼は最新の一九四五（昭和二十）年の日記とか、二、三年前のものだけを持参したのかもしれない。そして、もしかすると比較的新しい日記がアメリカで没収されたのかもしれない。おそらく、彼は古い日記などはベルリンに残し、アメリカまで持参しなかったのではないだろうか。そして、その比較的古い一九四一（昭和十六）年の『当用日記』がドイツで接収され、最終的にはダラム大学の所蔵になったのかもしれない。

また、ここで話題をワシントンDC郊外のアレクサンドリアでマイクロフィルムに撮影された〝アレクサンドリア文書〟に移すことにする。前章で紹介したように、旧ベルリン日本大使館の文書や資料などが〝アレクサンドリア文書〟としてマイクロフィルムに撮影され、アメリカの国立公文書館や英国の国立公文書館から提供されている。英国国立公文書館では、GFM35/303-315というマイクロフィルムの番号で提供されている。実は、それらのマイクロフィルムの中にも、ダラム大学図書館が所蔵する落合武夫の日記の場合と同じように、バート・ガスタインからアメリカに抑留された陸軍武官室勤務の軍人の日記または日記の類いの資料が含まれている。ここで、それらを紹介してみたい。

たとえば、**"Private pocket diary of a military attaché of the Japanese Embassy, Berlin, 1945 (?)"**（ベルリン日本大使館陸軍武官（補佐官）の私的なポケット日記）[27]という資料が、マイクロフィルムの中に含まれている。これは、陸軍航空本部独国駐在監督官として一九三八（昭和十三）年から七年間ベルリンに滞在した川喜田四郎技師（少佐）の日記である。彼も落合武夫大佐と同じように、バート・ガスタインからアメリカに抑留された先送組の三十三名の一人であった。

このポケット日記で興味深いのは一番最後の記述の日付である。というのは、その日付がこの日記が没収された日付であることを証明しているからである。川喜田四郎技師が一九四五（昭和二十）年七月十一日にニューヨークに到着し、「又1時間オクラス　朝　トランク　セイリス」という記載がこの日記の最後の記述である。「1時間オクラス」という意味は時間帯が変わり、アメリカの東部時間帯に合わせたのである。一行は船で大西洋を西から東に移動したので時間帯が変わり、一時間遅れることになった。「トランク　セイリス」は文字通り、川喜田四郎技師はその朝自分のトランクの中を整理したのであろう。そして、その日に川喜田四郎の日記がアメリカ側に接収されたのであろう。

バート・ガスタインからアメリカに抑留された先送組の三十三名の中に、陸軍の軍医である北條円了大佐も含まれていた。彼も一九四五（昭和二十）年七月十一日にニューヨークに到着した時に日記を取り上げられていた。その時の様子を次のように証言している。

私は滞欧中私の行動や周辺の情勢や感想などに就て毎日日誌を書いて持って居りましたが、然し私の持って居た写真や写真機、私の日記や参考書及私の研究録等は米国へ連行され、ニューヨーク港へ上陸の時の税関検査の際全部取上げられて、私の滞欧中の思出資料は殆ど無くなってしまったのでした。(28)

以上の北條円了の思い出話からもわかるように、アメリカへ上陸する際、川喜田四郎や北條円了の日記などはニューヨークで没収されたのであった。

大谷修陸軍少将は陸軍航空技術界の権威で、ヨーロッパに全部で三回滞在した経験があった。第三回目の在欧勤務として、一九四〇（昭和十五）年から一九四五（昭和二十）年までドイツに滞在した。その時の肩書きは日独伊三国同盟委員随員であった。

大谷修の階級は少将であったので、彼はベルリンに勤務した陸軍武官室の軍人の中では陸軍武官小松光彦少将に次ぐ位置にいたものと思われる。その大谷修少将もベルリン滞在中日記を付けていた。彼の一九四三（昭和十八）年の日記（ベルリン日記）も没収され、ワシントンＤＣ郊外のアレクサンドリアでマイクロフィルムに撮影されていた。

アメリカの国立公文書館や英国の国立公文書館から提供されているマイクロフィルムのシリーズの中に、“A notebook or diary kept by Major General Otani, Military Attaché at the Japanese Embassy in Berlin, 1943”(29)（ベルリン日本大使館陸軍武官大谷少将が付けていたノートまたは日記）という資料が含まれている。これが大谷修陸軍少将の日記である。

ベルリンにあった海軍武官室の軍人の中で、大谷修陸軍少将と似た立場にあったのが、阿部勝雄海軍中将であった。階級からいえば、彼は海軍武官小島秀雄海軍少将よりも上であったので、第二次世界大戦末期ではベルリンにあった海軍武官室のトップに相当する地位にいたと想像することができる。

阿部勝雄中将は一九四一（昭和十六）年一月から一九四六（昭和二十一）年一月までの五年間、日独伊軍事同盟の交換委員として、前半はイタリア、後半（ドイツの敗戦時まで）はドイツに滞在した。(30)

阿部勝雄が同五年間付けていた日記（『阿部勝雄日記――昭和十六年―二十年』）が、現在国立国会図書館の憲政資料室に保存されている。

阿部勝雄中将や渓口泰麿海軍大佐などは、敗戦間際のドイツから潜水艦を譲渡してもらう交渉のため、大島駐独大使などの一行がバート・ガスタインに向けてベルリンを出発した後もベルリンに残っていた。しかし、ドイツの敗戦時期が近づくとドイツを脱出し、隣国デンマークのコペンハーゲンに到着していた。そして、阿部勝雄中将たちはドイツ降伏の直前にコペンハーゲンから掃海艇で中立国スウェーデンに入国することができた。

阿部勝雄中将たちの海軍の一行は一九四五（昭和二十）年五月五日にスウェーデンの官憲に逮捕され、中立国側に投降した。すでに先にスウェーデンに入国していた八名と合わせて、合計二十一名の邦人はスウェーデンのイェンチェピングという場所に一年ほど抑留された後、アメリカ経由で帰国した。

なお、阿部中将などの一行がスウェーデンへの入国をめざしてコペンハーゲンに滞在した時、たまたまコペンハーゲンに残留していた丸尾至外務書記生（ハンブルグ総領事館）が一向に加わった。[31] 前章でロンドン大学東洋アフリカ学院の図書館が所蔵している、ドイツで接収された図書『病院船』のことに触れたが、この書籍の旧所有者がハンブルグ総領事館の外務書記生丸尾至であった。『阿部勝雄日記――昭和十六年―二十年』は五年間の連用日記である。それは一九四一（昭和十六）年一月一日から始まり、一九四五（昭和二十）年十二月三十一日で終わっている。連用日記とは、毎年同じ日の出来事が同じページに書き込めることができる日記である。当用日記は当座の用事を書き込むための日記で、通常一年ごとの日記である。

阿部勝雄中将は一九四五（昭和二十）年四月二十日にベルリンを離れた様子を、次のように自分の日記に記していた。潜水艦回航の話がだめになったので、ベルリンを離れ、ハンブルグに向かったのである。その後ハンブルグからデンマークに移動した。

Fühlerノ誕生日ナル故、果シテ9.0 a.m. alarmアリ。10.30 Klosik来リ、Vorentwarnungアリシ故、Dönits長官邸ニ行ク。Dönits、Wagner、Bürckner、Davidson等、最後ノ話ハアッケナシ。此ノ時Klosikハ今夜出発シタクト、決ス。5 p.m.後、Fühlerノ記帖。河原間瀬ニ挨拶。Evaヲヨビ最後の会食。準備成ト Räder元帥来ル。5.30伯林ヲ去ル。感無量。Warenノ手前ニテ渓口車衝突。一先Marine Legerニ落付ク。

この引用の部分の意味は、大体次のようなことを表しているのであろう。

この日はヒットラーの誕生日なので、ソ連側は攻撃を強めると予想されていたが、やはり午前九時に攻撃の警報があった。クロージック少佐が来た。あらかじめ、連絡（警告）していたので、阿部と渓口はデーニッツ長官の邸宅に出かけた。そこにはデーニッツ元帥、ワーグナー少将、ビュルックナー中将、ダヴィットソンなどがいた。最後の話はあっけなかった（潜水艦回航の件は断られた）。この時、クロージック少佐が今夜出発することになったことを告げた。今夜出発するので、その支度をするようにという意味であろうか。阿部と渓口はヒットラーの官邸に出かけて記帳した。

日本大使館の河原参事官と間瀬〔馬瀬〕総領事に別れの挨拶をした。エヴァを呼び、最後の会食をした。レーダー元帥が準備ができたと連絡に来た。五時三十分、ベルリンを去った。感無量。Waren（ヴァーレン）の手前で渓口が運転する車が衝突した。Warenは、ベルリンとハンブルグの中間にある町である。阿部たちの一行はひとまずドイツ海軍の宿泊所に落ち着いた。誤読した箇所があるかもしれないが、一応以上のようなことが阿部の日記に記載されていると思われる。エヴァというのは、後述するように阿倍の愛人にあたるようである。

そして、一ヶ月後の阿部の日記の五月二十日の部分に、次のようなことが記載されている。五月二十日は日曜日であり、同時にイースター（復活祭）から五十日目にあたり、ペンテコステ（聖霊降臨祭）が行われた日であった。もちろん、この時は阿部たちはスウェーデンに滞在していた。

4.20 一ヶ月前、ベルリン退去ノ其ノ日、嗚呼感激無量。K．トシテ特ニ然リ。此ノ日 Brain、Health and Finally Yes!!! Pfingsten〔聖霊降臨祭〕（Öster ヨリ50日目）Sunday ナリ。…（後略）

上記の記事で、何が「Yes」であるのか気にかかるところであるが、愛人エヴァとのことのように想像することができる。いずれにしても、『阿部勝雄日記――昭和十六年―二十年』は個人の日記であるので、私的なことも記載されている。

阿部勝雄中将はドイツの敗戦直前にデンマークから中立国スウェーデンに脱出し、連合国の捕虜になることを避けることができ、そのため日記も没収されることなく、日本に持参することができた。ただ、一九四六（昭和二十一）年三月に日本に帰国してからおよそ二年後に、阿部勝雄は享年五十七歳で逝去した。彼の日記は彼の子息により、二〇〇六（平成十八）年に国会図書館憲政資料室に寄贈された。

戦時下のベルリンで、日本大使館の陸・海軍武官室に所属した落合武夫中佐（陸軍武官補佐官）、川喜田四郎少佐（陸軍航空本部独国駐在監督官）、大谷修陸軍少将（日独伊三国同盟委員随員）、阿部勝雄海軍中将（日独伊軍事同盟交換委員）などはそれぞれ日記を付けていた。ただ、それらの日記の戦後の運命は異なっていたのである。

落合武夫の『当用日記』（昭和十六年）は、まずベルリンなどからバート・エーンハウゼンに送られ、さらに英国にもたらされ、一端ロンドン大学東洋アフリカ学院などに保管され後、ダラム大学に寄贈された。

川喜田四郎少佐のポケット日記はニューヨークで接収され、ワシントンDC郊外のアレクサンドリアでマイクロフィルムに撮影された。その後、廃棄されたか、またはまだアメリカのどこかに保存されているかもしれない。

大谷修少将の日記もアメリカで没収され、アレクサンドリアでマイクロフィルムに撮影された。その後の運命は不明である。本人に返却されたかどうかは明らかでない。

一方、阿部勝雄中将の五年間の連用日記は所有者によって日本に持参され、その後日本の図書館に寄贈された。同じように第二次世界大戦末期にベルリンに滞在した陸・海軍の武官室に勤務した武官や補佐官たちの日記の運命に比べて、阿部勝雄の日記は比較的無難な航路をへて日本の国立図書館に落ち着いた。

いずれにしても、これらの日記は、ある面では第二次世界大戦に翻弄されたドイツ在留邦人、特に在留軍人の行方を象徴しているということができる。

注

（1） School of Oriental and African Studies, *Report of the Governing Body, Statement of Accounts and Departmental Reports for the Session 1952-53*, 1953. p.110.

（2） 'Annual Report of the Library Syndicate for the Year 1953-54', *Cambridge University Reporter*, Vol. 85, No. 46（27 July 1955）. p.1662.; Cambridge University Library Donation Register（1952-53）五十三冊数という数字は、Cambridge University Library Donation Register に記載されている三十三冊と二十冊を合計した数字。

（3） E. B. Ceadel, 'Indian and Far Eastern Studies at the University of Cambridge', *The Journal of Asian Studies*, Vol. 17 No.3, 1956. p.547.

（4） A. F. Scholfield's letter of 3rd September 1947 to E. J. Passant.

（5） E. J. Passant's letter of 5th September 1947 to A. F. Scholfield.

（6） A. F. Scholfield's letter of 6th September 1947 to E. J. Passant.

（7） A. F. Scholfield's letter of 26th August 1949 to Luther Evans, Librarian, Library of Congress.

（8） H. R. Creswick's letter of 17th August 1949 to Carl Stroven（Librarian, University of Hawaii）; H. R. Creswick's letter of 2nd September 1949 to Carl Stroven (Librarian, University of Hawaii).; C. W. Taam's letter of 7th October 1949 to H. R. Creswick (Secretary of Cambridge University Library).

（9）『渋沢栄一伝記資料』第四十巻（渋沢栄一伝記資料刊行会、一九六一年）四四三～四四五頁。

（10）『渋沢栄一伝記資料』第四十巻（渋沢栄一伝記資料刊行会、一九六一年）四四三～四四五頁。

（11）Raymond Dawson's letter of 14th July 1991 to Noboru Koyama.

（12）Phillida Pyrvis, 'Louis Allen (1922-91) and Japan', *Britain & Japan Biographical Portraits*, Volume 5, Global Oriental, 2005. p.355.

（13）Phillida Pyrvis, 'Louis Allen (1922-91) and Japan', *Britain & Japan Biographical Portraits*, Volume 5, Global Oriental, 2005. p.353.

（14）新関欽哉『第二次世界大戦下ベルリン最後の日――ある外交官の記録』（日本放送出版協会、一九八八年）四十七、四十八頁。

（15）荒井基『奇蹟の金のクサリ――横井玉良先生の生涯』（タマラ会、一九九四年）四十六頁。

（16）『かすみ』（日本同盟基督教団霞町教会創立三十周年記念誌、一九七九年）。

（17）JACAR（アジア歴史資料センター）Ref. B02032394900 第二次欧州大戦関係一件／在留邦人保護、避難及引揚関係／在独邦人名簿（昭和二十年一月現在）

（18）TNA: GFM35/ 314.

（19）泉孝英『日本・欧米間、戦時下の旅――第二次世界大戦下、日本人往来の記録』（淡交社、二〇〇五年）二三九頁。

（20）JACAR（アジア歴史資料センター）Ref. B02032394900 第二次欧州大戦関係一件／在留邦人保護、避難及引揚関係／在独邦人名簿（昭和二十年一月現在）

（21）TNA: GFM35/314.

（22）泉孝英『日本・欧米間、戦時下の旅：第二次世界大戦下、日本人往来の記録』（淡交社、二〇〇五年）二六九頁。

(23) 泉孝英『日本・欧米間、戦時下の旅――第二次世界大戦下、日本人往来の記録』(淡交社、二〇〇五年)三〇六頁。

(24) 横川善「一般経過の概要」(『大戦中在独陸軍関係者の回想』伯林会、一九八一年)二十、二十一頁。

(25) 横川善「一般経過の概要」(『大戦中在独陸軍関係者の回想』伯林会、一九八一年)二十五頁。

(26) 横川善「一般経過の概要」(『大戦中在独陸軍関係者の回想』伯林会、一九八一年)二十六頁。

(27) TNA: GFM35/315.

(28) 北條円了「私の滞欧回顧録」(『大戦中在独陸軍関係者の回想』伯林会、一九八一年)二三六頁。

(29) TNA: GFM35/312.

(30) 阿部信彦「父のサイン帖」(『金声:農林中金旧友会機関誌』一九九六年春季号年)三十六頁。

(31) 吉村昭『深海の使者』(文藝春秋、一九七六年)三三九頁。

東洋研究の歴史とスカーブラ報告

英国に限らず海外では、通常日本研究は東洋研究の中に含まれる。特に、その中の東アジア研究の一部と見なされる。東アジア研究は以前には極東研究と呼ばれた時期もあった。極東研究という用語は最近はあまり使用されない。東アジア研究は中国研究、日本研究、韓国（朝鮮）研究、北アジア研究などで構成されているが、歴史的に概観すると、中心となるのは中国研究および日本研究であろう。韓国（朝鮮）研究が盛んになったのは比較的最近のことである。

英国では日本研究を含む東洋研究の発展の歴史は、ある程度年数を隔てて逐次に出された〝報告（報告書）〟で区切られる場合が多い。〝報告〟には、研究の方向などを指し示す勧告や、またその勧告を裏付ける財政援助などがともなう場合が多い。特に財政的な支援が果たす役割が大変大きかったといえるであろう。財政的な裏付けがないと、いくら的確な勧告・推薦であってもその効果が長続きしない傾向がある。

東洋研究に関する〝報告〟はどのようなものかといえば、具体的には一九〇九（明治四十二）年のレイ報告（Reay Report）、一九四七（昭和二十二）年のスカーブラ報告（Scarbrough Report）、一九六一（昭和三十六）年のヘイター報告（Hayter Report）、一九八六（昭和六十一）年のパーカー報告（Parker Report）などである。それ以降にも報告は出されているが、ここでは省略する。

それぞれの報告は報告を作成した委員会の議長の名前を冠している。レイ報告はレイ卿（Lord

Reay)（ドナルド・ジェームズ・マッケイ）、スカーブラ報告はスカーブラ卿（Lord Scarbrough）（ロジャー・ラムレイ）、ヘイター報告はウィリアム・ヘイター、パーカー報告はピーター・パーカーの名前を冠している。ちなみに、パーカー報告のピーター・パーカー（Peter Parker）は、英国鉄道の議長を務めるなどビジネスマンとして有名であったが、第二次世界大戦中ロンドン大学東洋アフリカ学院で日本語を学んだ学生の一人であった。

以上名前を上げた報告の歴史的な役割については、詳細に検討すればいろいろな問題点や課題なども含まれ、単純化すると重要な見落としをおかす危険も考えられる。しかしながら、あえて概略すると次のようなことを指摘することができるかもしれない。

まず、一九〇九（明治四十二）年に出されたレイ報告により、一九一六（大正五）年にロンドン大学東洋学院（一九三八年に東洋アフリ学院に改称）が創設された。大学などの高等教育機関における東洋研究については、英国の場合、他のヨーロッパ諸国などと比べると比較的遅れていた。そのことはレイ報告に含まれる資料などを検討すると明らかになる。

そこで、英国における東洋・アフリカ研究の中心的な存在として、ロンドン大学の中に東洋学院（東洋アフリ学院）が設置されたのである。その東洋アフリカ学院は、大英帝国としてアジアやアフリカに多くの植民地を持っていた英国の植民地経営にも貢献することが期待されていた。

レイ報告の勧告などにより、第一次世界大戦の後半以降になってやっと東洋学院（東洋アフリカ学院）が創設された。東洋学院の創設時期が比較的遅いことからもわかるように、英国の大学などにおける東洋研究は、他の欧米諸国と比べて必ずしも進んでいたとはいえない状況であった。大学における教員の数からいえば、英国の場合、他の先進諸国などと比べるとかなり劣っていたと思われる。たとえば、スカーブラ報告には戦間期の東洋研究における教員のデータが含まれている。すなわち、戦間期における英国と他の諸国との教員データの比較がスカーブラ報告に掲載されている。それによると、フランス、ドイツ、イタリア、オランダ、ソ連、アメリカ合衆国などの各国の大学における東洋研究の教員・研究者の数が、英国の大学における数よりもかなり多いことが明らかである。(1)英国の大学に拠点を置く東洋学の研究者（大学の教員）は、フランスやドイツはいうに及ばず、イタリアやオランダよりも少なかったのである。

レイ報告に続くスカーブラ報告が正式に刊行されたのは、一九四七（昭和二十二）年のことであった。そのスカーブラ報告の役割は、一言でいえば戦後における英国の東洋研究に質をともなった大発展の基礎をもたらしたことであろう。単なる規模の拡張ではなく、質をともなった進展であったことが肝要である。特に注目したいのは、図書館の蔵書に大規模な財政援助があったことである。この点についていては後述する予定である。

スカーブラ報告の最も重要な目標は、すでに大学に存在する主要な学問との連関で、それらに相当する、東洋研究における質の高い学術的な伝統を築き上げることであった。要するに、東洋研究を大学で教授される学問にふさわしいものに育て上げることであったと考えられる。そのため、東洋学における古典研究が重視されたことも確かであった。古典研究を通じて東洋学が推進された面もあった。

そして、重要なことは、実際にスカーブラ報告により英国の東洋研究の地位が大学の中で確立した点であろう。歴史的に概観しても、スカーブラ報告の貢献は東洋研究に関する報告の中では一番大きかったと見なすことができる。それは財政的な援助の裏付けがあったから可能になったといえる。逆にいえば、財政的な援助が終了すると、その影響が収束する危険性を秘めていたともいうことができる。

スカーブラ報告の正式の名称は、〝東洋、スラブ・東ヨーロッパ、そしてアフリカ研究に関する各部局の協力による調査委員会の報告〟で、それは英国外務省の報告書であった。スカーブラ報告の後にヘイター報告やパーカー報告が出されるが、それらはいずれも大学に資金を提供する大学補助金委員会（University Grants Committee, U.G.C.）の報告書であった。

東洋、スラブ・東ヨーロッパ、そしてアフリカ研究に関する調査・問い合わせをする委員会は、おもにロンドン大学東洋アフリカ学院のイニシアティブにより、その当時の英国の外務大臣アンソニー・イーデンによって一九四四（昭和十九）年に設置されたものであった。(2)

そこで、当然その由来からも推測できるように、スカーブラ報告の最大の受益者はロンドン大学東洋アフリカ学院であったと見なすことができるであろう。スカーブラ報告により五年間にわたり特定の用途のために補助金が供給されたが、その補助金を受け取ったのはロンドン大学以外にも、ケンブリッジ、ダラム、マンチェスター、オックスフォード、エジンバラ、グラスゴーの各大学が

含まれ、結局全部で英国の七大学に補助金が配布されたという。(3)

では、具体的にスカーブラ報告による戦後の東洋研究の大発展はどのようなものであったのであろうか。スカーブラ報告の後に出されたヘイター報告によると、特定の用途のために供給された補助金により東洋研究の大学におけるポストの数は、一九四七（昭和二十二）年から一九五二（昭和二十七）年の間に急速に増大し、九十五から二二〇まで増加した。(4) ただし、特定の用途に供給された補助金の供給は一九五二（昭和二十七）年に終了したので、この急速な発展は一九五二（昭和二十七）年で突然終息し、一九五二（昭和二十七）年から一九六〇（昭和三十五）年までの増加数は二十三に減少した。(5)

スカーブラ報告の貢献にはすでに触れた図書館の蔵書の増大などが含まれ、単に教員・研究者の数だけの問題だけではないが、やはり大学などにおける教員・研究者のポストが増加したことは、スカーブラ報告が東洋研究の発展に多大な寄与を与えたことの証であると考えられる。

スカーブラ報告が実際に公表されたのは第二次世界大戦後、すなわちドイツや日本の敗戦後のことであったが、その調査委員会の設置やまた実際の調査・問い合わせの作業はすでに第二次世界大戦中に始まっていた。すなわち、既述したように、英国の大学における東洋研究の関係者は、第二次世界大戦後この分野での大発展の機会がもたらされるかもしれないことはある程度予想することができた。この点については、第三章でケンブリッジ大学のグスタフ・ハラウン教授（中国学）の書簡を引用した時にも言及した。

東洋研究に含まれる日本研究に限っていえば、戦時中にすでに敵国語としての日本語教育はかなりの規模で始まっていた。戦時中の日本関連事業としては、もちろん日本語教育だけに限定されていた。戦時にはそれが緊急の課題であった。

そこで、まだ戦争が終わっていない時点では、日本研究を支える日本語書籍収集のことはあまり問題にならなかったと思われる。ただ、戦後に予想される日本研究の発展のために、どのようにして日本研究のための図書館資料を入手し、日本研究のために図書館の蔵書を充実させるべきかというようなことも、すでに戦時中少なくとも末期には英国の大学関係者の頭の中をよぎっていたかもしれない。大学関係者は日本語教育だけではなく、日本語書籍のことにも多少注意を払っていたと考えられる。

ヘイター報告とパーカー報告

ヘイター報告は一九六一（昭和三十六）年に英国の大学補助金委員会（UGC）から出された。ヘイター報告はそれまでの東洋研究における言語教育および言語研究の偏重を問題にした。すなわち、スカーブラ報告でまず発展したのがそれらの分野であったからである。ヘイター報告は東洋研究における言語学者と非言語学者の対立とか、古典研究と近代研究の問題などを取り上げ、それらの問題における適切なバランスが重要であることなども指摘した。

結局、ヘイター報告はアメリカにおける地域研究の教訓などを学びながら、どちらかといえば東洋研究における社会科学の部門の発展を強調したということができるかもしれない。それはヘイター報告の歴史的な役割を考慮した見解である。もちろん、ヘイター報告は人文科学関係を軽視したということではなく、人文科学関係同様社会科学の部門も重要であることを指し示したということができる。しかし、ヘイター報告の中に、古典を中心とした東洋研究から社会科学を主にする東洋研究への変化は感じとれるであろう。

また、日本研究などが実際に行われている英国の大学の地理的分布の問題では、スカーブラ報告以降ではロンドン、ケンブリッジ、オックスフォードの三角形にあたる地域に限定されていた。日本研究について具体的いえば、ロンドン大学、オックスフォード大学、ケンブリッジ大学に限られていた。

ヘイター報告は東洋研究における地理的な分布にも配慮していた。ヘイター報告は地理的な偏在を是正しようとした。その結果、ヘイター報告により英国の中部（イングランドの北部）に位置するシェフィールド大学に日本研究のコースが設置されることとなった。

同様に、ヘイター報告によって東洋学における地域研究のセンターが英国各地に設置された。たとえば、リーズ大学の中国研究などがそれに当たる。ヘイター報告によって一九六〇年代に設置された地域研究のセンターは通常ヘイター・センターと呼ばれる。日本研究のヘイター・センターがシェフィールド大学である。中国研究のヘイター・センターがリーズ大学である。

一九八〇年代に出されたパーカー報告では、その時代における英国の要請を反映して、東洋研究における外交、ビジネス、商業、貿易などの分野の重要さが強調されていた。パーカー報告の題名は〝将来に向けて話す〟であり、その副題は〝アジア、アフリカの言語および地域研究のための外交及び商業の必要条件の調査〟であった。パーカー報告の題名と副題がパーカー報告が意図した内容を的確に表していたといえる。

パーカー報告では、英国の大学が経済面などで急激に台頭しているアジアやアフリカ諸国との外交や貿易などに役立つ人材を養成する役割を持っていることが強調されていた。また、その役割の重要性を力説したのである。

また、パーカー報告には、次のようなことが述べられている箇所がある。

いつもそうであるが、今日の英国は、特にアジアや極東の言語や地域研究についての専門的な知識を必要としている。多くの高校卒業生はアジアや極東の言語を習得し、それらの地域のことを研究したいと希望している。特に、アラビア語、中国語、日本語を学びたいと思っている。しかし、大学はそれらの学生を受け入れる余裕がないので、実際には折角のいい志願者が大学に受け入れられていないのである。(6)

一九八〇年代のパーカー報告では、アジア地域の重要な言語としてアラビア語、中国語そして日本語が数え上げられていた。日本は当時バブル経済で繁栄しており、パーカー報告を作成した委員会の議長ピーター・パーカー自身が戦時中に日本語を学んだ経験があったので、パーカー報告では日本語も重要な三大言語の一つという扱いを受けていた。ただ、その後の日本経済の動きを考えると、それから三十年以上がたった現在では、はたして日本語が中国語などと同等のような扱いを受けることができるのかどうかははなはだあやしいところである。

一応、以上がレイ報告、スカーブラ報告、ヘイター報告、パーカー報告などを通じて見た、英国における東洋研究の歴史的な発展の概観である。おそらく、それらの報告の中では一番大きなインパクトを与えたのはスカーブラ報告であろう。特に東洋関係における図書館の蔵書を増大させた点においては、明らかにスカーブラ報告による財政支援が大きな役割を果たした。日本語コレクションについてはスカーブラ報告による〝大発展〟と称することもできるであろう。

スカーブラ報告による日本語コレクションの〝大発展〟

ここで、そのスカーブラ交付金によって英国の大学図書館にもたらされた日本語コレクションのめざましい進展について報告してみたい。スカーブラ報告でも、「これらの研究〔東洋研究など、もちろんその中に日本研究も含まれる〕を発展させるのに、図書館が果たす役割が重要であることは明白である」と記載されている。(7) その結果、スカーブラ報告では、図書購入費にも資金的な配慮がなされた。その金額はけっして小さなものではなかった。

スカーブラ報告の勧告にしたがい、英国の大学補助金委員会（University Grants Committee, U. G. C）が、大学図書館の日本語コレクションを発展させるために資金（一時金）を交付した。その金額はかなり多く、ロンドン大学東洋アフリカ学院図書館とケンブリッジ大学図書館は、その資金により近・現代の日本語コレクションの基盤を築くことができたのである。そのスカーブラ報告による資金の提供は一九四九（昭和二十四）年から始まった。

スカーブラ報告の中では、東洋研究の中に極東研究という部門があり、中国研究と共に日本研究はその中に含まれていた。極東研究の部門で図書館に交付金が提供されたのはロンドン大学東洋アフリカ学院、オックスフォード大学そしてケンブリッジ大学の三大学であった。極東研究（中国研究と日本研究）の図書館の発展のために、それら三大学に提供された交付金は以下のようであった。

ロンドン大学東洋アフリカ学院（SOAS）：申請金額一万ポンド。ただし、実際にUGCから支払われた金額は五〇〇〇ポンド。残りの分はSOASの自己資金によるものと考えられるが、その金額は不明である。後述するように、中国語書籍の購入に関しては、中国で内戦が進行し、その混乱状態で書籍などが失われるのを少しでも救おうという意図があり、SOASからUGCには中国語書籍と日本語書籍の総計で一万ポンドが申請された。しかし、実際には中国での書籍購入は計画通りには進まなかった様子である。結局SOASがUGCから受け取った金額は五〇〇〇ポンドであった。もし、申請通りであれば、SOASは中国語書籍と日本語書籍の購入に一万ポンドぐらい使ったかもしれない。

オックスフォード大学：八〇〇〇ポンド。二〇〇〇ポンドは、ボードリアン図書館（大学図書館）が中国語コレクションのために使用。残り六〇〇〇ポンドは、新しく創設する中国学部図書館（後の東洋研究所図書館、現在の中国センター図書館）のために使用。結局、申請した金額八〇〇〇ポンドは、全部中国研究のために使われた。八〇〇〇ポンドの中には、日本研究のための日本語書籍は含まれていなかったと思われる。もしかすると、中国研究のための日本語書籍は多少含まれていたかもしれない。

ケンブリッジ大学：六〇〇〇ポンド。ケンブリッジ大学図書館の中国語コレクションと日本語コレクションのために使用。

以上のことから、スカーブラ交付金により、近・現代の日本語コレクションを発展させたのは、結局SOASとケンブリッジ大学の二つであったことがわかる。スカーブラ報告の時点では、オックスフォード大学は含まれていなかった。ただし、前述したように、オックスフォード大学も一九五〇年代に日本語コレクションを発展させた。

次に問題になるのは、ＳＯＡＳとケンブリッジにおける中国語コレクションと日本語コレクションへの配分である。要するに中国語の書籍と日本語の書籍の割合である。ただし、その中国語と日本語の書籍の配分を考慮する場合、中国研究のための日本語書籍の扱いをどうするのかが、また課題になる。ここでは、かりに中国研究のための日本語書籍を日本語コレクションの中に含めることにする。中国研究のための図書ではあるが、言語の形態としては日本語書籍であるからである。

ＳＯＡＳの場合、提出された計画によると、五〇〇〇ポンドが中国語の書籍、五〇〇〇ポンドが日本語書籍と申請されている。ただし、日本語書籍のうち、一〇〇〇ポンドが中国研究のための日本語書籍である。結局、中国研究のために六〇〇〇ポンドが申請されていた。ＳＯＡＳの場合、日本語書籍については予定通り購入することができたと思われるが、後述するように中国語書籍の場合、中国での購入は計画通りには進まなかった様子である。

ケンブリッジの場合、おそらく三〇〇〇ポンド弱が中国語の書籍、三〇〇〇ポンド強が日本語書籍となるであろう。日本語書籍に費やした金額の方が中国語の本よりも多かったのは確かであったが、どの程度多かったのかは不明である。

そうすると、一九四九（昭和二十四）年および一九五〇（昭和二十五）年頃、ロンドン大学東洋アフリカ学院（ＳＯＡＳ）とケンブリッジ大学は、合計で八〇〇〇ポンド強を日本語書籍購入に費やしたことになる。当時の八〇〇〇ポンドは、現在の日本円にすると、三九〇〇万円ぐらいに相当する金額である。図書購入の資金としてはかなり高額であった。

一方、中国語と日本語書籍を合わせた金額にすると、ロンドン大学東洋アフリカ学院（SOAS）とケンブリッジ大学は合計一万六〇〇〇ポンド使ったことになる。その当時の一万六〇〇〇ポンドは、現在の日本円の価値にするとおそらく七七〇〇万円に相当にするかもしれない。いずれにしても、ロンドン大学東洋アフリカ学院とケンブリッジの両大学は、一九四九（昭和二十四）年から一九五〇（昭和二十五）年までの三年間に多額の資金を使って中国語と日本語の書籍を大量に購入した。つぎにその購入の様子や状況などを紹介してみよう。

ロンドン大学東洋アフリカ学院（SOAS）の場合

東洋アフリカ学院（SOAS）の図書館委員会は、一九四八（昭和二十三）年六月十四日に臨時集会を開き、大学補助金委員会（U.G.C）に一万ポンドの補助金を申請することを決定した。[8] それは、中国語と日本語の書籍を購入するため、中国学のウォルター・サイモン教授と日本学のフランク・ダニエルズ助教授を極東に派遣する資金であった。ただし、実際に大学補助金委員会（U.G.C）がSOASに支払ったのは半額の五〇〇〇ポンドであった。[9] 前述したように、中国の内戦などの事情で、中国語の書籍購入が計画通り進展しなかったことが関係しているようである。残りの半額は自己資金でまかなわれたようである。

この図書館委員会の臨時集会には、中国学のイヴ・エドワーズ教授から付帯資料が提出されていた。それによると、戦前の日本語コレクションの状態はまさに第一段階に過ぎず、戦時中いくつかの方面である程度発展はあったが、まだ初期の段階に止まっている。そこで、今後日本研究における言語、文学、歴史などの分野を大きく発達させようと望むならば、当然日本語コレクションの拡大・発展が不可欠になる。エドワーズ教授は、日本研究にとって図書館資料の充実が重要であることを強調していた。

また、エドワーズ教授の資料は、申請金額一万ポンドの内訳について、五〇〇〇ポンドが日本語書籍、一〇〇〇ポンドが中国研究のための日本語文献、五〇〇〇ポンドが中国語書籍に割り当てられることも示唆していた。言語別にみれば半々であるが、研究別に見れば、六割が中国研究、四割が日本研究であった。

一方、中国学の図書館資料については、エドワーズ教授は次のように述べている。すなわち、SOAS図書館の中国語コレクションの基礎はすでにある程度出来上がっている。この点は、おそらく日本語コレクションとの比較から見た意見であろう。要するに、まったく基礎がないのに等しい日本語コレクションに比べて、中国語のコレクションには基礎があるという意味であろう。

ただ、エドワーズ教授などのSOASの中国学関係者は、第二次世界大戦後内戦が進行している中国の状況は、中国語書籍を入手するのには見のがすことができない好機であると考えていたようである。また、それは中国語の書籍を救う機会でもあると考えていた。

次に、日本と中国に派遣されたウォルター・サイモン（Ernst Julius Walter Simon）とフランク・ダニエルズ（Frank James Daniels）についても、ここで簡単に説明を加えたい。サイモン教授は、その境遇がケンブリッジ大学の中国学の教授であったハラウンと非常によく似ていた。サイモン教授もハラウン教授同様ドイツからの難民であった。二人は図書館が中国研究にとって重要であることをよく承知していた。また、中国研究にとって日本語文献が不可欠であることも同意見であった。サイモン教授自身はもともと図書館員であり、SOASの中国語コレクションの分類は、彼自身が考案したものであった。図書館については、サイモン教授はハラウン教授以上に詳しかったかもしれない。

サイモン教授とケンブリッジ大学との関係については、次のようなエピソードがあった。既述したように、ケンブリッジ大学の中国学の教授グスタフ・ハラウンは一九五一（昭和二十六）年末に享年五十三歳で急死した。ウォルター・サイモンはハラウンの後釜としてケンブリッジ大学の中国学の教授に就任する機会があったが、難民である自分を救ってくれたSOASに恩義を感じて、彼はケンブリッジの申し出に応じなかったという。(10)

フランク・ダニエルズは後にSOASの初代日本学の教授になる人物で、ある意味では新しい世代の日本研究者の代表であった。ケンブリッジ大学でダニエルズに相当するのが、日本学の最初の教員であるエリック・キーデルであった。

SOASとケンブリッジの陣容は、旧世代のサイモン教授とハラウン教授、新世代のフランク・ダニエルズとエリック・キーデルという組み合わせであった。旧世代はドイツからの難民である中国学の教授、新世代は戦時中の日本語教育に関係した若い研究者であった。

サイモン教授は一九四八（昭和二十三）年九月から翌年八月までＳＯＡＳを留守にして、中国および日本に出かけた。[11]最初中国に滞在し、その後日本に出かけた。日本では、日本学の書籍（日本研究のための日本語書籍）を購入し、また同時に、中国学に関する日本語文献を収集したという。[12]

もちろん、サイモン教授の一番の目的は中国で中国語の書籍を購入することであった。しかし、彼は中国語の書籍購入で外国為替の混乱という問題に直面したようである。[13]そこで、準備した資金が無駄に費やされるのを防ぐため、英貨が通用する香港で重要な書籍などを多く購入した。また、古書などについては安価に購入できる北京で収集した。

フランク・ダニエルズは一九四九（昭和二十四）年に飛行機で日本に出かけた。四月十八日にロンドンを出発し、香港を経由し、羽田には同月二十四日に到着し、日本には約二ヶ月半近く滞在し、七月九日に英国に帰国した。[14]前述したように、ＳＯＡＳは日本で日本研究のための日本語書籍を収集するため、資金として四〇〇〇ポンドを用意した。かなりの部分はダニエルズが使ったと思われる。もちろん、サイモン教授も前年日本で日本語書籍を購入していた。

では、一体ＳＯＡＳはどの位の量の日本語と中国語の書籍を購入したのであろうか。実はこれについて、筆者が調べた限りでははっきりした数字はわかっていない。ただし、ある程度その規模を推測する資料はある。

一九五〇（昭和二十五）年十一月に開かれたＳＯＡＳの図書館委員会の議事録に提出された付帯資料に、中国語書籍と日本語書籍の滞貨についての報告がある。なぜ、ここで滞貨の報告が出されたかといえば、SOASの前の図書館長が引退し、新しくJ・D・ピアソン（James Douglas Pearson）が就任し、滞貨を報告したからである。ピアソンはそれ以前ケンブリッジ大学図書館で中近東などのコレクションを担当していた。

いずれにしても、一九五〇（昭和二十五）年の段階では、SOASの図書館には大学補助金委員会（U. G. C.）の資金援助および自己資金などにより購入した多数の中国語や日本語の書籍が、ほとんど整理されずに滞貨として所蔵されていた。両言語の書籍の滞貨は、約八三〇〇冊プラス二万冊と報告されている。[15] 結局、合計で三万冊弱に上るという。一九四八（昭和二十三）年から一九五〇（昭和二十五）年までの期間に、SOASはおよそ三万冊弱の中国語および日本語の書籍を購入したのではないかと想像することができる。

ケンブリッジの場合

ケンブリッジ大学は、中国語および日本語書籍購入のために一九四九（昭和二十四）年に大学補助金委員会（U. G. C.）から六〇〇〇ポンドを受け取った。六〇〇〇ポンドのうち、五〇〇〇ポンドは、中国学の教授グスタフ・ハラウン教授が一九四九（昭和二十四）年の夏、中国と日本を訪問して中国語と日本語書籍を購入するのに使用した。中国で中国語の書籍を購入するのに二五〇〇ポンドが使われ、日本で中国語の書籍と日本語の書籍を収集するため二五〇〇ポンドが費やされた。ハラウンが一九四九（昭和二十四）年に中国と日本で購入した書籍の量は、二一八七点、一万六五四八冊であった。[16]

翌一九五〇（昭和二十五）年に、エリック・キーデルが日本語書籍を購入するため日本に派遣された。グスタフ・ハラウンの中国および日本への派遣については、詳細はよくわかっていないが、エリック・キーデルの場合は、ある程度判明している。というのは、キーデルが一九五〇（昭和二十五）年八月二十日付で、ケンブリッジ大学図書館の図書館長宛に送付した航空書簡（エアログラム）が、ケンブリッジ大学図書館に保管されており、キーデルはその航空書簡で日本語書籍収集の様子を報告していたからである。[17]

図版24　ケンブリッジ大学図書館の写真

キーデルが航空書簡を送付した宛先のケンブリッジ大学図書館の図書館長は、前章などで言及したA・F・スコーフィールドではなく、H・R・クレズウィック（Harry Richard Creswick）であった。クレズウィックはもともとケンブリッジ大学図書館で働いていた。その後、オックスフォード大学のボードリアン図書館に移り、副館長、そして図書館長になった。そして、一九四九（昭和二十四）年からスコーフィールドの後を継いでケンブリッジ大学図書館の図書館長に就任した。彼はオックスフォードとケンブリッジの両大学図書館の図書館長を務めた希有の人物であった。

また、キーデルの日本語書籍収集の日本旅行の話題に戻ると、彼は一九五一（昭和二十六）年十月にロンドンの日本協会で講演をしているが、その演目が「戦後日本の印象」で、その講演の中でも日本語書籍購入の件について言及している。(18)

図版25　エリック・キーデルの写真（『ケンブリッジ大学所蔵和漢古書総合目録』）

さて、キーデルはクレズウィック宛の航空書簡の中で、次のようなことを述べている。ケンブリッジ大学図書館にはアストン・コレクションなどの日本語書籍の古書（明治時代以前の和漢書）はあったが、近・現代の書籍が欠けていた。

そこで、一九四九（昭和二十四）年にハラウン教授が日本語書籍を購入した時には複本を買う心配はなかった。というのは、ケンブリッジに近・現代の日本語書籍がほとんどなかったからである。しかし、翌年に日本に書籍を買いに出かけたキーデルの場合、複本を購入するのを避ける必要があった。そこで、キーデルは前年にハラウンが購入した日本語書籍の私的なリストを作成したという。そのリストを使ってキーデルは日本で書籍を収集したのであった。

キーデルは一九五〇（昭和二十五）年六月から十月頃まで日本に滞在したが、最初の二ヶ月間はほぼ毎日東京の神田地区に出かけ、朝九時半から夕方六時、七時、八時、九時頃まで書籍収集に専念していたという。

当時神田には五十から六十の書店があった。一つだけ石造りの建物の大きな書店があるが、残りは小さな書店で一〇〇〇から二〇〇〇冊の在庫を持っていたとのことである。おそらく石造りの建物の書店とは一誠堂書店のことを意味したのであろう。

キーデルは神田などで収集した日本語書籍をまず七月半ば頃に十五の木箱に詰めてケンブリッジに送付した。続いて八月半ばに二十の木箱に詰めて送った。キーデルは書籍収集の作業を終えた後、八月の終わり頃から京都や奈良などを旅行してから十月に英国に戻ったようである。

東京の真夏での書籍収集作業なので、相当疲れたと思われるが、キーデルはその作業を非常に楽しんだという。というのは、彼は今まで聞いたことも見たことない何百という重要な書籍を神田で実際に目にすることができたからである。

エリック・キーデルが収集した日本語書籍の数量は、一九五〇―五一年の年報に一六四四点、七七三一冊と報告されていた。(19) 前年グスタフ・ハラウンが中国および日本で購入した中国語と日本語書籍の合計が、二一八七点、一万六五四八冊であった。そこで、ケンブリッジ大学がUGCから受け取った六〇〇〇ポンドの資金で一九四九（昭和二十四）年と一九五〇（昭和二十五）年に購入した中国語と日本語書籍の合計は三八三一点、二万四二七九冊に上る。ロンドン大学東洋アフリカ学院（SOAS）が収集した中国語と日本語書籍の合計がおよそ三万冊弱であったので、SOASの方が多少多く収集したか、または両大学はほとんど同量の書籍をスカーブラ資金で購入したことになる。

スカーブラ資金で購入した中国語書籍と日本語書籍の内訳については、ケンブリッジの場合は判明している。すなわち、日本語書籍は二五四三点（六十六パーセント）、一万三六五三冊（五十六パーセント）、一方中国語の書籍は一二八八点（三十四パーセント）、一万六二六冊（四十四パーセント）であった。

いずれにしてもケンブリッジ大学図書館が一九四九（昭和二十四）と一九五〇（昭和二十五）年に収集した日本語書籍二五四三点、一万三六五三冊は同図書館の近代日本語コレクションの堅固な基盤を築いたということができる。

〝戦争と図書館〟の問題

本書のテーマは、序章で述べたように英国の図書館が所蔵する近代日本語コレクションの成り立ちを〝戦争と図書館〟の接点の通して見届けることであった。特に、英国日本語四大コレクションの中の二つ、ケンブリッジ大学図書館とロンドン大学東洋アフリカ学院図書館に焦点を当てて、英国の近代日本語コレクションの設立の中に戦争の影響を照らし出すことであった。

この章で詳述したように、英国の図書館における近代日本語コレクションの確立に直接大きく寄与したのはスカーブラ報告による資金援助であった。そのスカーブラ報告が出され、日本研究を含む東洋研究に多額の財政援助が出る時代背景には第二次世界大戦があった。旧植民地の独立とか冷戦など、いくつか直接関係する問題はあったかもしれないが、なんといってもスカーブラ報告が出された最大のきっかけは第二次世界大戦であり、その終結であった。そこで、スカーブラ交付金により戦後英国の大学図書館が多額の資金を使って大量の日本語書籍を購入することができたことも、〝戦争〟に関わっていたということができるであろう。

また、本書で示したように、英国の図書館における近代日本語コレクションの歴史をたどる場合、太平洋戦争（第二次世界大戦）があったことを無視することはできないのである。直接的ではないにしても、英国の近代日本語コレクションの設立の裏には日英が剣を交えた過去が時折顔を出すのである。接収された日本語書籍や資料などはその好例であろう。

〝戦争と図書館〟の問題は非常に大きなテーマで、この問題に対してはいろいろな方面から取り組むことができる。また研究視角も必ずしも限定される必要はなく、多様でありうる。本書ではその問題に正面から立ち向かうのではなく、日本にとっては旧敵国にあたる英国で本格的な近代日本語コレクションが確立するきっかけに〝戦争〟があったことを、英国の二、三の図書館を例にして描き出すことにした。それらの事例はあくまでも個別のケースであったが、英国の日本語コレクションの歴史を象徴的に表明していると考えられる。

通常〝戦争と図書館〟の問題といえば、すぐに頭に思い浮かべるのは、戦争により破壊されたとか、略奪されたとか、または焼失した図書館の資料のことである。戦争には必ず武力行使による暴力活動がともなうので、図書館の資料も戦争による損害を受ける可能性が高いといえる。〝戦争〟にはどうしても〝負〟の問題が付きまとう。

しかし、〝戦争と図書館〟の関係に関しては、必ずしもすべてがすべて否定的な話ばかりだけではない。多少将来に向けて希望をつなぐような話もありうる。本書の中で詳しく説明したように、戦争があったという不幸な歴史的な経過ゆえに、その戦争が終わった後に英国の大学図書館などが近・現代の日本語コレクションを設立することができたという事実も忘れてはならないであろう。それは戦争という歴史の教訓を今後の日英関係の発展に活かすことにもなるであろう。

注

（1）*Report of the Interdepartmental Commission of Enquiry on Oriental, Slavonic, East European and African Studies*, H. M. S. O. 1947. p.22.

（2）J. D. Pearson, *Oriental and Asian Bibliography*, Crosby Lockwood & Son, 1966. p.36.

（3）J. D. Pearson, *Oriental and Asian Bibliography*, Crosby Lockwood & Son, 1966. p.37.

（4）*Report of the Sub-Committee on Oriental, Slavonic, East European and African Studies*, H. M. S. O. 1961. p.3.

（5）*Report of the Sub-Committee on Oriental, Slavonic, East European and African Studies*, H. M. S. O. 1961. p.3.

（6）Peter Parker, "*Speaking for the Future*": *A Review of the Requirements of Diplomacy and Commerce for Asian and African Languages and Area Studies*, University Grants Committee, 1986. p.13.

（7）*Report of the Interdepartmental Commission of Enquiry on Oriental, Slavonic East European and African Studies*, H.

M. S. O. 1947. p.66.

（8）School of Oriental and African Studies, *Minutes of the Extraordinary Meeting of the Library Committee*, 14th June 1948.

（9）A. Lodge, 'The History of the Library of the School of Oriental and African Studies', *University and Research Library Studies*, Pergamon Press, 1968. p.99.

（10）C. R. Bawden, 'Ernst Julius Walter Simon', *Proceedings of the British Academy*, Vol. 67（1981）. p.468.

（11）C. R. Bawden, 'Ernst Julius Walter Simon', *Proceedings of the British Academy*, Vol. 67（1981）. p.468.

（12）C. R. Bawden, 'Ernst Julius Walter Simon', *Proceedings of the British Academy*, Vol. 67（1981）. p.470.

（13）C. R. Bawden, 'Ernst Julius Walter Simon', *Proceedings of the British Academy*, Vol. 67（1981）. pp.468-469.

（14）F. J. Daniels, 'Japanese Studies in England and Japan', *Bulletin of the Japan Society of London*, No.3（February 1951）. p.20.

（15）School of Oriental and African Studies, *Minutes of the Meeting of the Library Committee*, 8th November 1950（Appendix V）; A. Lodge, 'The History of the Library of the School of Oriental and African Studies', *University and Research Library Studies*, Pergamon Press, 1968. p.100.

（16）'Annual Report of the Library Syndicate for the Year 1949-50', *Cambridge University Reporter*, Vol.81, No.52（10 August 1951）. p.1661.

（17）E. B. Ceadel's letter of 20th August 1950 to H. R. Creswick.

（18）E. B. Ceadel, 'Impressions of Post-War Japan', Bulletin of the Japan Society of London, No.6（February 1952）. p.12.

（19）'Annual Report of the Library Syndicate for the Year 1950-51', *Cambridge University Reporter*, Vol. 82, No.39（7 May 1952）. p.1240.

参考文献（図書と雑誌論文など）

全体

【図書】

和田敦彦『書物の日米関係——リテラシー史に向けて』（新曜社、二〇〇七年）。

和田敦彦『越境する書物——変容する読書環境のなかで』（新曜社、二〇一一年）。

鞆谷純一『日本軍接収図書——中国占領地で接収した図書の行方』（大阪公立大学共同出版、二〇一一年）。

F・S・G・ピゴット著、長谷川才次訳『断たれたきずな』（時事通信社、一九五九年）。

F. S. G. Piggott, *Broken Thread: an Autobiography*, Gale & Polden, 1950.
Hugh Cortazzi, ed., *Britain & Japan Biographical Portraits*, Vols 5, 7 and 8, Global Oriental, 2005, 2010, 2013.
Cecil H. Uyehara, comp., *Checklist of Archives in the Japanese Ministry of Foreign Affairs, Tokyo, Japan, 1868-1945 : microfilmed for the Library of Congress, 1949-1951*, Library of Congress, 1954.

【論文】

小山騰「英国における日本研究資料発展の歴史——特に近代日本語図書館コレクションの設立について」（『日本研究・京都会議＝Kyoto Conference on Japanese Studies 1994』国際日本文化研究センター、一九九六年）。

James William Morley, Check List of Seized Japanese Records in the National Archives, *The Far Eastern Quarterly*, Vol.9,

No.3 (May 1950).

第1章　『日英必戦論』とその英訳本『Japan Must Fight Britain』

【図書】


石丸藤太『日英必戦論』（春秋社、一九三三年）。

石丸藤太『大英国民に与ふ』（春秋社、一九三六年）。

石丸藤太『日英戦争論』（春秋社、一九三七年）。

石丸藤太『英米の対日陰謀』（非凡閣、一九三九年）。

北村賢志『戦前日本の「戦争論」を読む』（潮書房光人社、二〇一七年）。

猪瀬直樹『黒船の世紀――〈外圧〉と〈世論〉の日米開戦秘史』（KADOKAWA、二〇一七年）。

山本文史『日英開戦への道――イギリスのシンガポール戦略と日本の南進策の真実』（中央公論新社、二〇一六年）。

芳賀徹〔ほか〕『堀悌吉』（大分県教育委員会、二〇〇九年）。

大分県立先哲史料館編『堀悌吉資料集』第二巻（大分県教育委員会、二〇〇七年）。

阿川弘之『山本五十六』（新潮社、一九七三年）。

『日英交流史　一六〇〇―二〇〇〇』第三巻：軍事（東京大学出版会、二〇〇一年）。

Tōta Ishimaru, translated by G. V. Rayment, *Japan Must Fight Britain*, Hurst & Blackett, 1936.
Tōta Ishimaru, translated by G. V. Rayment, *Japan Must Fight Britain*, Paternoster Library, 1937.
Tōta Ishimaru, translated by B. Matsukawa, *The Next World War*, Hurst & Blackett, 1937.
Philip Towle, *From Ally to Enemy: Anglo-Japanese Military Relations, 1900-45*, Global Oriental, 2006.
William H. Honan, *Bywater: the Man who Invented the Pacific War*, Macdonald, 1990.

【論文】

三浦節「海軍少佐石丸藤太著『日英必戦論』について」（三浦節『私観大東亜戦争』元就出版社、二〇〇八年）。

山中恒「軍機保護法と石丸藤太」（山中恒『少国民ノート』第三、辺境社、一九九三年）。

稲生典太郎「明治以降における「戦争未来記」の流行とその消長——常に外圧危機感を増幅しつづける文献の小書誌」（『国学院大学紀要』七（一九六九年二月））。

辻野功「大分は戦犯県か」（『別府大学紀要』四十八（二〇〇七年二月））。

第二章　ベッドフォード日本語学校と東洋アフリカ学院

【図書】

大庭定男『戦中ロンドン日本語学校』（中央公論社、一九八八年）。

アントニー・ベスト著、武田知己訳『大英帝国の親日派——なぜ開戦は避けられなかったか』（中央公論、二〇一五年）。

Sue Jarvis, *Captain Oswald Tuck R.N. and the Bedford Japanese School*, Bletchley Park Trust, 2003.
Alan Stripp, *Codebreaker in the Far East*, Frank Cass, 1989.
F. J. Daniels, *Japanese Studies in the University of London and Elsewhere: an Inaugural Lecture Delivered on 7 November 1962*, School of Oriental and African Studies, University of London, 1963.
Ian Brown, *The School of Oriental and African Studies: Imperial Training and the Expansion of Learning*, Cambridge University Press, 2016.
C. H. Phillips, *The School of Oriental & African Studies, University of London, 1917-1967: an Introduction*, School of Oriental and African Studies, 1967.
Antony Best, *British Intelligence and the Japanese Challenge in Asia, 1914-1941*, Palgrave Macmillan, 2002.

F. H. Hinsley and Alan Stripp, ed. , *Codebreakers: the Inside Story of Bletchley Park*, Oxford University Press, 1993.

Michael Smith, *The Emperor's Codes: Bletchley Park and Breaking of Japan's Secret Ciphers*, Bantam Press, 2000.

Richard J. Aldrich, *Intelligence and the War against Japan: Britain, America and the Politics of Secret Service*, Cambridge University Press, 2000.

Ralph Erskine and Michael Smith, ed., *The Bletchley Park Codebreakers: How Ultra Shortened the War and Led to the Birth of the Computer*, Biteback, 2011.

【論文】

田山博子「第二次世界大戦中のイギリスにおける日本語教育――敵性語として学ばれた日本語」(『山口幸二教授退職記念論集』立命館大学法学会、二〇〇六年)。

Sue Jarvis, 'Captain Oswald Tuck RN（1876-1950）and the Bedford Japanese School', *Britain & Japan Biographical Portraits*, Volume 5, Global Oriental, 2005.

第三章　ベルリン日本大使館の図書館資料を追跡する

【図書】

『重光葵手記』（中央公論社、一九八六年）。

『重光葵・外交意見集』第一巻（現代史料出版、二〇一〇年）。

Astrid M. Eckert, *The Struggle for the Files: the Western Allies and the Return of German Archives after the Second World War*, Cambridge University Press, 2012.

John Gimbel, *Science, Technology, and Reparations: Exploitation and Plunder in Postwar Germany*, Stanford University

Press, 1990.
I. W. Roberts, *History of the School of Slavonic and East European Studies 1915-1990*, School of Slavonic and East European Studies, University of London, 1911.

【論文】

小山騰「ケンブリッジに来た重光葵旧蔵資料」（『Libellus』No.16 (August 1994)）.
湯川盛夫「ロンドンに於ける日本大使館の一〇〇年」（『明治文化研究』第四集、日本古書通信社、一九六九年）。
安藤正人「第二次世界大戦期における在外公館文書をめぐる日英の確執――イギリス側史料の紹介を中心に（前編）」（『史料館研究紀要』№35、二〇〇四年）。
安藤正人「第二次世界大戦期における在外公館文書をめぐる日英の確執――イギリス側史料の紹介を中心に（後編）」（『国文学研究資料館紀要』№1、二〇〇五年）。
中島裕喜「ＰＢレポートに関する一考察――第二次世界大戦後におけるドイツ技術情報の接収と日本におけるその活用」（『大阪大学経済学』Vol.64、№2 (September 2014)）.
Kenneth Garside, 'An Intelligence Libray in Germany', *The Journal of Documentation*, Vol.3 No.2 (September 1947).

第四章　接収された日本語書籍の行方と東洋アフリカ学院

【図書】

Hugh Barty-King, *Her Majesty's Stationery Office: the Story of the First 200 years 1786-1986*, H. M. S. O. 1986.
A.W. McKenzie, *The Treatment of Enemy Property in the United Kingdom during and after the War*, A.W. McKenzie, 1981.
British Policy towards Enemy Property during and after the Second World War, Foreign and Commonwealth Office, 1998.

第五章　接収資料――ケンブリッジ大学とダラム大学の場合

【図書】

荒井基『奇蹟の金のクサリ――横井玉良先生の生涯』（タマラ会、一九九四年）。

『大戦中在独陸軍関係者の回想』（伯林会、一九八一年）。

新関欽哉『第二次大戦下ベルリン最後の日――ある外交官の記録』（日本放送出版協会、一九八八年）。

小野寺百合子『バルト海のほとりにて――武官の妻の大東亜戦争』（共同通信社、一九八五年）。

足立邦夫『臣下の大戦』（講談社、一九九五年）。

泉孝英『日本・欧米間、戦時下の旅――第二次世界大戦下、日本人往来の記録』（淡交社、二〇〇五年）。

山崎美和恵編『湯浅年子　パリに生きて』（みすず書房、一九九五年）。

山崎美和恵『物理学者湯浅年子の肖像――Jusqu'au bout 最後まで徹底的に』（梧桐書院、二〇〇九年）。

小松ふみ子『伯林最後の日――附　巴里脱出記』（太平洋出版社、一九四七年）。

大崎正二『遙かなる人間風景』（弘隆社、二〇〇二年）。

吉村昭『深海の使者』（新潮社、一九七六年）。

『渋沢栄一伝記資料』第四十巻（渋沢栄一伝記資料刊行会、一九六一年）。

Records of Former German and Japanese Embassies and Consulates, 1890-1945, National Archives and Records Service, 1960.

【論文】

バゼル山本登紀子「過去を解き明かす――ハワイ大学図書館寄贈図書」（『情報管理』Vol. 45 №. 1（April 2002））。

荻野富士夫「『内務省警保局内部資料』紹介」（早稲田大学図書館紀要二十九（一九八八年十二月二十五日））。

終章　スカーブラ交付金による大発展

【図書】

Oriental Studies Committee, *Report of the Committee Appointed by the Lords Commissioners of His Majest's Treasury to Consider the Organisation of Oriental Studies in London,* H.M.S.O., 1909.

Foreign Office, *Report of the Interdepartmental Commission of Enquiry on Oriental, Slavonic East European and African Studies*, H.M.S.O., 1947.

University Grants Committee, *Report of the Sub-Committee on Oriental, Slavonic, East European and African Studies*, H.M.S.O., 1961.

Peter Parker, *Speaking for the Future: a Review of the Requirements of Diplomacy and Commerce for Asian and African Languages and Area Studies*, University Grants Committee, 1986.

Hugh Cortazzi and Peter Kornicki, ed., *Japanese Studies in Britain: a Survey and History*, Renaissance Books, 2016.

J. D. Pearson, *Oriental and Asian Bibliography: an Introduction with Some Reference to Africa*, Crosby Lockwood & Son, 1966.

Anne J. Benewick, *Asian and African Collections in British Libraries: Problems and Prospects*, P. Peregrinus, 1974.

【論文】

E. B. Ceadel, 'Inpressions of Post-War Japan', *Bulletin of the Japan Society, London*, No.6（February 1952）.

E. B. Ceadel, 'Indian and Far Eastern Studies at the University of Cambridge', *The Journal of Asian Studies*, Vol. 18, No.3（May 1958）.

C. R. Bawden, 'Ernst Julius Walter Simon', *Proceedings of the British Academy*, Vol. 77（1981）.

F. J. Daniels, 'Japanese Studies in England and Japan', *Bulletin of the Japan Society, London*, No.3（February 1951）.

A. Lodge, 'The History of the Library of the School of Oriental and African Studies', *University and Research Library Stud-*

ies, Pergamon Press, 1968.

C. H. Philips, 'Modern Asian Studies in the Universities of the United Kingdom', *Modern Asian Studies*, Vol.1, No.1 (1967).

あとがき

二〇一七年に刊行した『ケンブリッジ大学図書館と近代日本研究の歩み――国学から日本学へ』に引き続き、今回も勉誠出版から本書を出版していただきました。もともとは、三年前に定年退職を迎え時間に余裕ができたので、長年勤務したケンブリッジ大学図書館の蔵書を中心にして、自分なりに英国における日本語コレクションの歴史をまとめようと考えたのがきっかけであった。前作では古書のことを扱い、今回は近代の日本語コレクションの問題を取り上げた。二作をあわせて、英国の大学図書館の中で、一応それなりの存在感を持っている〝日本語出版物〟の来歴を示すことができればと思い、今回本書を上梓した次第である。

本書の中でも説明したように、戦争と図書館というテーマは大変大きく、いろいろな方法や角度から研究することができる。もちろん、日英両国にとって、本来戦争（第二次世界大戦・太平洋戦争）は最大規模の〝大問題〟であった。そのような日英関係を間接的かもしれないが、なんらかのかたちで反映すると思われる英国の日本語コレクションにも、当然戦争はその影を落としている。

筆者はケンブリッジ大学図書館の図書館員の仕事に就いた関係で、もう三十三年ほどケンブリッジに在住している。ケンブリッジは英国の南東部にある比較的小さな市である。英国の中では発展が著しいところといわれているが、その人口はまだ十二、三万人に過ぎない。

そのケンブリッジに引っ越してからしばらくして、自分が住んでいる近くに"YASUME CLUB"という看板がかかっているコッテージ（小さな家）があることに気が付いた。ただ、はじめは"YASUME"の意味がわからなかったのである。偶然英語の名前などのイニシャルを合わせて"Y.A.S.U.M.E."になったのかもしれないなどと考えていた。

"YASUME CLUB"は、第二次世界大戦中東南アジアで日本軍の捕虜になった英国の元軍人たち（P・O・W、Prisoner of War）のクラブであった。P・O・Wのクラブはいくつかあったが、"YASUME CLUB"は比較的強硬派が多いクラブであった。その名前の由来は、日本軍の号令である〝気をつけ〟、〝休め〟の〝休め〟である。まさか"YASUME"がそこから由来しているとはとても想像できなかった。

その"YASUME CLUB"があったコッテージは、数年前に取り壊され、その土地は売りに出され、現在はそこにシナゴーグが建っている。まだ"YASUME CLUB"の小さな家があった時分、その前を通るたびにその前に駐車している車をチェックしていたが、一度も日本車が駐まっているのを見たことはなかった。英国では、ちょっとした駐車場などで日本車を見かけないのは大変珍しいことであった。

もうずいぶん前のことであったが、P・O・Wの集まりで元日本軍の捕虜であった英国人と話をしたことがあった。聖職者であった元P・O・Wの話が大変印象深かった。職業柄〝敵を許せ〟というのはよくわかるし、まったく正しいのであるが、〝あれ〟を経験した後には自分の〝感情〟がその〝論理〟をまったく受け付けなかったという話であった。東南アジアで旧日本軍の捕虜であったという体験は、英国人にとってそれほどすさまじいものであったという。

ケンブリッジがあるイースト・アングリア地方が特にそうであるかもしれないが、日本との関係で語られる英国の話には、戦争の問題は七十数年を経た現在でも尾を引いているのである。イースト・アングリア地方は東南アジアで捕虜になった英国人が多い出身地であった。

そんな状態なので、戦争の問題が図書館の蔵書に及んでいるのは当たり前のことであろう。たとえば、ケンブリッジ大学図書館にはイギリス連邦協会のコレクションがあり、そこには日本軍によってシンガポールのチャンギ刑務所などに送られた民間人被抑留者の資料なども多く所蔵されている。また、ケンブリッジに近いダックスフォードという場所にはインペリアル戦争博物館の分館があり、インペリアル戦争博物館が所蔵する膨大な文書などがダックスフォードに保管されている。探索しようと思えば、筆者のまわりにも戦争に関連する図書館資料は多数存在する。

ただ、今回は通常取り扱われる方法とは少し別の観点から、〝戦争と図書館の問題〟に取り組むことにした。英国の大学図書館などで近代の日本語コレクションが確立される過程を、〝戦争と図書館の問題〟を通して探究することにした。そのことにより、近代の日本語コレクションの発展には戦争のことが深く関係していたことが少しでも明らかになれば幸いである。

最後に、本書の出版については、前回同様勉誠出版編集部の豊岡愛美さんに大変お世話になりました。厚くお礼申し上げます。

二〇一八年十月二十六日

小山　騰

索　引

■事項

【アルファベット】

【あ】

【か】

【さ】

【た】

【な】

【は】

■書名

■人名

（外国人）

【ま】

【ら】

（日本人）

【あ】

【か】

【さ】

【著者略歴】

小山　騰（こやま・のぼる）

1948年愛知県生まれ。成城大学文芸学部卒業。慶應大学大学院修士課程（日本史）修了。国会図書館勤務などを経て、1985年から2015年までケンブリッジ大学図書館日本部長。
主な編著書に、『国際結婚第一号―明治人たちの雑婚事始』（講談社、1995年）、『破天荒明治留学生列伝―大英帝国に学んだ人々』（講談社、1999年）、『ケンブリッジ大学秘蔵明治古写真―マーケーザ号の日本旅行』（平凡社、2005年）、『日本の刺青と英国王室―明治期から第一次世界大戦まで』（藤原書店、2010年）、『ロンドン日本人村を作った男―謎の興行師タナカー・ブヒクロサン 1839-94』（藤原書店、2015年）、『ケンブリッジ大学図書館所蔵アーネスト・サトウ関連蔵書目録』（ゆまに書房、2016年）、『ケンブリッジ大学図書館と近代日本研究の歩み』（勉誠出版、2017年、第20回図書館サポートフォーラム賞受賞）などがある。

戦争《せんそう》と図書館《としょかん》
――英国近代日本語コレクションの歴史

2018年11月16日　初版発行

著　者　小山　騰
発行者　池嶋洋次
発行所　勉誠出版株式会社
〒101-0051　東京都千代田区神田神保町3-10-2
TEL：(03)5215-9021(代)　FAX：(03)5215-9025
〈出版詳細情報〉http://bensei.jp/

印刷・製本　中央精版印刷

ISBN 978-4-585-20066-6 C1000

ケンブリッジ大学図書館と近代日本研究の歩み
国学から日本学へ

サトウ、アストン、チェンバレンなど明治時代の外国人が所有した貴重書に残る平田篤胤らの国学から始まる日本研究の歩み。西洋人による学問発展の過程を辿る。

小山騰 著・本体三二〇〇円（+税）

アジア学の宝庫、東洋文庫
東洋学の史料と研究

東洋文庫の貴重な史料群は、いかにして収集・保存され、活用されているのか。学匠たちが一堂に集い、文庫の歴史と魅力をひもとき、深淵な東洋学の世界へ誘う。

東洋文庫 編・本体二八〇〇円（+税）

G・E・モリソンと近代東アジア
東洋学の形成と東洋文庫の蔵書

各地に残された資料、書籍を中心とした比類なきコレクション、そして近年研究の進展を見せる貴重なパンフレット（小冊子）類を紐解く。

東洋文庫 監修／岡本隆司 編・本体二八〇〇円（+税）

書物学 1～13巻（以下続刊）

これまでに蓄積されてきた書物をめぐる精緻な書誌学、文献学の富を人間の学に呼び戻し、愛書家とともに、古今東西にわたる書物論議を展開する。

編集部 編・本体各一五〇〇円（+税）